ハイエクの経済学

G．R．スティール 著
渡　部　　茂　訳

学　文　社

THE ECONOMICS OF FRIEDRICH HAYEK by
G. R. Steele.
Copyright © 1993, 1996 by G. R. Steele. All rights
reserved.

Japanese translation rights arranged with
Macmillan Press Ltd in UK
through The Asano Agency, Inc. in Tokyo.

私の妻であり友人であるジャンに捧ぐ

目　次

1996年のリプリント版に対する序文 ——————————— *vii*
序　文 ———————————————————————— *viii*

第1章　道案内 ——————————————————————1
　1．フリードリッヒ・ハイエク ——————————————1
　2．経　歴 ——————————————————————3
　3．ハイエクの知的貢献 ————————————————5
　4．オーストリア学派 —————————————————9
　5．擬似科学的な厳密性と計量法 ————————————14
　6．ハイエクの経済学 —————————————————15
　7．中立的貨幣 ————————————————————18
　8．資　本 ——————————————————————19
　9．景気循環 —————————————————————20
　10．国際貨幣秩序 ———————————————————22
　11．ハイエクと現代自由主義 ——————————————24
　12．オーストリア経済学の復活 —————————————26

第2章　自由と法 —————————————————————29
　1．知識と合理性 ———————————————————29
　2．自由と自生的秩序 —————————————————31
　3．自由の意味 ————————————————————34
　4．理性，自由，および正義 ——————————————37
　5．理性と「設計主義的」合理主義 ———————————39

- 6．組　織 ──── 41
- 7．コモンローと立法 ──── 42
- 8．民主主義と憲法 ──── 50

第3章　自由と市場 ──── 55

- 1．財産の優先性 ──── 55
- 2．近隣効果 ──── 57
- 3．産業化された労働力 ──── 58
- 4．芸術，文学，および文明化された価値 ──── 60
- 5．資本主義と社会秩序 ──── 62
- 6．公的部門と課税負担 ──── 64
- 7．社会福祉給付 ──── 67
- 8．社会的正義と中央計画化 ──── 71
- 9．自由，功利主義，および自由市場 ──── 73

第4章　経済科学と社会科学 ──── 78

- 1．情報の解釈 ──── 78
- 2．社会科学と自然科学 ──── 79
- 3．客観的知識と主観的知識 ──── 80
- 4．科学主義 ──── 85
- 5．歴史主義 ──── 87
- 6．経済的事実と経済理論 ──── 87
- 7．経済問題と経済分析 ──── 89
- 8．均　衡 ──── 92
- 9．知識の分割 ──── 96
- 10．経済計画化の水準 ──── 98
- 11．競争の意味 ──── 101

第5章　社会主義計算論争 — 104
1. 古典派経済学 — 105
2. マルクスの資本主義批判 — 106
3. 資本主義と経済計算 — 109
4. マルクスに対するミーゼスの反撃 — 112
5. 社会主義と経済計算 — 115
6. 制度 — 121
7. 自由と経済システム — 125

第6章　中立的貨幣と貨幣政策 — 133
1. 中立的貨幣 — 133
2. 中立的貨幣の概念 — 134
3. 貨幣政策の目標 — 137
4. 自然利子率 — 140
5. 強制貯蓄と自発的貯蓄 — 141
6. ケインズ：追加面 — 143

第7章　資本 — 146
1. 生産要素としての資本 — 146
2. オーストリア資本理論 — 149
3. 資本投資収益 — 150
4. 資本の多様性 — 151
5. 投資，分業，および技術進歩 — 152
6. 資本の諸相 — 153
7. 資本理論論争 — 159
8. 投資，産出，および資本価値 — 160
9. 資本投資のシミュレーション — 162

10．資本とマクロ経済学 ──────────── 165

第8章　景気循環 ──────────────── 168
　1．景気循環の性質 ──────────── 168
　2．資本主義的生産方法 ─────────── 170
　3．利子率効果 ─────────────── 171
　4．銀行信用貨幣と投資の累積的過程 ───── 174
　5．短期的(長期的)過程から長期的(短期的)過程への
　　　転換における非対称性 ─────────── 175
　6．不況時の政策 ───────────── 176
　7．相対価格効果 ───────────── 177
　8．相対価格効果の例証 ─────────── 179
　9．新たな貯蓄と新たな信用 ───────── 180
　10．避けられない不景気 ─────────── 182
　11．結　論 ─────────────── 183
　12．補　遺 ─────────────── 185

第9章　国際貨幣か国民貨幣か？ ─────── 201
　1．貨幣史概論 ────────────── 202
　2．貨幣的国家主義 ──────────── 203
　3．国際貨幣取引 ──────────── 204
　4．貨幣改革 ─────────────── 215

第10章　貨幣の市場規準 ──────────── 219
　1．貨幣的規律 ────────────── 219
　2．貨幣とマクロ経済的管理 ────────── 222
　3．私的貨幣 ─────────────── 226

4．物価スライド制 ―――――――――――――――――――― 227
     5．国家通貨間の競争 ―――――――――――――――――― 229
     6．本　位 ――――――――――――――――――――――― 230

第11章　ハイエクの遺産 ―――――――――――――――――――― 233
     1．言葉と意味 ――――――――――――――――――――― 233
     2．道徳，自由，および知性 ―――――――――――――――― 234
     3．経済学：不確実性と予測可能性 ――――――――――――― 236
     4．有効な計画化 ―――――――――――――――――――― 239

注 ―――――――――――――――――――――――――――――― 242

参考文献 ――――――――――――――――――――――――――― 253

訳者あとがき ――――――――――――――――――――――――― 259

索　引 ―――――――――――――――――――――――――――― 265

1996年のリプリント版に対する序文

　経済内や経済間に見られる昨今の市場規制緩和や貿易自由化の進行は，ハイエク思想の実践的な影響力を例証するものである。他の面で彼が影響を与えたという証拠は，さほど明白ではない。景気後退時にのみ，政府は，(時々)己のマクロ経済面での無能さを認めると聞いている。だが，豊かな時代に政府が己の功績を否定することは稀である。権限を委譲された地方政府のほうが個人の自由に対する脅威はより少なくなる，というハイエクの議論はほとんど注目を受けていない。彼の警告──政府は法律を制定するには不適当な団体であるということ，そして，司法に対する政府の影響が抑制されないかぎり，法の下の政治という原理は危ういものとなるということ──は依然として一般的に無視されている。

　私は，このペーパーバック版を歓迎する。それによって期待されることは，とりわけ次の2点についてハイエクの思想がより広範な正しい評価を受けることになるということである。すなわち，浸透する意図されない結果（正義が結果よりもむしろ行為の面から論じられる必要が生まれるのはこのためである），および個人が自分の行動に対する責任と行動しないことに対する責任をとる必要，がそれである。

1996年3月　　　　　　　　　　　　　　　　　G. R. スティール

序　文

　特に，個人的行動や道徳的価値に関して伝統にとらわれないものを自然に愛好する若者たちは，古典的自由主義者の寛容さがハイエクの残りの研究をも知るに十分興味深いものであることに気づくべきである（Leube and Zlabinger, 1984, p. 14）。

　私は1967年に経済学部を卒業したが，ハイエクを初めて読むまでに，さらに20年かかってしまった。私の世代で私が特に変わっているわけではない。今でも，学部生のために書かれた昨今の教科書の索引に目を向けるとき，ハイエクを引用しているのは稀な例外である。こんにちでも，同業者の間で，ハイエクを十分に理解している人はほとんどいないし，ましてや理解する必要があると感じている人はなおさらいない。ハイエクの研究が20世紀哲学の頂点に位置するのは正当であり，そのことに疑いはないが，とはいえ，「高度に複雑な現象の科学的説明が要求したものについてのある間違った考え」（Hayek, 1992, p. 55）が好評を博するという形で，最も強烈な引き潮の波に乗ったために，彼のねらいはひどく傷つけられてきたのである。それに対するケインズの責任は大きい。ハイエクの功績が，どれほど偉大なものであるかについてはまだ十分に認識されていない。本書の願いはかかる功績について少しでも早く正当な認識を得るためにいくばくかの役割を果たすことである。

　当代の野心的な学者たち——大学教授の地位に誘われる人々——のなかで最も明敏な人たちは，その最良の道が研究助成金の取得にあると理解している。そこでは，時事性や洗練された計量法が重要なドアの錠をはずすのである。そのため，「統計的に検証できない理論的主張は重視されるべきではなく，無視されねばならない」（Hayek, 1975a, pp. 6-7）ということが「当世風」となってきたのである。わけの分からないものを書く多くの臆病者はいるが，大衆に追従せず，明白な目的にとらわれることなく，知的な理解の追求それ自体のために，向上しようとする勇敢な人はあまりにも少ない。ごく最近，この迎合性は

次のような事態を生み出す原因となった。すなわち，イギリスの多くの大学で，経済学教育がより派手なビジネスやマネジメントのスタイルで行われてきたため，学部のコースで，ハイエク経済学の教育に時間を許す優等学位制度を見つけることは稀である，ということである。

　嘆くのはこれくらいにしておこう！　私は，私の大学の理解ある創立者たちに感謝を表明しなければならない。彼らは，私が定期的な研究休暇をとって，自分で選んだ関心あるテーマに取り組むことを適切であると考えてくれた。本書は彼らの功績である。私の議論をどう表現するかにあたって，私は改善のために細かな示唆を与えてくれたグレニスとポール・ファーガソンに感謝する。私自身については，率直にいって，「基本的な社会問題に関するハイエクの著作を逐一取り上げることで，真意の分かる人々から最高の称賛を与えられる」(Shenfield, 1977, p. 61) 人物の一人であるはずだと思っている。そのため，本書は最高レベルの学術研究によって得られる公平無私な姿勢を達成したいと熱望することはできないが，私はそうする「努力」を続けることを約束する。無論，誤りが残るとすれば，その責任は私だけにある。また，ハイエクの『自由の基本法』から広範囲にわたって引用することを許してくれたRoutledgeとChicago University Press にも感謝しなければならない。

　読者は「これは誰の議論か，著者のか，それともハイエクのか」と問う必要を感じるかもしれない場合があるだろう。それに対する答えは，私自身が理解できるようにハイエクを表現しようとしたということである。誤りは避けられないとはいえ，ほとんどないと信じている。第7章と第8章で議論の定式化がその元の表現とは根本的に違っているけれども，そこでも，私はそれらがハイエク経済学の正しい表現であると信じている。

　ハイエクの著作の本当の量や，それらに関して書かれた論評の詳細は気が遠くなるほど膨大である。後者については必ず増えるだろう。そこからすると，私は私自身の貢献が少なくともハイエクの経済学に関して，包括的であろうと試みながらも，簡潔なものであるという点で，多少なりとも徳を施したのでは

ないかと思う。だが、彼の経済学を他の分野における彼の業績と切り離すことはできない。この後者に関しては、私はすべての経済学者が知るべきことについてのある経済学者の理解を示そうとしてきた。すなわち、ハイエク自身の言葉によれば、「経済学者にすぎない人は誰も偉大な経済学者にはなりえない。それどころか、経済学者にすぎない経済学者は危険人物そのものではないにしても厄介者になりそうだ、と私は付け加えておきたい」(Hayek, 1967, p.123)。これは、おそらく経済学者仲間に対するハイエクの最も重要なメッセージであるだろう。

G．R．スティール

第1章　道案内

もし古い真理を人々の心に留めておこうとするならば，後に続く世代の言葉と概念でそれらを言い直さなければならない（Hayek, 1960, p. 1）。

経済学では，真理を一度かぎりで確立するということは決してできず，常にあらゆる世代を新たに納得させなければならない（Hayek, 1991b, p. 38）。

1．フリードリッヒ・ハイエク

ハイエクは1974年にノーベル経済学賞を受賞した。受賞記念パーティーでの短いスピーチのなかで，彼は自分だったらこのような賞の創設を推奨しなかったであろうと述べた。彼が恐れたことの一つ——この賞が科学的流行の変化を加速する傾向をもつのではないか——は，彼自身の受賞（「私の意見と同じように流行にのらない意見の持ち主が受賞すること」）によって緩和されたが，第二の点で悩んでいた。すなわち，「ノーベル賞は経済学において誰ももつべきではない権威を個人に与える」（ハイエク，Machlup, 1977a, p. xviiiからの引用）ということである。とはいえ，そこにはパラドックスがある。つまり，ハイエクの研究は，彼が疑いを表明していたような崇敬の念を獲得してしまったのである。だが，硬派の新聞が彼の死亡記事を半ページにわたって掲載したとき，それを読んだのはこの人物についてほとんど聞いたこともなかった大衆であった。専門的な経済学者の間でさえ，彼の研究の意義は依然として多数派のものとはなっていない。

最も信頼のおける経済分析の歴史が書かれるようになるとき，そのドラマの主役は……ハイエク教授であるだろう。ハイエクの経済学的著作は……昨今の学生にはほとんど知られていない。ハイエクの新しい理論がケインズの新しい理論の主要なライバルとなった時代があったことなど，ほとんど忘れ去られている。ケインズとハイエク，一体どちらが正しかったのか（Hicks, 1967b, p. 203）。

これは戦後——また特に1960年代から——の経済学教育に対する悲しむべき回想である。この時代から，完全な経済学者は，新古典派ミクロ経済学とケインズ派マクロ経済学と通常の最小二乗回帰分析によって，生み出されることになってしまったからである。

ハイエクの政治的立場は極右に位置づけられると一般的に認識されていること自体，いかに彼に対する認識が偏ったものであるかを示している。保守主義者という烙印を押されてきたことで，彼は熱烈な体制擁護者とみなされているが，保守主義についての彼自身の記述¹⁾はそれに疑いを投げかけるに十分なものであろう。

　温情主義的，国家主義的，かつ権力崇拝的な傾向において，それはしばしば真の自由主義よりも社会主義に近いものである。伝統主義的，反知性的，かつしばしば神秘主義的な傾向において，それは，短期的な幻滅感に陥っている場合を除いて，若者にだけでなく，この世がより住みやすいものになるなら，何らかの変化が望ましいと考えるようなすべての人々にも，決してアピールすることはない（Hayek, 1967, p. 222）。

おそらく，1945年以降のイギリスにおけるケインズ主義の経済学とバツケル主義［Butskellism；英国保守党指導者R. A. Butler（1902-82）と労働党指導者H. T. N. Gaitskell（1906-63）の名前より生まれたもので，政敵同士が同じ政策を支持するような状況を指し示している（訳者註）］の政治学の「中道」に関する間接的な論評として，ハイエクはさらに次のことを示唆した。

　保守主義者は，自分が正しい目的とみなすもののために強制あるいは恣意的権力が使われるかぎり，そうした権力に反対しない。もし政府が立派な人間の手に握られているのなら，政府を厳格なルールであまりに制限してはならない，と保守主義者は考えている。本質的に日和見主義者であり，信念に欠けているため，彼の最大の願いは賢者と善人が支配することであるに違いない（Hayek, 1960, p. 401）。

保守主義者は社会的結合に安定した基盤を与える既成秩序の伝統，慣習，および制度を擁護する。かかる伝統，慣習，および制度はその存続という事実に

よって，その価値を論証してきたが，だからといって，どんな犠牲を払っても保持されるべきだということにはならない．新しいものに対する寛容さや，不断に変化する社会的諸力に制度を適応させようとする気持ちがなければならない．とりわけ，個人は表現の自由と強制からの自由をもたなければならない．ハイエクの哲学的基盤は古典的自由主義のそれである．

2．経　歴

　フリードリッヒ・ハイエクは1899年5月8日にウィーンで生まれ，1992年3月23日に没した．若いとき，彼は遺伝学，心理学，および精神医学に対する関心を追い求めた．第一次世界大戦中は兵役に服しながら，哲学の授業に出席した．さらに，大学入学資格を取得した．1921年，ハイエクは心理学と経済学の勉強にほとんど明け暮れながらも[2]，ウィーン大学で法学の学位を取った．戦後のウィーンの貧しさに突き動かされた多くの人々と同じように，ハイエクは社会主義的理想に傾倒したが，どうして市場が経済計算の必要条件であるかを説いたルートヴィッヒ・フォン・ミーゼスの教えによって元に引き戻された．この点で，1922年のミーゼスの『共同経済』（後に翻訳されて『社会主義』となる）の出版は転機であった（Hayek, 1992, p. 133参照）．

　1921年から1923年まで，ハイエクはサンジェルマン平和条約の条項を実行するために設置された臨時の機関で文官（ミーゼスの部下）として働いた．この18ヵ月の間に，彼は政治学の博士論文も書いた．その後，ヨーゼフ・シュンペーターの紹介状と「中途半端な契約の仕事」を携えて，彼はアメリカに向け出発し，ニューヨークのアレキサンダー・ハミルトン研究所で研究助手として働いたが，同時にコロンビア大学やニュー・スクール・オブ・ソシアル・リサーチの講座にも「押しかけていった」．アメリカでの15ヵ月間の経験——そこでのキーワードは安定化，経済的予測，および経済的時系列の分析であった——によって，ハイエクは「貨幣理論と景気循環の関係」（Hayek, 1992, p. 37）に目を向けさせられることになった．

ハイエクは1924年の夏にウィーンに戻り，ミーゼスの下で以前の仕事を再開した。同時に，彼はミーゼスのセミナーへの参加を許された。このセミナーは隔週ごとに開催され，そこでの議論は「社会科学の方法論の問題が中心であり，経済理論の問題（主観価値論の問題を除く）についてはほとんどなされなかった」(Hayek, 1992, p.155)。ハイエクは，大学の職につながるものと期待した「ある重要な貨幣理論研究」を準備するための基礎として，アメリカでの経験を利用した。彼はアメリカの貨幣政策に関する記述的な研究から，貨幣的変動の理論を展開し始めた[3]。しかしながら，こうした努力は，彼がオーストリア景気研究所の初代所長に選出された1927年に，中断されてしまった。1929年にアメリカからの追加支援によってオスカー・モルゲンシュテルンが所長に任命されるまで[4]，彼はこの研究所を事実上独力で運営したのである。ハイエクが差し迫ったアメリカの経済恐慌について大胆な予言を行ったのは，1929年2月の研究所報告であった。正統派の貨幣主義者たちがインフレなき経済成長の経験によって判断を誤らせられていたが[5]，ハイエクは調整不良が貨幣的拡大の不可避な結果であり[6]，恐慌が差し迫っていると警告した。1929年に，彼は私講師としてウィーン大学への出入りを認められた。

　1931年に，ハイエクは客員として招かれ，ロンドン・スクール・オブ・エコノミックスで連続講義を行い，同年後期に，トゥック記念経済科学・統計学教授に任命された。彼がロンドンに招かれたのはケインズの影響力がますます強まってきたことに反撃するためではないかという感じが，『貨幣論』に対するハイエクの批判的な書評によって裏付けられたように思われた。この書評がケンブリッジの相当な怒りを買うことになったからである（第6章参照）。ハイエク自身としてみれば，ケインズを経済学者としては軽視していた。「何しろケインズは多くの分野に広く通じていたので，経済学の学識は多少狭いものであった」(Hayek, 1972, p. 101)。ハイエクは，ケインズの総体的な経済現象分析を素朴なものとみなしただけでなく，ケインズの政策処方箋の適用に必要な強大な政府というものがもつ，より広い意味合いに深い関心を寄せていた。文明社会

に知らぬ間に広まる全体主義の脅威に対して抱いたハイエクの恐れは,『隷従への道』(1944)の出版,「自由主義哲学の再構築を目的として」(Hayek, 1967, p. 149),自由主義知識人たちの学会——モンペルラン・ソサイエティ[7]——を1947年に彼が立ち上げたこと,そして(1年かそこら後に)ロンドンに経済問題研究所が創設されたときに果たした彼の役割,[8]によって例証されている。彼がイギリスの政治的左翼から毛嫌いされる人物となったのはこの時代であった。[9] ハイエクは,1938年にイギリス国籍を取得していた。

戦後,ハイエクはアメリカの大学を頻繁に訪れるようになったが,1950年まではLSEに籍を置き,同年,社会・道徳科学教授としてシカゴ大学に移った。1962〜67年まで,彼はブライスガウにあるフライブルク大学の経済政策教授であった。その後,引退し,ザルツブルク大学名誉教授の任命を受けた。1974年10月にはノーベル経済学賞を(共同で)[10]受賞した。1984年に,イギリス首相マーガレット・サッチャー[11]の発案で,名誉勲爵士に選ばれた。彼は1992年にフライブルクの自宅で没した。

3. ハイエクの知的貢献

生涯研究によって,ハイエクは人間行為の統一的な理論を示す用語である真のプラクシオロジー(ミーゼスによって最初に用いられた)に最も近づくことになった。彼の知的貢献は60年以上の期間にわたってなされ,その間,経済学,認識論,倫理学,法学,哲学,政治学,および心理学の多岐にわたって書物を著した。全分野に共通の脈絡が見られる。すなわち,人間社会の諸制度は合理的な知的設計の適用によって形成されるのではなく,自然的にして自生的な進化を通して形成される,というのがそれである。これは言語の成長によって,コモンローの発展によって,さらには文化的行動を決定する正義ルールの出現によって,例証される。本質的に競争的なプロセスに基づくかぎり,システムやルールの文化的選択は人間的事象に自然な秩序をもたらす。これらは原始的経済を超えてその発展が広がるどんな社会にもあてはまる一般的な特徴である。

原始的経済の場合にのみ，どの参加者も他のすべての参加者に知られているので，行為の全結果が容易に観察できるのである。

　原始的社会を超えると，最高度の結束力を誇るある進化的秩序が出現したが，それは知性の傲慢さが誹謗しようとしてきた秩序である。現代では，人間的事象の秩序付けに対する，いっそう合理的なアプローチが追い求められてきた。一般的に，これらのアプローチは個人の決定を制限しようとしてきた。その結果，そうしたアプローチはより広い公益に役立つことになる。この種の集産主義的野望から個人的自由と自由社会を擁護するにあたって，ハイエクはオーストリア経済学派の諸原理を最大限に活用してきた（以下参照）。彼は次のような誤った信念を指し示すために，「設計主義的合理主義」——デカルトやヴォルテールの哲学からの派生語——という用語を使用した。すなわち，人間は文明社会の諸制度を創造したし，それらの制度を自己の意思にしたがって再構成することができる，というのがそれである。19世紀に見られるこうした合理主義の現われのなかで，もっとも重要なものは功利主義と社会主義であったが，より最近では，いわゆる「社会的正義」のために市場を利用しようとする試みのなかに出てきた。

　ハイエクは「社会的」という形容詞の共通の誤用を指摘することによって，設計主義的合理主義の有害な影響を例証した。例えば「社会的事由」への訴えは，人間理性の限界のために，知ることのできないものへの訴えである。また，「意識」の前に「社会的な」を付けると，それはある行為が他の行為に及ぼすかもしれない影響力についての意識に関係しているが，原始的な集団以外に，これは存在しえない意識である。これらは分業，市場への自由な出入り，および個人的選択の自由，に基づいて組織される経済の広範な秩序の出現によって除去されてきた選択肢である。このように高度に発展したシステムにとっては，ひじょうに洗練された秩序が必要とされる。だが，道徳的行動の抽象的ルールが定式化されるのは非人格的な進化的プロセスを通じてであり，またそれによって，正義は予知できない結果にではなく，行為に向けられる。こうした考え

に基づきながら，ハイエクは「社会的」を——シェイクスピアを引用して——次のような理由から「意味をぼかすための言葉（weasel word）」であると批判する。すなわち，「イタチ（weasel）が卵の中身を吸い取るように」，接頭辞として「社会的」を使うと，ある言葉からその意味が吸い取られてしまう，ということである。「人は自分のイデオロギーの前提を覆すあらゆる言外の意味をある概念から除去しようとするのだが，……意味をぼかすための言葉を使うことで，その概念は骨抜きにされてしまう」（Hayek, 1989, pp.116-17）。ハイエクがあげる他の多くの例のなかには「社会的民主主義」，「社会的市場経済」，そして，無論「あらゆる言葉のなかでもっとも中身のない」ものであるが，頻繁に使われている「社会的正義」がある（Hayek, 1978b, p.18）。こうした表現の効果はわれわれの社会の結合力をいろいろな形で傷つけることになるので，社会的の真の意味は反社会的ということになる。また，社会的善のために社会的意識によって支持される社会的正義は単なる空想の産物にすぎない。

　著書，パンフレット，および論文を単純に足すと，公表されたハイエクの業績の3分の1が経済学に関するものである（Machlup, 1977b 参照）。経済学のなかでも，彼の著作は貨幣理論，資本理論，景気循環理論，社会主義下の計画化，市場プロセス理論，および経済学方法論というように多岐にわたっている。そのすべてがひじょうに複雑に絡み合っているので，多くの場合，他の著作から分離してどれか一つだけを理解するということは不可能である。

　貨幣，資本投資，および景気循環理論に関するハイエクの研究は誤解され，攻撃を受け，誤り伝えられ，最後には無視された。賛同を得られなかった理由は一部，ハイエクが「純粋に理論的な考察を最新の出来事についての議論に結びつけることを意図的にしなかった」（Hayek, 1933a, p.18）ということに，また一部は，他の人々がもっぱら企業倒産の詳細な経験に関心を寄せていたということに，帰することができる。さらに，内観に基づく理論は経験的研究に優先するという方法論に，いま一つの説明が求められるかもしれない。内観を軽視する現代の風潮は知的思考の体系的適用を軽視することに他ならない。

第一次世界大戦の終了に続く政治的混乱はヨーロッパの民主主義に不安の種を宿していた。こうした不安は1930年代，すなわち，資本主義の失敗といわれたものが資源の慢性的な不完全利用の原因であると主張された，1930年代の経験によって増幅された。また，それにドイツの国家社会主義の台頭による脅威が加わった。こうした成り行きから，経済的再構築の必要性が一般的に認知されるようになるとともに，営利企業の倒産の影響を相殺（あるいは倒産の結果を改善）するための国家干渉がますます強まっていった。そのため，国家権力の中央管理下で行われる経済活動の計画化に対して，ハイエクが当時，またその全生涯にわたって，展開し続けた知的反対論は，生産と分配の集権的管理から多くの利益が得られると主張する猛烈な逆襲を受け，しかもその逆襲は功を奏したのである。中央計画化は経済的効率を改善し，市場の無法状態から生じる資源の浪費を排除するであろう。これらの問題をめぐって行われた「社会主義計算論争」は，ハイエクとオーストリア学派の経済学をより広い経済学の文脈のなかに据える手先となった（第5章参照）。

　無論，すべての経済学者が社会主義的計画化に捉われていたわけではないが，企業経済から得られる利益の性質を理解している人々の間でさえ，1930年代の経済の沈滞は洗練された理論的分析に対する渇望を生み出していた。ハイエクには無愛想であったが，この渇望は『一般理論』という不適当な名称の下に公表されたジョン・メイナード・ケインズの限られた短期分析を受け入れる豊かな風潮を生み出した。ケインズの考えが徐々に大きな影響力をもつにつれ，ハイエクの経済学は影が薄くなっていった。ハイエクは後に，『貨幣論』に向けたのと同程度の分析的批判をケインズの『一般理論』にはしなかったことを後悔したが，彼自身の関心はまったく新しい方向に移りつつあった。

　　しかし，私はいまでも自分を主として経済学者とみなしているけれども，現代の切迫した社会問題の多くに対する解答は，技術的な経済学や他の任意の学問分野の領域外にある原理を承認することによって究極的には得られるはずである，とますます感じるようになった（Hayek, 1960, p.3）。

瞬間は、ケインズに組したが、時はそうでなかった。なぜなら、時の経過が慢性的失業に対する彼の万能薬的処方箋のより長期的な意味合いに疑義を差し挟んだからである。ケインズの完全雇用政策は本質的にインフレ的であり、自由民主主義の下では究極的に実行不可能であることがわかったため、オーストリア学派のアプローチに対する関心が再び燃え上がったのである。

もっとはっきりいえば、ケインズの『一般理論』に対するハイエクの現代的な批判、さらにより最近になると、ケインズ的マクロ経済学と現代マネタリズムの双方に対する彼の批判に、再び注意が向けられるようになってきた。ハイエクによれば、彼らに共通する誤りは、特定できず実在もしないある意思決定機関に対応する集計値レベルで経済力を分析すると主張している点にある。[12] オーストリア学派の諸原理は、ハイエクの鋭敏な批判と経済分析に対する彼自身の積極的な貢献のための基盤を提供している。実をいえば、オーストリア経済学の多くの特徴の出所を正しく認識することは通常困難であるし、また不可能であることが多い。

4. オーストリア学派

カール・メンガー（1840-1921）は、ウィーン大学でのオーストリア学派の創設者として認められている。メンガーの着想は彼の二人のもっとも優れた学生、フリードリッヒ・フォン・ウィーザー（1851-1926）と義兄弟オイゲン・ベーム-バヴェルク（1851-1914）によって取り上げられた。彼らと同様に優れた後継者のなかには、ルートヴィッヒ・フォン・ミーゼス（1881-1973）やフリードリッヒ・ハイエク（1899-1992）がいた。彼らの研究は、デヴィッド・リカード（1772-1823）、ジョン・スチュアート・ミル（1806-1873）、およびカール・マルクス（1818-1883）によって発展させられた古典派経済学や労働価値説とは明確な対照をなしている。オーストリアンのアプローチでは、価値は個人の心の主観的な知覚作用を通してのみ決定できるのである。

オーストリア学派特有の哲学は最初、19世紀半ばのドイツで支配的であった

歴史学派（グスタフ・シュモラーに率いられた）に対抗して宣言された。シュモラーの「歴史主義」は次のような考え方を奉じていた。すなわち，社会現象はそっくりそのままの形でのみ理解することができる，というのがそれである。これは経済学という狭い領域に焦点を絞ることはできないとするアプローチである。歴史は一般論を生みだす経験的な社会研究であるとみなされた（Hayek, 1952a, pp. 111–39 参照）。明らかに，歴史学派は抽象的な演繹的推論にはほとんど価値を見い出せないだろう。そのため，経済価値の主観的な性質を強調した1871年のカール・メンガーの『経済学原理』の出版には，強烈な反応があった。そのうえに，1883年に出版された第二の著書（『社会科学と特に経済学の方法に関する研究』）でこの問題を取り上げたことによって，メンガーはさらにいっそう激しい批判を浴びることになった。この批判のなかで，「オーストリアン」という（傷つけることを意図した）用語が初めて類概念として使用されたのである。

　カール・メンガーは限界主義の先駆者の一人と認められていたが，彼の研究にはオーストリア学派の特色となったある特異性が見られる。メンガーの『原理』（1871）は，財の希少性と価値を決定する特性を体系的に検討した。これらの特性は，ある個人の欲望と環境や機会についてのその個人の知識に基づいて，主観的に決定される。効用は特定の事物にではなく，事物と個人との間の関係に内在するものであった。だが，メンガーの主要な功績は「ある財の価値をその効用から引き出すことを，一定量の消費財のケースから，生産要素を含むすべての財の一般的なケースにまで」（Hayek, 1978b, p. 276）拡張したことである。メンガーは異なる財の生産の間のつながりのネットワークと，そのネットワーク内に統一的な構造を作り上げる際の人間行為と市場取引の役割を強調した。不確実性，情報の取得費用，および環境の変化を創造する場合とその変化に呼応する場合の双方における人間行為の含みに，力点が置かれている。選択は不均衡現象であり，あらゆる選択は主観的価値が確立されるための高価な実験である。評価は選択の瞬間にのみ存在する。

個人のあらゆる行為は選択を伴い，また個々人の選択の組合せはひじょうに複雑な構造を生み出しており，それについての知識は完全なものでも確実なものでも決してない。だが，物理科学の手法とは異なるように，社会科学における経験的研究は，内観を通して人間の動機づけを理解する（*verstehen*）能力によって助長される。主観的評価によって動機づけられるけれども，個人の行動はタイプ別に分類することができる。また，こうしたカテゴリーに基づけば，さまざまな環境において生ずるかもしれない構造の種類について，予測が可能である。これらは制限された「パターン予測」であり，一般的な傾向を識別しようとするもので，きわめて穏当なものである。

メンガーの主観的価値論と，数学的精確さを装うことに対する彼の嫌悪は，新古典派ミクロ経済学のもう一方の限界主義の主要な特徴となった形式主義に真っ向から対立するものである。費用は「ある特定目的に使われた財が代替的な用途においてもったかもしれない効用によって決定される」（Hayek, 1978b, p. 276）とメンガーが暗に述べていたというのに，新古典派の客観的費用という仮定は意思決定を微分学の応用に変えてしまったのである。だが，そのような客観的費用が過ぎ去った機会を反映することなど到底不可能である。「もっとも完全な会計管理システムはこの問題を解決しないだろう。なぜなら，捨てられた選択肢は会計システムが記録する取引を何ら生み出さないからである」（Loasby, 1989, p. 157）。このような関係において，過去の決定を評価するには，決定時に見られたような選択の再評価が必要であろう。また，それには，決定を下す人とその人を判断する人々との両者の間に，同等の知識と判断が要求される。これはありえない。

オーストリア学派によって採られたアプローチは，ハイエクの自由主義哲学の文脈においてその理想に到達することになった。彼は，あらゆる社会的・経済的データを主観的現象とみなした。貨幣や資本はそれらがもつ機能的価値に対する信頼を通してのみ物理的な形態を与えられる抽象概念である。法，自由，および正義もそうである。だが，私的な社会的・経済的形態はありえないので，

法，自由，および正義の認識は文化，伝統，および社会的関係の文脈においてのみ意味をもつ。人間の行為と反応は休むことなく続けられており，またオーストリアンの分析は動態的な市場プロセスに基づいている。そこでは，さまざまな決定が不確実性のなかで，また間違いを犯す可能性をもって定式化される。しかもそこでは，企業家精神が，経済活動に一貫した方向性を与える道標として不可欠である，不断に変化する相対価格の流れを決定する。

　労働価値説との間ですでに指摘されてきた違いだけでなく，オーストリア学派のアプローチは，西ヨーロッパと北アメリカにおける20世紀半ばの教育を支配することになった，経済学への二つの（相互補完的といわれている）アプローチともまったく異なっている。現代では，経済学の主流は，新古典派ミクロ経済学とケインズ的マクロ経済学という静態分析の，二つのブランドに与えられてきた。

　新古典派ミクロ経済学は限界分析の通俗的な領域を創出した。そこにおける経済問題は資源制約に直面して最適解を達成することである。（消費者は一定の予算で福利を最大化する。生産者は一定の費用で産出量を最大化するか，あるいは一定の産出量を目標として費用を最小化する。）およそ50年後，また新古典派ミクロ経済学の構造のどの部分とも矛盾することなく，ケインズの『一般理論』は総需要分析という考えを導入した。その基礎には次のような命題があった。すなわち支出カテゴリーは，幅広いものではあるが，特定の決定因に依存している，ということである。『一般理論』から生まれたケインズのパラダイムの主要な特徴は，そうした幅広い支出カテゴリーを操作することによって，不完全雇用下の均衡に達する経済の（知覚される）傾向を論じることができる，という点にある。用いられている方法論的アプローチは「比較静学」である。すなわち，不完全雇用がある水準の公共投資支出で存在し，完全雇用が別の水準で存在する，というのがそれである。それらの間を結ぶ経路の性質は無視される。したがって，およそ再調整プロセスによってひき起こされる困難は存在しない，と仮定されなければならない。

ライバル関係にないこれらの理論的アプローチは，それぞれ経済学の教科書のミクロ経済学とマクロ経済学になった。両者とも，分析は定常的経済の枠内で行われている。すなわち，過去とは関連しない経済，しかも（体系に外因性のショックが発生しなければ）未来は現在と同一になるという経済，がそれである。瞬間的な光景に基づいて，状況が認識され，判断が下される。悪くすれば，一枚のスナップ写真が考察されることになる。うまくいっても，ひと続きのスナップ写真が比較されるにすぎない。利点がまったくないわけではないが，この方法論には多くの落し穴がある。それが与える洞察よりも，動態的な変化の特徴を無視することによって生じる誤謬のほうが数は多い。というのも，「時間を通じて進行するような経済プロセスの説明」を因果的な意味において発見することにある「あらゆる経済分析の究極的な目標」に，静態的アプローチが焦点を合わせることなど不可能だからである（Hayek, 1941, p. 17)。

新古典派ミクロ経済学が，**所与**の手段を一定かつ**既知**の競合する目的の間に配分する，という完全に静態的な問題に関係しているのに対して，オーストリア学派は目的と手段の間の絶えず変化する関係に対処する際の市場プロセスの役割に注意を向ける。これは重要な違いであり，もしより正確な用語法があったならば，すなわち，「経済」というものが所与の目的に役立つよう資源を配置する能力をもった，効率的に管理される組織として定義されていたならば（この定義は「企業の理論」や「消費者行動の理論」を包含したであろう），もっと広く認識されていたと思われる違いである。この経済とはまったく異なるのが「カタラクシー」の結合力である。すなわち，自由交換と市場プロセスを通して達成される自生的秩序である。これらそれぞれの定義によれば，経済を分析対象とするには，その前に組織の目標を知ることが必要である。だが，カタラクシーはさまざまな参加者の目標を知るどんな必要もなしに，分析対象として存在する（もっとも典型的な場合，これらの参加者の目標はあまりにも数が多くて，知ることができないであろう）。

5. 擬似科学的な厳密性と計量法

　メンガーの研究は，オーストリアンの伝統を受け継ぐ人々によってさらに発展させられたが，新古典派ミクロ経済学の精確な数学的定式化とは本来的に相容れなかったことから，厳密性と計量法を求める20世紀の要求に応えることはできなかった。新しい時代は，扱いやすい経済学，過度に単純化した仮定，そして容易な解の時代である。とはいえ，高度な数学的技量がしばしば要求されるのである！　こうした形式が人気を得るにつれて，オーストリア学派の方法論によって提起された，よりやっかいな問題は面倒臭がられて無視されるようになった。それらの発展は W.スタンリー・ジェヴォンズ (1835-1882) とレオン・ワルラス (1834-1910) によって創造された静態的フレームワークのなかでいっそう成功した。そこでは，不確実性や主観的選択という現実から離れることによって，扱いやすい解がいっそう容易に得られるようになったのである。

　ほぼ同じ理由から，政策問題の議論を広い支出カテゴリーの面から展開するケインズのやり方は手堅い支持を獲得した。ミクロ経済理論はひじょうに前途有望なものであったが，経済的運命を管理しようとする世代への積極的な政策アドバイスという点ではほとんど何もしてこなかった。ケインズは過剰な未利用の能力や資源という仮定の上に構築された失業の理論によって，まさにそれを提供したのである。集計データの時系列の間に意味のある相互関係が見られるという仮説を確認するのは，それらの相関関係であるが，それを立証するために，政府の統計資料が利用された。こうして，ひとたび原因が確認されると，政策の編成は予算政策，すなわち国家支出とそうした支出の財源との間のバランスに大きく依存した。最初は，ひじょうに単純なガイドラインなら，政策もそれに従ってうまくやっていけるかもしれないと考えられたが，さらにいっそう精度の高い国民所得や国際収支の統計的集計量の作成に伴って，いっそう的確な貨幣管理や財政管理が期待されるようになったのである。

コンピューター，新しい統計手法，およびより系統的なデータ収集が経済学者の思い上がりと合致した。政府は富や福祉に関する経済的な達成水準を引き上げるために意図的に行動することができ，しかも国民経済政策は統計的集計量の分析に基づく経済モデルによって誘導できる，という信念が専門経済学者の間で広く受け入れられるようになった。この広範な学術的訴えや政府部内での賛成派にもかかわらず，オーストリアンの視点からすれば，常にこのアプローチは過度に単純化された擬似科学的なものであった。1937年に行った一連の講演のなかで，ハイエクは「国民〔物価水準〕，〔購買力平価〕，〔交易条件〕，〔乗数〕，等々の言葉で議論を展開する流行の擬似数量的平均値経済学」(Hayek, 1939a, p. 45) を痛烈に非難した。

6. ハイエクの経済学

ハイエクを巻き込んだ論争，しかもケインズの『一般理論』を中心とした論争を早い段階で取り扱うことは，心を誘うものであったし，また多くの点でいっそう興味深いものであったであろう。なぜなら，ケインズが経済的理解の進歩を数十年遅らせたことは注目すべき偉業であったからである。その誘いに抵抗する理由は次の点にある。すなわち，ケインズの「悪夢」に対するハイエクの嫌悪の度合いを完全に理解するには，経済学におけるハイエク自身の最大の関心事を詳細に理解することが必要である，ということである。

ハイエクの経済学は，人間心理に関する研究，および自生的な社会的結合や文明を生みだす傾向についての理解，から導き出される。そうした創造力は知的設計の外にあるということだけでなく，また，意識的な構造を押しつけようとする試みは社会的・経済的文明秩序の拡大を脅かしてきたのである。このような関係において，本書の第2章と第3章は，個人の自由と人間心理と社会秩序の間の関係の広範な特徴に関するハイエクの理解を素描しようとしている。人間の知識は明確に表現できるものを超えてはるかに広がるというのが，そこで繰り返されるテーマである。各個人に特有な無知や不確実性を補うのは，一

般的に受容された制度的慣行によって捉えられる，明確に表現できない知識である。

彼自身の個人的な知的発展という点から考えれば，若い時代のハイエクは，人間の知覚の性質についての深い理解を明確に表現することができないでいた。そのため，およそ30年前の学生時代に心に浮かんだ考え──「私はある重要な問題の答えを見つけたと感じたけれども，その問題がどんなものであるかを精確に説明することはできなかった」(Hayek, 1952b, p. v)──は後になって初めて，「精神現象の性質の中心的問題」として，あるいはより簡潔に「知性とは何か」という問題としてその本性を現すことになった。これは哲学に立ち入る広い問題であり，ハイエクが内観を軽視していると批判するところの，現代心理学の「もっぱら経験的なアプローチ」によっては研究することのできない問題である。『感覚秩序』──1952年に出版され，ハイエク自身によってもっとも独創的な研究とみなされている──はほとんど無視されてきたが[13]，それが重要であるのは次のような理由からである。すなわち，「そこで主張されている知識観はハイエクが経済理論や社会哲学でとった立場の多くを前提として説明できるものである」(Gray, 1984, p. 3)ということである。その構想に長い期間がかかったことを考えれば，その説明や結論のほとんどが彼のそれ以前の出版物に暗示されており，しかもハイエク経済学の中心をなしている，というのは予想できることである。

第4章と第5章で，さらにしっかりとハイエクの経済学に焦点が絞られる。その詳細は1937年に公表された論文──「経済学と知識」──で明らかになったものである。この論文は次のような経済学者に対するあざけりから生まれた。

　　データが存在することを確信したいと思うあまり，**所与**のデータについて語ることになってしまった（経済学者がそれである）。……経済学者たちは事実が与えられていると仮定したが，それらの事実が誰に与えられているのかを語ることは決してなかった。だが，あらゆる知識は分散されており，しかもあらゆる知識をもっている人はいないので，データは存在しえないであろう (McCormick, 1992, p. 85)。

これが，ハイエクの以前の認識からの根本的な離脱であるということをどの程度表しているかは，議論の余地のある問題である。（社会主義計算論争という面からすれば，これは新機軸であったというのが慣例的な解釈――Lavoie, 1985a によって異論を唱えられた――である。この新機軸はオスカー・ランゲに反論するのに必要であった。ランゲは，中央計画化が市場競争の実際の無法状態から生じるマイナスの面をひき起こすことなく，理論的市場経済の結果と同等の結果を達成できる，ということを明らかにしていた。[14]）確かに，ハイエクの論文は次のような人々によって20世紀経済学の画期的な研究とみなされている。すなわち，

　　至極もっともなことであるが，経済的理論化にとって不確実性，無知，および期待の変化と誤りがもつ意義を認識することこそ，基本的に重要なことであると考えるような専門家（Hutchinson, 1984, p. 214）がそれである。

　回想して，ハイエクはその論文を「技術的経済学から哲学的と通常みなされるあらゆる種類の問題へと彼を導いた」（Hayek, 1967, p. 91）あるプロセス――あるいは変換（Caldwell, 1988：Hutchinson, 1984, pp. 203－32参照）――を説明するものと考えた。経済思想史家を憤慨させることは承知のうえで，概要をよりすっきりとしたものにするために，ハイエクの知的発展の連続性については無視される。
　ハイエクの経済学の目的は，人間の首尾一貫した相互作用の様式を知的に理解するための基礎を提供することに他ならない。事実と理論の関係，均衡概念，および断片的な知識が利用される仕方は，合理的な決定が下される限られた可能性の理解を可能にする本質的な構成要素である。ハイエクの経済学は二つの科学的方法論にまたがっている。すなわち，演繹的推論と経験的検証の意義が強調されている。ハイエクはミーゼスのことを理論の純粋にアプリオリな性格を強調しすぎていると考えた（Hayek, 1992, p. 149 参照）。純粋に論理的な演繹を利用するには，人間の相互作用の因果の連鎖を支える社会・経済的プロセス

の理解を伴わなければならない。だが同時に，ハイエクは統計的分析の有用性にひじょうに懐疑的であった。

自然科学の方法の「盲目的な模倣」に対するハイエクの激しい敵意は，1942年にハイエクがLSEに招いたカール・ポッパーの影響を受けて，和らいでいった。実際，彼はポッパーの問題解決方法，すなわち推測と反証の方法が一般的に適用できない理由はないと確信した。たとえそうでも，実行可能な目的と実際の成果の双方において，社会科学と自然科学との間には依然大きな隔たりがある。自然科学で成功した経験的成果と同等のものを得ようとする試みは「必ず失敗に終わる」(Hayek, 1949, p. 127) という揺るぎない信念をハイエクはもっていた。第4章では，社会科学の方法論は二つの重要な面で他とはまったく異なる，というハイエクの主張が取り上げられる。すなわち内観の重要性，および人間の相互作用の結果を示すことのできるような種類の経験的証拠がそれである。第5章では，ハイエクの経済学を経済思想の広い文脈のなかに位置づける手立てとして「社会主義計算論争」が利用される。

7. 中立的貨幣

貨幣，およびそれが現実経済の運営に対してもつ含みは第6～10章の主題である。これらはケインズの『一般理論』，ハイエクの批判，およびそれに続く論争にもっとも直接的に関係する問題である。動態的世界に結合力を与えるために，市場プロセスは価格システムに頼る。絶えず変化する相対価格のメカニズムによって，資源は欲求の変化に応じるために，不断の再配分プロセスのなかに置かれている。価格は情報を伝え，それに基づいて行為がなされ，将来の動向が変化する。どうあろうと，こうしたシグナルは外部からの影響力によって攪乱されるべきでない。また，発展した経済では，こうした影響力は貨幣的攪乱から生まれてきそうである。実際，貨幣が発揮する独自の力を考慮することなしに，経済の動向を理解することは不可能である。

貨幣の影響力を考察する手始めとして，第6章では，最初に，重要な中立的

貨幣概念が議論される。すなわち，ある理想的な物々交換経済という仮説的な状況において存在する「実質的な」相対価格を何ら攪乱することなしに，交換の便宜の利点を与える貨幣がそれである。それは，経済を秩序づける手段として市場プロセスを重んじることから，引き出されるある理想を与える。

中立的貨幣は自由な交換や個人的自由と矛盾しない貨幣政策に対してある理論的な理想を提供する。また，経済主体が中立的貨幣をあてにできる状況にあるということは，自然的正義の考えにとってきわめて重要なことである。だが，合理的な実用主義的意見は貨幣政策の実際の管理の格率としてそれを是認するという歩み寄りを見せるかもしれない。貨幣政策にとっては，資源配分プロセスの変化をひき起こさないことが他のすべてに優先する目標である。貨幣政策の変更によってもたらされる変化は持続しえない。なぜなら，それらの変化は実物資源の**一時的な**供給だけで支えられているからである。これが生ずるメカニズムは強制貯蓄のそれである。[15] 必然的に，さまざまな水準の現行生産と将来に対する投資準備の間の微妙なバランスが崩壊し，容易ならぬ影響が続くことになる。

8. 資　本

企業家的活動に対する貨幣的変動の影響の複雑性にハイエクが加えた洞察は，景気循環理論の基礎を築いた。この誕生には長い時間がかかり，10年以上にわたって幾多の困難と論争を生み出した。その理論は貨幣経済におけるメンガーの価格調整分析，ベーム－バヴェルクの「迂回」生産としての資本の定義，ミーゼスの景気変動理論，およびクヌート・ウィクセルの自然利子率理論に負っている。現代の投資評価規準を利用する，ハイエクの景気循環理論の詳細な検討は，第8章で与えられるが，1930年代と40年代の論争の混乱によって例証されるように，最初にオーストリアンの資本観をはっきりと理解しておくことが賢明である。特に，さまざまな生産過程における資本の関連性が議論されなければならない。ハイエクがこの理路整然とした理論的統一体のいろいろな部分

を強調した順序は，理想的では決してなかった。『資本の純粋理論』が出版されたのは，景気循環活動に関する彼の最初の理論的研究の**後**にすぎなかった。[16)]第7章は「迂回的方法」としての，また「生産された生産手段」としての，資本の利用に関係する予備的な問題を明らかにしようとする。企業家的活動の本質的な特徴も議論されている。投資を支出カテゴリーとしてのみ取り扱う誤ったマクロ経済学的アプローチは破棄されねばならない。同じく放棄されるべき考えは現代ミクロ経済学の中心になっているものである。すなわち，資本を**固定的**な生産要素として分類する考えがそれである。

企業レベルでの特定の生産過程の技術的統合は，市場経済の経済的統合の複雑さと比べると単純な調整である。一見して異なる生産過程の間の壊れやすい取引上の結合は，その崩壊が生じた後に初めて判明することがよくある。この混乱の過程で，人と機械が持続できそうもない形で経済部門を横切って配置されるにつれて，連続的な反作用が起こる。貨幣的拡大によって経済を刺激しようとする試みから生じるかもしれない含みを理解するには，資本主義的な生産過程の性質を理解することが必要である。そうした過程によって，資本は異なる相（「広さ」と「深さ」）において，より多く，あるいはより少なく配置されるのである。第7章では，伝統的なミクロ経済学やマクロ経済学の理論によって使われる資本概念とオーストリア経済学によって用いられる資本概念を区別することから，この評価が始められる。（ついでながら，後者の資本概念はビジネスで一般に使われている語法にもっとも近いものである。）この点で，資本の**本質**はそれが**固定的**な生産要素であるということにではなく，むしろ自らが貢献する生産過程によって**破壊される**ということにある。

9. 景気循環

市場プロセスおよび貨幣的混乱の双方によって創出される誘因と資本との間の相互作用は，第8章の題材である景気循環理論に対するハイエクの独特な貢献の基礎を与えている。この章は『ヒストリー・オブ・ポリティカル・エコノ

ミー』に発表された論文（Steele, 1992）に初めて出た解説を紹介している。これにはいま一連の**補遺**が加えられている。多くの景気循環理論は新古典派一般均衡分析によって押しつけられた論理的な枠組みのなかで展開されている。変化は体系外から起こらなければならない。これらの変化に呼応して、相対価格の調整が体系を新しい均衡に向けて押し進める。初期の混乱については何の説明もなされない。景気循環は貨幣経済に固有の病原によって説明されるかもしれない、という考えもまったくない。ハイエクの分析は景気循環の**完全な**理論を構築しようという戦いに挑むものである。すなわち、最終的に『需給の一般的な「不均衡」』（Hayek, 1933a, p. 43）につながるさまざまな商品の間の需給の不一致の**原因**を説明することがそれである。その戦いに挑むのは貨幣を組み込んだ理論によってである。

　会計投資評価法の適用は、ケインズとハイエクを主役として論争を起こした経済学の問題に新しい解決の光を投じることができる。1930年代半ばまでの10年ばかり、両経済学者とも事業活動の変動を決定する際に果たす貨幣の重要性に細心の注意を払ってきた。だが、彼らが到達した結論はまったく違っていた。貨幣は需要を直接的に満たすことはできないが、その導入は均衡体系の居心地のよい自動安定化相互依存を阻害する可能性をもっている。貨幣は、生産構造内部の各構成要素を、他の各構成要素およびすべての構成要素と徐々に相容れないようにする運動の可能性をひき起こす。

　ケインズによれば、貨幣は利子率を、またそれによって、投資、産出量、および雇用の水準を決定する。（最初は）新たな貨幣の創造によって（またその後は、乗数の魔術を通じて）資金調達される政府後援の公共投資プログラムは、経済を沈滞から回復させるであろう。ハイエクによれば、利子率と価格に対する貨幣的拡大の影響は資本蓄積過程の変化を伴う投資ブームをひき起こすことになる。これらの変化は、結局は必然的に景気後退を手引きするに違いない諸力を準備することになる。

　ケインズがあらゆる初期の闘争に勝利を納めたことは疑いえないけれども、

その征服の程度は多くの人々によって遺憾なこととみなされている。ケインズは議論に勝ったが，ハイエクは正しかった！　第8章で，この主張は利子率と相対価格の両者の変化について測定された影響に関するかぎり，現代の投資評価法から支持を得ることが証明される。利子率と相対価格のいずれも投資水準と資本選択に明確な影響力を及ぼす。またそれによって，いずれも経済の循環活動の針路を決定するうえで明確な役割をもっている。

10. 国際貨幣秩序

ハイエクは，銀行信用創造と景気変動との関連を明らかにした理論的分析からは，何の政策指標も引き出さなかった。むしろ銀行家が，銀行信用に対する需要の増加に応じることの，相対的な利益と不利益の判断を下さなければならないであろう。銀行預金量を安定化させようとする試みはなされるべきでないであろう。なぜなら「経済システムの安定性は経済進歩を抑えるという代価を払って獲得されるだろう」(Hayek, 1933a, p. 191) からである。経済進歩は不正な所得再分配を犠牲にして獲得されるけれども，その経済進歩は犠牲にできないであろう。だが，ハイエクは貨幣理論の発展が不正義と進歩の間のトレードオフの問題に解決の光をあてるだろうと確信していた。彼の確信はケインズによって展開されることになった敵対的にして有力な分析のために相当な後退を被ることになった。ケインズの『一般理論』の主旨は，国際貨幣交換システムが安定した繁栄を達成することに失敗した，というものであった。各国政府はより広い国際的な配慮とは無関係に，自国の貨幣政策を管理すべきである，というのがケインズの勧告であった。国家間の貨幣の流通は，一国の地域間の貨幣の流通を決定する市場プロセスと同じプロセスによって決定されるべきではないというのである。

どのようなものであれ，秩序ある貨幣制度の目的は，国内的にも国際的にも，取引と資本の自由な流れを促進することにある。取引と資本の運動はともに，実施されている型の貨幣制度の枠内で，貨幣と信用の流通パターンを確立する。

単一通貨制度の下では，貨幣の地理的移動は利子率格差を促す圧力を創出しない。このことはエディンバラとロンドンにおける共通の利子率によって説明される。スコットランドとイングランドの間の貨幣の移動はインフレもデフレも誘発しない。もし単一の国際通貨があったならば，国家間の貨幣移動の動機は同じく，投資収益にあり，また生産と貿易の資金を用意する必要にある。これらは単一国家の内部に存在するのと同じ誘因である。

　各国が自国の通貨をもっており，しかも自国の貨幣的指標に従って動いている場合，事態はまったく違ってくる。国民通貨の相対的価値は，その通貨で値を付けられている財貨・サービスに対する需要が低下するとき，圧力をかけられる。需要の減少を経験している特定産業における価格や所得が低下しないで，為替相場の下落が他のひじょうに多くの国内の価格や所得を押し上げることがある。やがて，相対価格比率は新しい需要パターンにふさわしい水準に調整されることになる。だが，これらの比率が単一通貨制度の内部で達成される比率を複製するとはいえ，不必要なインフレによってひき起こされる歪みがその間に経験されるのである。まさに21世紀が迫りつつあるこんにち，例えばEUの共通通貨と関連させてみると，これらは生々しい問題である。このような問題は，混乱の原因となる特定の制度的取り決めの細かな点を取り払った，基本的概念の考察を必要とする。そこで，第9章は貨幣によって解き放たれる経済的諸力に依然として焦点を置くけれども，その重点は国際的な文脈に移る。

　『貨幣的国家主義と国際的安定性』として1939年に出版された一連の講義について，その概要が示される。これらの講義で，ハイエクは1931年に始まった国際貨幣秩序の崩壊の影響について早い警告を発した。それは国際交換に対する，次のような基本的に欠陥のあるアプローチをあばいているという点で，重要な研究である。すなわち，資本の流れ，貨幣的集計量，支払い準備率，等々を監視する広い指標に頼っている国民貨幣制度から派生するアプローチ，がそれである。ハイエクの銀行制度改革のための指針は，あらゆる形態の貨幣が既知の率で容易に相互交換できるべきであり，しかも，流通貨幣量は異なる貨幣

に対する選好の変化によって影響されるべきでない，ということであった。これは，純準備高喪失に直面して国内的銀行信用収縮が起こらないような水準に，国際通貨と国内準備の平価を固定しておくことを意味した。こうして，この制度は国際金貨の作用を複製するであろう。実践的困難や政治的圧力がハイエクに必要な改革の実行可能性に疑いを抱かせることになった。しかしながら，どんなものであれ，機械的な原理のほうが国民貨幣自治よりもましだと思われるほど，状況は危険をはらんでいた。結局，ハイエクは次のような結論に至った。すなわち，中立的貨幣という理論的な教えに一番近い実践的な目的をもっとも達成しそうな解は，貨幣が市場に戻されることを要求するだろう，ということである。それによって，経済学はぐるりと回ってアダム・スミスに立ち戻ってきたことになる。彼は『諸国民の富』のなかで，「貨幣供給についてさえ，ワインの供給についてと同様に，市場力の作用に頼ることができるし，また頼るべきであろう」(Hutchinson, 1980, p. 4) と主張した。

11. ハイエクと現代自由主義

社会科学へのハイエクの貢献を手短に述べるならば，自由主義社会秩序を首尾一貫して擁護しようとする試み，すなわち二つの哲学を調和させる試みであるということができる。つまり

> **自由**の配分に関係する制度としてのカント的な正義論と，希少性の世界に生活しながら慈善の心に乏しい人々の間に**秩序**を維持する制度としてのヒューム的な正義論を融和させる試み (Kukathas, 1989, p. 205) がそれである。

デヴィッド・ヒュームは合理主義に敵対していたし，急進的な政治には懐疑的であったが，だからといって，それに代わるものとしての何か特定の道徳原理を支持しようとはしなかった。個人的な権利を保護しようとする彼の主張は，人権に関する何らかの教義にというよりも，公権力の拡大に対する恐れに基づいていた。安全は行政の善意に求めるべきでない。なぜなら，政治は派閥争い

によって支配されるからである。また，派閥争いを抑制するよう求められるのは健全な憲法である。政治過程はいつでも簡単に「圧力集団」に変わってしまう利益集団のために働く。

ハイエクはひじょうに多くの点——合理主義の拒絶，自生的秩序と社会の本質についての考え，および社会制度としての道徳や正義についての見方——でヒュームに近いけれども，これらが意味するように思われるかもしれない保守主義を拒絶した。だが，ハイエクはヒュームを基礎にして，市場プロセスと自由社会の関係を明示的な形で考察しながら，より広大な経済学を創造している。現代自由主義に対するハイエクの貢献は次の諸点を明らかにすることであった。

(1) 社会秩序は共通目的がなくても生まれそうだということ
(2) 社会を特定目標に向かわせようとする試みの無益さ
(3) 知識は社会制度と行動ルールによって伝達されるということ
(4) 経済学は所与の欲望と契約ルールを超えて広がるということ
(5) 自由主義政治が平和的共存にとって必要であるということ
(6) 慣習や伝統は文明を創造し，しかもそれなしには，人間は不道徳になり，人間行動は予測できないものになるということ
(7) 自由主義的秩序によって社会は形成され存在するということ
(8) 正義は種々の異なる文化的形態においてはっきりと表れるということ

ハイエクの自由主義に独特な特徴は自生的な価値自由社会秩序という概念である。例えば，道徳的・政治的な問題は進化する文化的慣行という枠組みのなかでのみ理解される，というのがそれである。しかも，正義にかなうあらゆるシステムの統一的な抽象的特徴——ハイエクがカントから受け継いでいる——は，個人には**自由**に対する権利がある，ということである。

12. オーストリア経済学の復活

　資本投資に及ぼす相対価格の変化の影響（リカード効果）に対する関心は1940年代に復活を見たが，新古典派純正主義者とマルクス主義・新ケインズ主義連合軍との間の衝突によって，注意は狭い範囲に集中されることになった。これは20年もくすぶり続けた「資本理論論争」をひき起こした。

　論争は，分配理論に対する新古典派限界分析の有効性に関係していた。時間を超越した生産という「俗悪な」経済学が，資本主義体制の進化に対する社会階級体制の関連性についての，政治的に激しくなりそうな論争を去勢してきた。限界主義的な効率性を生産要素（あるいは「搾取」からの生産要素の自由）に対する「公正な」収益という観念と結びつけて考えることが，重要な論点であった（だが，しばしばこれは大幅に偽装された）。集計的生産関数という考えそのものはあらゆる意味においてばかげている――そのような構成概念の統計的推定値の解釈についてはフェルプス-ブラウン（1957）参照――けれども，連合軍は，集計的生産関数が根強い新古典派的信念を打ち破ることができる，ということを証明することによって，判定で勝利を得たのである（Harcourt, 1972, p. 122）。資本の測定単位がないということは，「資本主義経済学に不可欠な」（Harcourt, 1972, p. 248）概念である「資本価値」という考えを不適当なものにするとみなされた。だが，この結論は市場経済学のより弱いチャンピオンに対するむなしい勝利から引き出されたものである。

　影響力が増すなかで，オーストリア学派は企業経済を擁護し，国家管理体制に反対する議論をはっきりと打ち出している。人間行為はその行為が将来の出来事を変化させると予想される場合にのみ意味をもつ。個々人は将来に影響を与えようとして行為し，反応するが，その行為を決定する情報は不確実にして不完全である。人間関係ははるかに複雑である。個人による分権化された意思決定の利点はこの恐ろしい複雑さのなかから選択をすることにある。自身で認識した自らの最善の利益を追求する場合，彼らだけが情報を獲得し，それに基

づいて行動するさまざまな機会のなかから，**どのようにして**選択したら良いかを判断できるのである．

たとえ現在についての総合的な知識を手に入れることができたとしても，効果的な政策形成には，情報を小刻みで見直すことが必要であろう．したがって，ケインズ主義であれ，他の何であれ，現在と将来の需要水準の管理が国家官僚によって達成されるかもしれない，などという考えは実にばかげたものである．それは単に確実な将来がないからではなく，むしろ既知の現在がないからである．オーストリアンのアプローチは人間行為の意図されない結果に関心を寄せることで，このことを認めている．

経済学は計量が終わるところで始まる．なぜなら，もっとも重要な問題は決定的な解をもたない問題だからである．経済学は社会的正義，公益，あるいは何かその他のあらかじめ定められた目標のために経済の制度的構造を形成しようという決定論的アプローチの思い上がりから離れなければならない．あらゆる人間行為から生まれる意図されない結果は，われわれの未来を形成するという可能性を否定する．ごくありふれた状況を除いて，正義は結果に関してではなく，首尾一貫した相互作用に関して存在する．これがハイエクの経済学の主旨である．

本書のねらいは，人間の合理性，道徳性，および文明，資本主義のメカニズム，競争の性質，そして市場経済と個人的自由の関連性，に対するハイエクの鋭い洞察について簡潔な**レジュメ**を用意することである．人はこの世に入るとき，そして再びそこから去るとき，一人である．その間，もっぱら動物の王国のなかで，彼は文明の贈り物を享受するのである．

おそらく，多くの人々が神のことを語るときに意味しているのは，まさに彼らの社会を絶やさないようにしている道徳や価値の伝統を擬人化したものであろう．宗教が人間のような神性に帰す秩序の源泉を……われわれは今や物理的世界の外側にあるのではなく，その特質の一つであると考えるようになっている．すなわち，あまりにも複雑すぎて，そのどの要素にしても，その「イメージ」あるいは「映像」

を形づくることができない特質がそれである。……おそらく，大多数の人は抽象的な伝統をもっぱら人的な意志として考えることができるだろう。もしそうなら，彼らは，より明白な超自然論が迷信として排除される時代に，この意志を「社会」のなかに見い出したい気にならないだろうか。この問題にわれわれの文明の存続がかかっているかもしれない（Hayek, 1989, p. 140）。

第2章　自由と法

　人々が共通の具体的目的に同意する必要もなく，ただ抽象的な行動ルールにのみ縛られるだけで，平和に，しかも相互の利益のために共存するという可能性は，おそらく人類がかつてなした最大の発見であっただろう（Hayek, 1976a, p. 136）。

1. 知識と合理性

　人間の理性の限界を明らかにすることにあるハイエク哲学の主目的は，彼の心理学研究のなかにもっともはっきりと見い出される。物事はそれ自体として知ることは決してできず，ただ人間の知性の創造力の結果として，それが各知覚による認識結果を分類して記憶を形成するために，知ることができるのである。しかも，知覚による認識結果は経験を通じて絶えず修正されることになる。知るという能力は知識の蓄積とともに発展する。それは次のような三つの構造の間の関係の結果である（Hayek, 1952b, p. 39 参照）。

(1) 物理的世界，これについての知識は不完全であり，その多くは仮定されたものである（物理的秩序）。
(2) 人間の神経系，これは物理的秩序の一部である（神経的秩序）。
(3) 個人的な現実解釈，これは神経的秩序によって創造される（精神的秩序）。

　人間の知性の力によって，物的世界でのわれわれの生活経験に関するある種の規則性を認識し，分類することが可能である。この経験は精神的モデルの構築を通じて解釈されるが，この種の知的創造力によって達成することのできる現実表現は，われわれの一般化能力によって厳しく制限されている。抽象的ルールに従って経験を分類するためには，常に判断力を働かせることが必要である。だが，この判断行為を完全に説明することは決してできない。なぜなら，知性はその行為を形づくる影響について限られた理解力しか持ち合わせていな

いからである。完全な理解のためには，われわれの感覚的心象が物理的世界内部の諸関係をどう表現するかについての知識が必要であろう。またそれは，この物理的世界についてのわれわれの感覚的心象があるモデル，すなわちそのモデルと物理的世界との間の関係についてのモデル，を含むよう要求するであろう。等々，**無限に続く**。

われわれの知識——その大部分は特に相互作用の社会的パターンについての知識——の大半の性質は明確に表現できないようなものである。また，このことは特別な意味をもっている。抽象的ルールに従って行動する人間の能力は，言語を通してルールを表現する能力に比べて，より古いし，より重要なものである。われわれの形式的理論はおおい隠された莫大な量の知識の先端部分だけを形成しているので，個人的理性の働きは文化的な習慣，ルール，および手続きに具現されている暗黙的な知識に完全に依存している。また，われわれは表現できるものよりもはるかに多くのものを常に知っている，というのがその意味するところである。まさに知性を働かせるルールの多くを知性自ら理解できないのと同様に，個人は社会を働かせるルールの有効性について限られた理解力しかもっていない。だが，こうしたルールの規律を受け入れることで，また個人的な無知にもかかわらず，人間は自分たちの文化的遺産によって導かれているのである。この遺産の重要性はいくら強調してもしすぎることはない。正義や社会的結合の基礎を提供するのはこの遺産である。それは人間のさまざまな個人的目的を最大範囲にわたって達成するよう促進する社会秩序を生み出す。また，それは**正義にかなっている**。なぜなら，それはどんな特定種類の**明確な**目的にも役立つことはないからである。

文化的に決定されたルールは（善悪を決定するために）是認される行為と恥ずべき行為とを区別する手段であるけれども，個人的合理性は明確な目標を達成するために必要な論理的要件を識別するのに適用することはできない。正義は行為に関係しているが，そうした行為の結果は，あらゆる行為に対する多くの意図されない，しかも予期されない影響力が存在するということを考えると

き，本質的に知ることのできないものである。結果の関連性は限られた関連性である。合理性はあるプロセス，すなわち目標が選択され，かつそれらの目標を達成しようとする実際の試みと相互作用的にテストされるプロセス，に適用されるかもしれない。

2. 自由と自生的秩序

ホモサピエンス（人類）は，すぐれた学習能力を通して文化や文明への道をたどった。この能力は，言語表現の遺伝的発達によって高められた。また，この発達は集団協力に対する能力と新しい環境に適合する能力を引き伸ばした。文明は人間の理性からではなく，人間の生活を律するようになる行動ルールの受容によって創造された。「人間は文明以前には理性をもたなかった。両者は一緒に進化したのである」(Hayek, 1978b, pp.10-11)。この進化は，幸運にもすぐれた慣行を採用した文化的集団，あるいは適切な判断によって，他の集団に成功をもたらしたルールを見習った文化的集団，の自生的な自己選択によって導かれながら，多くの異なる道をたどった。そして，一部だけが生き残った。いずれにせよ，出現した社会的秩序は多数の個人的適応の結果であるため，せいぜいその一般的特徴を理解することができるにすぎない。宗教，言語，貨幣，法，および市場といった多くの秩序だった構造は，それら自身の独特な特徴を示しているが，一般的に，こうした社会的制度が普及するのは，（継続的な適応によって）それらの社会的制度が，それらを採用する人々や理性がそれらによって導かれる人々，の生殖上の適性を高めるときである。

この自生的な自己選択プロセスを通して，人間社会は原始的な部族的取り決めから広大な世界的規模の流動的相互関係ネットワークへと発展してきたのである。個々人が**個人的**な関係によって結ばれている部族の道徳では，拡大された社会・経済的秩序を維持することは決してできなかったであろう。部族を超えた場合，共同体の福利に**直接的**にねらいを定めることは誰にとっても不可能である。なぜなら，相互に作用する義務の広大なネットワークや任意の個人の

行為の完全な影響を理解することは不可能だからである。拡大された秩序は必然的に，個人的な私益を追求する見知らぬ者同士の社会である。合理的な設計によって創造される別の秩序を押しつけようとするどのような試みも，どんな単一の個人あるいは個人集団によっても理解できない細部の複雑性によって損なわれることになるであろう。

ハイエクの研究の大半は，心理学，哲学，政治学，法，および経済学を包摂しながら，人間の文明や文化のあらゆる側面の間の相互関係を解明することに向けられた。そして，1982年に，彼は3分冊の『法と立法と自由』の合本され，「修正を加えられた」版において，その研究の大部分についての総括的な意見を発表した。20年以上にわたって書かれたこれらの分冊は，個人的自由を保護するために立憲的な法的取り決めを利用する，ということに関する論考である。ハイエクのその他の研究にしみ込んでいる関係やテーマの多くが強調されており，また，その3分冊のそれぞれがある基本的な洞察，すなわち自由人の社会が依拠する自生的秩序の保持に関する次のような洞察，に向けられている (Hayek, 1973b, p. 2 参照)：

(1) 自己増殖的システムは，支配するルールの種類が異なるということによって，組織とは区別される。
(2) 社会的あるいは分配的正義は組織において意味をもつが，自己増殖的システムの内部では矛盾する。
(3) 自由社会を全体主義体制に変換してしまう固有の傾向は，民主主義と同一視されるようになってきた無制限の政府の結果である。

議論全体を取り巻く中心的な考えは，個人的自由が社会的秩序に依拠しているということである。その反自由主義的な権威主義的意味合いからすると，秩序は何らかの明確な目的を達成するために外的な力を押しつけるということによって獲得されるが，これは社会的秩序とはまったく異なるものである。後者

は次のようなものとして定義される。すなわち,

> さまざまな種類の多様な要素が相互に密接に関係しているので,われわれがその全体のなかのある空間的あるいは時間的な一部分を知ることによって,……期待,つまり正しいことが証明される見込みの大きな期待,を形成するようになるかもしれない事態 (Hayek, 1973b, p. 36) がそれである。

　ここには,何ら権威主義的な意味合いはない。それは目的をもたない秩序,すなわち自生的秩序である。これと同じようなものは自然においても（一例は水晶の格子模様である）,また社会においても（市場）生じる。

　社会が存在するのは,個人的行動を支配し,しかも継続的に進化するルールがあるからである。分業に基づく,拡大された社会・経済的秩序の強い相互依存性は,行動ルールを支える共通の道徳的意識に依拠している。これらのルールは,さまざまなカテゴリーに分けられる。環境が個人の知性によって同じように知覚されるために,誰もが従うようなルールがある。共通の文化的伝統の一部を形成しているために,自発的に従われるルールがある。そして,個人は遵守しないことで利益を得るけれども,社会的秩序を損なうために,強制されなければならないルールがある。

　秩序の自生的進化という考えの,社会哲学との関連性に対する知的不信は主として,制度よりもむしろ個人の淘汰に焦点を置いたハーバート・スペンサーの19世紀「社会的ダーウィン主義」[1]に帰せられる。この不信には根拠がない。社会的慣習の継承は生理学的な特性に何ら依存しない。だが（ハイエクによれば）,一般的な誤解はさらにいっそう進んでいる。なぜなら,ハイエクが次のように主張したからである。すなわち,進化論的な考え方は生物学にではなく,社会哲学に端を発しており,しかも,その発想を借用し,かつ系統研究の応用のためにそれを再定式化することができたのはチャールズ・ダーウィンであった,ということである[2]。これは依然として議論の余地のある問題点であるに違いない。

3. 自由の意味

初期のあらゆる誤解を取り除くためにいえば，個人の自由に置かれた基本的な重要性は何ら利己という意味合いを含まない。自由は「最大の利己主義者にとっても，完全な利他主義者にとっても，少なくとも同じ重要性をもつ」(Hayek, 1973b, p. 56)。自由は倫理的な理由，すなわち「それは大部分の道徳的価値の源泉であり，かつ条件である」(Hayek, 1960, p. 6) という理由からも，また，次のような実践的理由からも尊重される。

> 普遍的に適用される正義行動のルールによってのみ拘束されるが，自分の目的のために自分の知識を使用することが万人に許されている，という自由の一条件は，自分の目的を達成するための最良の諸条件を万人にもたらしてくれそうである (Hayek, 1973b, p. 55)。

その元々の意味において，自由は部族の成員であることを表わしていた。それはまた人々の間の関係に関連していた。自由人の地位は奴隷の地位と対比された (Hayek, 1960, p. 422, fn 5 参照)。自由は「他人の恣意的な意志からの独立」(Hayek, 1960, p. 12) の状態である，というのがハイエクお気にいりの定義である。自由は「より大きな害悪を避けるために，自分自身の一貫した計画に従ってではなく，他人の目的に役立つよう行動することを強いられている」(Hayek, 1960, pp. 20-1) ときに，個人から奪われる。ハイエクの定義においても，その元々の定義においても，個人が自由であるといえる前に保有しなければならない選択の範囲について，どのような示唆も引き出すことはできない。

> 権力としての自由とその本来の意味における自由との混同は自由と富との同一視につながる。また，このことによって，富の再分配に対する要求を支持する際に，「自由」という言葉に含まれるあらゆる魅力を不当に利用することができるようになる。だが，自由と富はいずれもわれわれの多くが望む有益なものであるけれども，

またわれわれは望むものを手に入れるために,しばしば両者を必要とするけれども,依然としてそれらは異なるものである (Hayek, 1960, p. 17)。

自由は,「強制から個人を保護する要素のすべて」が含まれている5つの本質的な特徴によって確認される。すなわち,共同体の成員としての法的地位,恣意的な捕捉を受けないこと,どのような職業であれ働く権利,自由に政府を選ぶ権利,および財産所有権がそれである。

自由は,個人の行動に対して制約がないことを意味しない。なぜなら,自由は秩序なしには意味をもたないからである。きわめて実践的な意味において,自由が存在するのは,個人の活動に対して恣意的でない,明確に定義された制約が存在するときである。逆説的に,強制を防止できる唯一の方法は強制するぞという脅しによる方法である。自由な国家においては,政府が強制の独占力をもっていること,そして私的な強制を防止するために必要とされる状況に国家権力を限定することによって,この問題に対処している。国家は一般ルールを執行することによって保護を与える。その結果,個人はルールがさまざまな状況にどのように適用されるかについての信頼できる知識に基づいて行動できるようになる。

平和に共存する自由人の社会は,究極的には自己規制,すなわち個人は自己の信念に従って行動し,しかも自己の行動の結果を受け入れるだろう,という期待に依拠している。その結果,自由社会の存続を確保するために,次の二つの決定的な条件が満たされなければならないことになる。すなわち,

　個人的責任に対する信頼と,ある人の特定サービスが相手方に対してもつ価値に応じて物質的な報酬が支払われるという取り決めを正当なものとして是認すること (Hayek, 1967, p. 232) がそれである。

これらによって,進取の精神と用意周到さが促進される。また,自分自身の行動に対する個人の責任の程度に何ら条件は付与されえない。個人の責任は彼が支配してこなかった個人的な「背後事情」によって軽減されるかもしれない,

という現代の考え方は,「社会が礼儀正しい行動を確実なものにするために発展させてきた最高の装置——人々にゲームのルールを遵守させる世論の圧力」(Hayek, 1967, p. 232) を破壊する。環境を酌量するという考えは何ら実質的な根拠をもたない。なぜなら,個人は自分自身の意見も結論も理解してもらえることを期待できないからである。そのような理解を得るには,何か別の意見や結論を生み出したと思われる物理的な条件についての知識が必要であろう。同様に,それには,われわれの感覚的心象が物理的世界の内部の諸関係をどう表現するかについての説明が求められるであろう。また,それは——本章の1.のところで述べられた議論によって——不可能である。

　実際,何もないところで,すなわち知性を支配する諸力と物理的世界を支配する諸力との間で,区別をするほか仕方がない。われわれは知性の外側に踏み出して,その機能を物理的な世界の一部として観察することは決してできない。当然の結果として,個人は自己の行動に対して責任があるとみなされなければならない。たとえそれらの行動が物理的世界の一部として因果関係で決定されるとしてもである。要するに,「因果の連鎖の外側にいる何か形而上学的な自我」(Hayek, 1967, p. 232) という考えは認められないのである。なぜなら,そうなると,個人に責任があるとみなされるものは何もなくなってしまうからである。また「すべての人の責任は誰の責任でもない」(Hayek, 1960, p. 83) ので,有効な責任は個人の責任だけを意味することができる。だが,ある個人に「ある行動の結果に対して責任がある」と主張することは,因果関係についての主張でも事実についての主張でもなく,「むしろ,人々にある種のルールを遵守させるために導入された慣習の性質についての主張である」(Hayek, 1960, pp. 74-5)。そのため,個人的責任は強制なしに秩序を生み出す装置であり,しかも,それは次のことを前提としているために,自由を補完する装置でもある。すなわち,個人は経験から教訓を引き出し,またそれらの教訓に従って行動することができる,ということである。

4. 理性，自由，および正義

　理性と自由と正義は文明の所産であり，相互に関係するものである。文化的選択は合理的なプロセスではないが，それが個人にその行為や行動において与える指針は，社会的結合を生み出す合理的行動の基盤である。合理性は「個人の行動におけるある程度の統一性と整合性，そして，多少の期間にわたって有効性をもつ知識や洞察，すなわち，ひとたび獲得されると，後日になって異なる状況になってもその個人の行動に影響を与える知識や洞察」(Hayek, 1960, p. 77) をもたらすので，正義は社会的結合のために個人的自由の範囲を制限する法によってかなえられる。だが，社会は自らにルールを与えることはない。また，社会的義務は法体系によって定義されることはない。むしろ，ルールに関する合意が人々を社会に形づくるのである。

　正義によって維持される社会的調和は歴史に左右される。正義にかなう法体系は文化的伝統に由来するが，事態は決して静態的ではない。正義にかなうルールは，継続的な試行錯誤の過程を通して，経験によって発見（また経験に照らしてテスト）される。「あらゆる抽象物と同様に，正義はわれわれの無知——どんな科学的進歩によっても完全には除去しえない特定事実に関する永遠の無知——への適応である」(Hayek, 1976a, p.39)。「自然的」正義が持続するには，既存のルールが絶えず直観的疑問によって問い直される，ということが必要である。また，既存の社会秩序を批判することは常に政治の課題である。なぜなら，「科学が時として問題にしないかもしれない価値や道徳原理」(Hayek, 1978b, p. 19) は存在しないからである。正義は変化することのある**手続き**に関係する。さらに，正義にかなう結果というものが前もって定義されることは決してない。なぜなら，それは正義にかなう手続きの適用の結果だからである。ルールと手続きの適用プロセスは，合理的環境の一部としてのみ存在する理性の発展である。これはわれわれの文明である。

　自由と正義は相互依存的である。自由は，正義にかなうルールが発生し，か

つ進化的な社会的プロセスを通して変化する、ということを可能にする。また、正義にかなう法の執行によって、自由が法の下に実現されるのである。

　　法の下の自由という概念は……次のような主張に依拠している。すなわち、われわれが法に従うとき、一般的で抽象的なルールがわれわれに対するその一般的な適用にかかわりなく規定されているという意味において、われわれは他人の意志に従っているのではなく、自由なのである、ということである（Hayek, 1960, p. 153）。

　自由は、発見のプロセスを促進する。自由は、個人にさまざまな機会を利用することができるようにし、またこの機会の幅を広げることによって合理性を高めるのである。「自由の主要な目的は、一個人が獲得できる知識の最大限の利用を保証する機会と誘因の両方を提供することである」（Hayek, 1960, p. 81）。人間の知識が自生的な社会秩序から生まれる最適な調整を達成するとき、諸々の願望が最大限に満たされる。自由はその秩序を促進する。正義にかなうルールによってのみ拘束され、**他のものには管理されない**個人の活動は、秩序ある社会にとって欠くことのできない継続的な適応と変化を可能にする。

　自己の文化的規範に関する特定の進化した構造を存続させてきた要素について無知であるとすれば、人は確立した伝統を批判する能力において制限されている。ルールのテストは「その普遍的な適用が可能かどうかであり、可能であるのは、それが他のあらゆる受容されたルールと矛盾しないことがわかるからである」（Hayek, 1978b, p. 139）。そのため、相互に両立しないことが判明するようなルールに与えられる優先権を決定するための何らかの根拠が必要となる。すなわち、正義の**理論**から何らかの指導原理を導き出すことが必要となる。したがって、「自由主義社会秩序の**原理**」を打ち立てる仕事は、自由社会の基礎は理性によっては明らかにすることも構築することもできないというハイエクの考えとは調和しない、という批判が浴びせられてきた（Kukathas, 1989, p. 46 参照）。そのような批判が不当であるのは、ただハイエクが何ら決定的な道徳の提示を主張していないという点で、彼の原理が変わりやすいものだからであ

第 2 章　自由と法　**39**

る。

　　実際の道徳的問題はすべてルールの対立によって生み出されており，ほとんどの場合，異なるルールの相対的重要性に関する不確実性によって問題がひき起こされている。あらゆる道徳的問題に明白な解答を与えるという意味で，完全である行動ルールの体系は存在しない。……体系全体が進化し，徐々により確定的になるのは，あるいはある種の環境，すなわち社会が存在するような種類の環境，によりよく適応していくようになるのは，確立したルール体系が何ら確定的な解答を与えないような問題を処理することが絶えず必要になるからである（Hayek, 1976a, p. 25）。

　道徳に対するハイエクの進化的アプローチは必然的に回顧的である。なぜなら，現在の社会の存続にとってきわめて重要であるようなルールを識別する手段がないからである。伝統的慣行が正当化される主要な根拠は，時代の判断に直面してきたことに基づく，そのもっともらしさである。「われわれの社会の特定の価値を判断することができる唯一の規準は，その同じ社会の他の価値の全体である」（Hayek, 1978b, p. 19）。存続そのものによって，それらの固有の価値は自明であるが，それらが不変であるということにはならない。長期にわたって確立されてきた慣行に異議を唱えることができる。改革のための提案——例えば憲法（本章の最終節参照）や貨幣制度（第 9，10 章参照）に対するハイエク自身の提案——は，慣習や伝統に対して置かれる価値と矛盾しない。長期にわたって確立されてきた行動規範によってもたらされる結合力に相応の注意を払いながらも，政治的行動は必然的にそのような問題に対する合理的なアプローチに頼る。だが，改革は意図されない結果の無限の地平に多少とも考慮が払われるうるよう注意して進められなければならない。

5．理性と「設計主義的」合理主義

　自生的社会秩序は——経験を分類するわれわれの知的能力を通して——事実が明らかになるための必要条件を確立する。また，それは文明と科学の双方にとって欠くことのできないものである。それは人間生活のあらゆる側面に広が

る秩序である。

　適切な社会秩序という問題はこんにち，経済学，法律学，政治学，社会学，および倫理学といったさまざまな角度から研究されているが，この問題は全体として捉えた場合にのみうまくアプローチできる問題である（Hayek, 1973b, p. 4）。

しかしながら，学問の専門化は「社会哲学」という不明確な領域を生み出した。そこでは，科学的研究の軽視が「設計主義的合理主義」という誤った信念の侵入を許してしまっていた。これは人間の知性を働かせることによって，拡大された文明秩序の内部における制度的機能のすべてを有機的に関連づけることができる，という教義である。したがって，設計主義で説明できないものはすべて恣意的なものとみなされる。だが，もし社会制度が何か計画的な設計に従って再生されるとしたら，ある巨大な情報源が投げ捨てられることになろう。
　意味の曖昧さや，「合理的な」という形容詞の使用に関する混乱の可能性が存在する，ということを認識することが重要である。

　もし理性をできるかぎり有効なものにしたいという願望が合理主義の意味するところであるならば，私自身合理主義者である。しかしながら，もし意識的な理性があらゆる特定の行動を決定すべきであるということをその用語が意味するのなら，私は合理主義者ではないし，またそのような合理主義はきわめて不合理であるように思われる。確かに，理性の仕事の一つは，理性がその制御をどこまで拡大すべきか，また全面的には制御できない他の諸力にどこまで依存すべきか，を決めることである（Hayek, 1973b, p. 29）。

　もし（合理主義的と反合理主義的よりもむしろ）設計主義的と進化的とが区別されるならば，この意味の曖昧さは避けられるかもしれない，ということをハイエクは示唆した。設計主義的合理主義哲学は，知性を働かせることによって，望ましい社会秩序の計画を立てることができる，というものである。進化的アプローチは成功した企画の経験を指針としており，また，その経験がその社会の受け継がれてきた文化や伝統のなかにはっきりとは表現できない形で具

現されているということを認める。

進化的アプローチの文脈のなかでは，理性は必要な規律である。それはただ知性が現実の複雑さを捉えることができないという理由からである。複雑な現実からの抽象こそ，精神的プロセスが理解力を生み出す唯一の基礎である。理性は文化的なルールや制度のなかに組み込まれる抽象的観念に依存しており，また，その機能は純粋に感情的な反応によって動機づけられた行為を抑制することである。人間行為は，その行為が「その目的を達成する好機に恵まれている」(Hayek, 1973b, p. 11) と多少とも予想される場合にのみ，理性によって導くことができる，というのがその哲学である。したがって，理性が適用されるのは，起こりそうな行為結果の枠組みを識別するためである。

6．組　織

自生的秩序を支えるルールは，目的とは無関係である。すなわち，これらのルールは，明確に定義された目標を達成するために存在する実体である組織のルールとは質的に異なる。

> 自生的秩序が依拠する法の一般的ルールは，誰もその特定のあるいは具体的な内容を知ることも予見することもない，ある抽象的な秩序をめざしている。他方，組織を支配する命令やルールはその組織の命令者がめざす特定の結果に役立つものである (Hayek, 1973b, p. 50)。

多くの限定された仕事のために，組織は明確な境界，すなわち，その内部でその組織が諸活動を調整するもっとも効果的な方法となる境界，をもっているかもしれない。家族，工場，農場，政府などはより広大な自生的秩序に統合されていく組織の例である。同じ人間集団（ある学校の先生と生徒）は（朝礼で，あるいは試験中に）組織として一緒に行動するが，他のときには，自生的秩序が因習的な行動規範の遵守によって維持されるのである。

したがって，組織と自生的秩序は相互に排他的な構造ではないことが立証さ

れる。とはいえ、それらの共存は両者を随意に結合することができるということを意味しない。組織と市場の境界は、しばしば不明確であり、またその体制の他のあらゆる部分と同様に企業家的創意に依存している (Loasby, 1989, p. 188 参照)。ある程度、あらゆる組織は、特に多くの詳細な決定が補助的な権威に委任される場合には、その成員に一般的ルールに従って働くよう期待するだろう。組織内では、トップからの命令によって不確実なことが残されるときには必ず、そのような一般的ルールが必要だろう。

政府のサービス機能が処分を委ねられた資源を管理することにあるため、また、それらの資源を投入しなければならない明確に定義された目的があるため、政府それ自体は自生的秩序の内部で働く多くの他の組織のなかの一組織である。さらに、政府はその強制的な機能、すなわち法として大切にされている行動ルールを施行することにある機能、を果たしている。この点で、政府という組織は自生的秩序の維持にとって不可欠の条件である。

7. コモンローと立法

出現した社会秩序がなぜ出現したかは、それが対立の縮小とエネルギーの有効利用の面で効果的であったからである。この点で、人間の経験は他の動物社会の経験と違わなかった。そこでは広範な種類の社会的行動と共に、儀式的な誇示行動がとられている。さまざまな文化的慣行の生き残りを説明する特定の根拠は時を超えて失われるようになったかもしれないが、自分がどのように行動しなければならないかを知るために行動ルールを明確に表現することができるということは、個人にとって一般的に不必要である。人間の社会的交際の多くの特徴は、その形が明確に表現されずに生き残ってきたが、それにもかかわらず、そうした特徴は「行為を支配するという意味で存在する」(Hayek, 1973b, p. 76) のである。

ルールは明示的である必要はないが、ある制度的な枠組みのなかでは、諸規定に精確な表現を与えることができる既知の手続きがなければならない。法を

テストすることが可能でなければならない。紛争に関して判決を下す必要がある場合はいつでも，その目的は新しい法を定式化することよりもむしろ，既存のルールにより大きな精確性を与えること，そしてその法の性質に関して同意を得ることでなければならない。多くの場合，既存の慣行が明確にされてきたかどうか，それとも新しい慣行が合法化されてきたかどうか，を決定することは困難であるかもしれない。いずれにしても，裁判官は確立された慣行の既存の格子構造の枠内での職務に限定される。

　　われわれが知っているような法は，裁判官のこうした努力なしには，あるいは漸進的な法の進化の結果として迷い込むかもしれない袋小路から法を救い出すために立法者がときおり見せる介入でさえ，それがなければ，完全な発展を遂げることは決してできなかったであろう（Hayek, 1973b, p. 100）。

　判決を与える場合，それは権威が背かれてきたかどうかを決定するという問題ではない。むしろ，裁判官（「立法者がときおり見せる介入」は以下で議論される）はどんな期待が確立された慣行に基づいて合理的に形成されたであろうかを決定しなければならない。これは法の機能，すなわち結果として社会の他の成員との間で起こりそうな相互作用を知ることで，個人が行動を起こしやすいようにする，という機能に一致する。この目的を達成するルールは，尊重される秩序を生み出すことから，生き残って，模倣される。それは抽象的な行動ルールと特定の事実環境の組合せであり，任意の一定の行動が受容可能であるかどうかを決定する。

　判決が実際の慣習や慣行の合法性に関する部分的な表現以上のものとなることは稀である。だが，新しい環境において適用できる一般的ルールを引き出すために判例が使われる。このため，立法は継続的な解釈過程である。そこでは，法体系のどの部分も，一般原理の連続的な再適用を通じて，他のあらゆる部分によりぴったりと適合させられるようになる。したがって，法の進化は特定の目的によってというよりも，むしろ何が「正しくて適切」であるかに関するき

わめて抽象的な観念によって導かれる。「抽象的観念の力は，それらが理論として意識的にとらえられているのではなく，多くの人々によって暗黙的な前提として作用する自明の真理として扱われている，というまさにその事実に大きく依拠している」(Hayek, 1973b, p. 70)。裁判官によって制定された法が優位を占めてきた状況において個人的自由の理想が花開いてきた，ということは偶然の一致ではない。判決の独特な性格は非権威主義的な秩序の内部での不調和を除去する必要に由来している。判決は成文法から論理的に推論されたものでなければならないわけではない。判決はもっとも広い範囲にわたって適用される一群の抽象的原理に従って下される。判決が与えられるのはこの精神においてであり，法文の字義においてではない。

　法の進歩は，他のどんな種類の知的進歩とも変わらない。そこでは「内在的批判」が思考の進化の手段である。明らかに，裁判官は**現状**を守る権限をもたない。なぜなら，彼が仕える秩序の性格は，進化的変化が可能とされる場合にのみ存在するようなものだからである。守られるのは個人間の関係の**現状**ではなく，その動態的な秩序の基礎にある抽象的原理なのである。長期にわたって確立されてきたルールでさえ絶対的規範という地位を要求することはできない。

　法は「他人に対する行為」にのみ関係しているので，判決が要求される前に，個人間に紛争が存在しなければならない。このことはきわめて重要である。というのも，それが多くのルール，すなわち抽象的で普遍的であるにもかかわらず，個人の自由を侵害する多くのルール，を排除するからである。この後者の一例は宗教的遵奉を要求する法であるだろう。しかしながら，そのような法が個人相互間の行動に関する紛争から生まれるという状況は存在しない。普遍的に適用されるかもしれないが，宗教的遵奉は不当な強制を通してのみ達成される。判決が要求される前に紛争が存在しなければならないということは別の重要な問題にも関わってくる。すなわち，法はあらゆる利益を守るということはできないのである。変化は不可避であり，また変化がある人々に役立ち，他の人々を失望させるということは避けられない[3]。したがって，法にとって必要な

ことは，合法的な期待，すなわち法によって守ることができるような利益，を決定する抽象的原理を明確に指し示すということである。法は個人の保護される領域，すなわちそこから他人が排除される領域の境界を定めなければならない。

自由を保護するものとしての法概念——これは18世紀イギリス自由主義の伝統に，また特にアダム・スミスとデヴィッド・ヒュームの研究に由来する——は市場メカニズムの理論と同時に発生した。そこでは，私有財産（すなわち所有権の排他的な保有）と契約執行の二つの原理がもっとも重要である。その他の抽象的な行動ルールの一般的な遵守と並んで，これらの原理は個人が首尾一貫した枠組みのなかで効果的に行動する機会を創出してくれる。正義にかなうルールは私有財産制度と密接な関係にある。なぜなら，それらのルールはある性質，すなわち諸期待の最大の一致を促進する禁止令，またしたがって社会的調和を高める禁止令の性質，を帯びているからである。しかしながら，慣習，道徳，および法の支配は行動に対して稀にしか積極的な指示を与えない。なぜなら，それらの価値は何をすべきでないかを指し示すことにあるからである。それらは「われわれの祖先の知恵」を具現する「社会のタブー」を形成している。

自由は抽象的・普遍的な法の適用によって与えられるが，こうした法は自生的秩序の内部でしか存在しえない。なぜならば，あらかじめ決められた目標を達成するために形成される秩序は，もしそれらの目標を達成すべきであるなら，一般性の原理を傷つけなければならないからである。例えば，平等主義を目標とする場合，

> 個人的にまったく異なる人々を同じ物質的立場に置くために必要となる異なる待遇は，私には単に個人の自由と両立しないだけでなく，またきわめて不道徳であるようにも思われる（Hayek, 1978b, pp. 157–8）。

正義にかなうルールは合法的な行動を決定するが，合法的な結果を決定しな

い。それらのルールは利益を得る権利を保証することはできない。単に、最終状態は知ることができない、という理由からである。正義にかなう法は抽象的，一般的で，予期されたもので，知られており，信頼でき，公正なものである。それらは時間と場所を超越したものであり，またその執行には何ら強制力を必要としない。なぜなら，それらを遵守することで，「われわれは別の個人の目的に奉仕するわけではないし，またその人の意志に従っているというのも適当でない」(Hayek, 1960, p. 152) からである。これらは，正義にかなう法を定義する特質である。「法の前の平等」という特質は，一般性の原理の後見人である。だが，あるルールが適用される個人の種類を法が定義することはこの原理と矛盾しない。そのような類別が正義と両立するのは，その分類がそれに含められる人々と含められない人々に受けいれられ，しかも既知の個人に利益も損害も与えないという場合である。その明白な実例は特に青少年に適用される法律に関係している。

　恒久的なリバタリアン的社会秩序は抽象的な原理にのみ基づくことができる。このことはコモンローのより大きな有効性を示している。なぜなら，抽象的な法は正当な司法手続きを通じて生まれてくる可能性が高そうだからである。判決は長い目で見なければならないし，また現在予見できない状況を背景にして，未来になされる決定を支持することができなければならない。法のねらいは抽象的な秩序を支持することにあるので，法はどんな事実的環境もめざすことができない。この関係を理解することは法を理解することであり，また法学が経験科学であるということを理解することである。「冷笑家たちが依然として〔見えざる手〕として愚弄しているものに対するこのような洞察がなければ，正義にかなう行動のルールの機能はまったく理解できない。とはいえ，立法者がこのような洞察をもつことは稀である」(Hayek, 1973b, p.114)。この点は法律家の伝統的な役割――自由に対する個人の権利の保護――の日常的な機能には影響しなかったが，政府によって定められた目的に向けて個人を手引きする（組織的な）ルールを作成する権限として法を解釈する現代の傾向から，ある

脅威が生じている。したがって，法と立法の間に重要な区別がなされなければならない。法は「個人の行為の範囲を限定することを通じて，個人の自由な行為による自生的秩序の形成を可能にする抽象的ルール」（(Hayek, 1973b, p. 71)）から成っており，これに対して，立法は「個人を具体的な目的に奉仕させる組織の手段あるいは取り決め」(Hayek, 1973b, p. 71) である。立法——法の計画的な創造——は設計主義，すなわち古代ギリシャに起源を発し，また専制君主制の興隆と結びついてヨーロッパ大陸で中世に復活を遂げた設計主義，のさらに進んだ発現形態である。こうして，次のような事態によってひき起こされる何かいやなことが起こりそうな混乱が生まれたのである。すなわち，

　　正義にかなう行動の新しいルールを制定するこの新しい権力が，行政機構を組織・指導する権力をもつかつての支配者が常に行使していたはるかに古い権力に，漸次吸収されていき，ついには，これら二つの権力が分けられないほど混ぜ合わされ，……「立法」という単一の権力になる（Hayek, 1973b, p. 84）という事態がそれである。

　イギリスでは，コモンロー——法廷に対して拘束力をもつとともに法廷によって発展させられた——の伝統がこれと同じ発展を抑制したので，17世紀まで，議会はコモンローに違反して法案を可決することはなかった。その代わりに，議会はその本来の権限を守った。すなわち，正義の体系を管理することがねらいの一つである行政組織を，立法によって支配・統制することである。
　しかしながら，コモンローによって確立されてきたようなある種の正義ルールを修正するために，法律を制定することが必要となるかもしれない場合があるし，またそうすることが必要となるかもしれない多くの理由がある。司法の発展の速度は新しい環境に適合するにはあまりにも緩慢であるかもしれない。あるいは，以前の判決の含みが支持できないとわかるとき，別の道に戻ることは判例法に基づいては不可能であるかもしれない。

　　これまで受容されてきたルールがより一般的な正義原理に照らして正義にもとる

ことがわかる場合には,個々のルールの改訂だけでなく,確立された判例法の体系の全分野の改訂がおそらく要求されるだろう (Hayek, 1973b, p. 89)。

もし裁判官が遡及効果によって以前の判決を取り消すよう求められるならば,裁判官の地位は徐々に弱体化するであろう。それよりも,将来のある日から適用される法律が制定されたほうがはるかによいだろう。しかしながら,これはどんな制約によってこの立法権を抑制すべきかという問題を提起する。それに対するハイエクの答えはこうである。

すべての権力が意見に依拠する自由社会においては,この究極的な権力は直接的には何も決定しないが,すべての積極的な権力の一定種類の行使だけを認めることにより,積極的な権力を統制する権力である (Hayek, 1973b, p. 93)。

そこで,究極的に頼りとされるのは共通の文化的遺産から生まれる一般的な感情である。「しかしながら,社会秩序の根源は,……何が正しく何が間違っているかに関して一定の人々の間に一定の意見が存在する,ということにある」(Hayek, 1979, p. 33)。ハイエクはそれによって次のように考える。すなわち,――立法権限に対する――究極的な抑制力が効果的に働くのは,正義にかなう法という概念の明細(繰り返していえば,抽象的,一般的,予期される,既知の,信頼できる,および公正な)にいつも注意を払った意見の一致を通じてである,ということである。

要するに,法についてのわれわれの知識に関するハイエクの分析は,知識一般に関する彼の扱い方と変わらないのである。すなわち,知識は広範なカテゴリーの現象を抽象・分類するプロセスを通して獲得される。これは彼の法哲学を二つの現代法律学派,つまりそれぞれ「自然法」と「実定法」を唱える二つの学派の間に位置付けることになる。それぞれの立場は,何が法体系の内部でルールの有効性を決定するのか,という問題に対して与えられる解答によって区別される。自然法の場合,理性によって確立される,普遍的道徳性の客観的

規範に対して，厳密なテストがなされる。実定法の下では，法が確実性を与えるかがポイントになる。だが，もし法が一般的な（また変化する）道徳的規準に照らして解釈されるならば，確実性は不可能である。したがって，法的有効性の問題は論理的に道徳価値の問題とは切り離されていなければならない。ハイエクは自然学派の設計主義的合理主義を受け入れることができなかった。なぜなら，これは自生的に生まれてきた体系の安定性を破壊しそうだからである。また，実定法に対する彼の主要な反論は，実定法が社会における意見の表明としてというよりも，むしろ立法者の意志からのみ生まれる，というものである。したがって，彼がとる道はこれら二つの極端の間の「デリケートな道」である (Barry, 1979, p.76ff. 参照)。

ハイエクは，遭遇した新しい条件に応じて既存の法を適合させていく緩慢な継続的プロセスとして，コモンローの進化を捉える。そこにおける裁判官の役割は「過去に起きた対立の再発を防止するようなルールを規定することによって，所与の行為秩序」(Hayek, 1973b, p.101) を改善することである。このように定義されるならば，裁定というのは合理的に弁護できる判決に到達するプロセスである。だが，このプロセスを指導する**原理**がないので，悪法を識別することは困難となるかもしれない。遡及的な司法解釈よりも立法が選好されるほど，コモンローの進化速度は遅すぎる，と評価するかもしれない規準が定義されてきたけれども，「一般性や平等性といった要件によって課される制約では，個人の保護される領域の範囲を実質的な形で定義するには十分でない」(Kukathas, 1989, p. 158) ということが主張されてきた。そこで，もし司法の効力が不変の原理に照らしてテストされえないなら，その効力は次のような必要性を容認することから引き出すことのできる支持で満足しなければならない。すなわち，社会的進化の複雑なプロセスから起こる曖昧さや矛盾に対抗するために周到な調整をする必要性がそれである。

8. 民主主義と憲法

その特定の適用が何ら正当化を必要としない一般原理として，19世紀の自由主義によって支持された自由の概念は，多くの点であまりにも漠然としたものであった。「**自由放任**」も「**資本主義**」もその精神を伝えることはできなかった。**自由放任**は行政本来の機能に対する規準を与えないし，資本主義は利益が主として資本家に生じるということを示唆することで誤解を招くことになる。「資本主義」（あるいは「**自由放任**自由主義」）が労働者階級の物質的な生活水準を損ねるというのは，間違った「現代の民間伝承の一部」である。これほど真実とかけ離れた話はない。だが，行政は，特定の目標を達成するために社会秩序を操作するということが知られたことによって，労働者階級に対して関心を払うよう説得された。行政権力は社会（もっとも広い自生的秩序）のルールが遵守されていることを保証するために必要であるのに，民主主義が堕落して**無制限**の行政を意味するようになった歴史的発展によって，個人的自由という体系の原理は傷つけられてしまった。多数派の権限を通して，選出された単一の代表者集会が（行政の伝統的な管理機能を遂行する権限に加えて）法ルールを決定する役割を獲得してしまったのである。これは致命的な発展であった。

「人民の権力」——**民主主義**の文字通りの解釈——はあいまいな概念である。なぜなら，それは抑圧的な全体主義体制と普遍的な成人参政権に基づく自由な議会制度の両方を記述するために使われてきたからである。後者は多くの異なる形態を見せているが，ハイエクは組織の機能（自由に処分できる資金の管理を担う）と立法機能（コモンローの修正を行う）を併合する，行政の現代の傾向をひどく嫌っている。「もし民主主義が多数派の制限されない意志による行政を意味すると解されるならば，私は民主主義者でない，ということを率直に認めなければならない」(Hayek, 1979, p. 39)。民主主義は多数派がある行政から解放されることを可能にする——したがって行政権力を制限するに違いない——けれども，それ以上の制約は必要でないというのは危険な考えである。民

主主義の下でさえ，法の支配は行政による侵害の脅威に直面している。民主主義的行政のありふれた特徴である制度化された恐喝や汚職——しばしば婉曲的に「抜け目のない駆け引き」と呼ばれる——は，行政が多くの派閥の支持に依存していることから生まれるのである。そのため，民主主義的に選出された行政は，道徳的な確信によってではなく，多くの既得権を満足させる義務によって縛られている，ということがわかる。

もし多数派というだけで法の支配によって制約されないならば，役得で政治的に抜け目のない駆け引きが行われていくことから，特権が増大して蓄積されていきそうである。したがって，行政が抽象的で広範に受容される原理から得られる，正義にかなうルールの制約を受け入れる場合にのみ，行政に権力を与えることが適切となる。特に，民主主義体制は平等主義を強要する圧力の浸透によって堕落してきた。

> 同市民の少数派を圧倒することによって得られる戦利品を分け合うこと，あるいは彼らからどれだけのものを取り上げるべきかを決定すること，に関する多数派による合意は民主主義ではない。少なくとも，それは道徳的に正当化される何らかの根拠をもっている民主主義の理想ではない。民主主義それ自体は平等主義ではない (Hayek, 1978b, p. 157)。

ハイエクは「権力の分立」を通して，多数派による圧政のこの脅威から個人的自由を保護することができる，ということを示唆した。行政の機能は，自由に処分できる資源を多数派の願望によって管理することである。その同じ多数派の願望が同じく正義にかなう法の進化を導いて，一般的な行動ルールを確立しなければならない。これらはまったく異なる任務であり，別個に維持されなければならない。行政は人民によって選出され，しかも法によって制約されるという二つの意味で，正義は行政に対する民主主義的な統制を要求するが，行政それ自体は立法の任務には適さない。立法の任務における焦点はコモンローの発展にある。「もし特定問題に関して決定を下す人々が，自分たちの好むどんな法をも任意の目的のために制定することができるなら，彼らが法の支配下

にいないことは明らかである」(Hayek, 1979, p. 25)。しかしながら，特殊な法を創出する権力から生じる都合の良さは，行政の役割と立法府を融合させる現代の一般的な傾向を創出してきたし，またそれにともなって，権力の中央集権化と集中化がいっそう進んできた。この融合によって，行政のあらゆる決議は法の力を獲得してきた。その結果，「法の下の行政」という古い考え方が破棄されることになった。

　もしこうした機能の完全な分立が達成できるならば，権限を委譲された（地方）行政のほうがほとんどの問題を取り扱う上でいっそう効果的であろう。ただし，全国民同一の対応のほうが万人に明白な利益をもたらすような問題は別である。一般的に，後者は対外関係に適するであろう。[4] 権力の一般的な委譲によって，競争は地方行政の特徴になるであろう。すなわち「請求される代価に比べて最高の便益を与えてくれる自治体に参加して意思表示を行うことのできる市民を求めて互いに競争すること」(Hayek, 1978b, p. 162) がそれである。地方レベルで管理される資源の量は地域によって異なるだろうが，地方市民が果たさなければならない貢献は正義にかなう法によって，すなわち一律に適用されるルールによって規定されるであろう。特に，所得に課税される税金は所得に比例するであろう（第３章の６．公共部門と課税負担　参照）。

　ハイエクが分立の原則をどれほど重要視してきたかは，彼が法のない民主主義的行政よりも，法の下の非民主主義的行政を選好したことによく表れている。もっと精確にいえば，ハイエクは，より古くより特殊な用語，すなわち「万人に対する平等な法」の適用を意味する**市民同権**という用語，に包含されている**民主主義**の解釈を採用する。「人々が権威に服従するのはその権威に好きなことをする権能を与えるためではなく，誰かがある共通の正義概念に従って行動する，と彼らが確信するからである」(Hayek, 1979, p. 33)。正義のルールは中央集権化された権力に委ねることができない。なぜなら，立法の唯一の目的は行政の必要にではなく，「市場の自己増殖的秩序の必要に役立つ」ことにあるからである。この点で，現在と将来の両方において社会全体に適用されるルー

ルの望ましさというものが長い目で見られることになる。これは民主主義の真の理想である。すなわち，正義にかなうルールの存在を前提とし，それらのルールの執行機関を用意する行政は，憲法によって制約される。その唯一の目的は行政による恣意的な行為を排除することである。「行政は，一時的なものや特殊なものに関係するとき，永続的なものや一般的なものに関係する法の下になければならない」(Hayek, 1976a, p. 17)。

二つの集会をもつという単純な仕組みでは本質的に，解決は得られないだろう。共謀が不可避であろう。そこで，立法集会は憲法裁判所，すなわち正当な法の定義と属性を精緻化し，二つの集会の間の権限の対立に判断を下す憲法裁判所で，憲法上拘束されるであろう。決定的な問題は立法府の構成に関係している。それは一般的意見を代表すべきであって，特定利益の圧力に影響されるべきではない。その成員は長期的な視点に立ち，流行や激情に惑わされず，そして再選願望によって影響されないような人々から構成されるべきである。

　日常的な暮らしのなかで名声と信用を獲得したことによって，15年ぐらいの長い期間を一期だけ選出された男女の集団（がそれである）。彼らが十分な経験を積み，敬意を払われてきたこと，しかも彼らが在任資格終了後に生計の資を獲得することに腐心する必要がないこと，を保証するために，私は選挙年齢を比較的高い，例えば45歳に固定し，60歳での任期満了後さらに10年間陪席判事のような何か威厳のある地位を彼らに確保したい。……成員の15分の1が彼らと同年齢の人々によって毎年選挙される。そこで，全市民はその生涯で一度だけ45歳のときに同年齢の人々のなかから一人を立法府議員として選出すべく投票することになろう（Hayek, 1978b, pp. 160-1）。

こうした取り決めによって，集会の構成は絶えず変化することになろう。その唯一の機能は契約，不法行為，および財産に関する一般的な法を制定（そして調整）することである。そのため，派閥争いや綱領が出てくる正当な理由はないだろう。行政府（因習的かつ民主主義的な党路線に基づいて選出された）は，こうした法によって制限されるであろう。一例をあげると，行政が提供するサービスに対する支出水準を決定すること，およびそのために必要な課税水

準を決定することは行政の役割であるが，そうした税金をどのようにして徴収するかは，立法集会によって制定される「真の法」に従うべきであろう。しかしながら，憲法改革のどんな決定的青写真も自生的秩序の一般的命題と矛盾するに違いないので，これらの提案の詳細は単なる手段，すなわち，行政のあらゆる法令が法の地位を獲得するという近代の考え方によって西側文明にもたらされた脅威を強調するための手段，にすぎないとみなされるべきである。

第3章　自由と市場

　生産手段の私有制が多くの人々にとって重要であるのは，彼らがそのような財産を所有したいと望むからではなく，そのような私有制だけが彼らに競争する雇用者のなかから選択する権利を与え，また，かつて考えられたほぼ完全な独占の意のままにされないよう彼らを保護するからである（Hayek, 1992, p. 110）。

1．財産の優先性

　財産の尊重は「すべての脊椎動物，とりわけはっきりと霊長目の動物」（Radnitzky, 1990, p. 161）において識別されてきた，いたる所に見られる特徴である。物質的な財の自発的交換——おそらく人間に特有の特色——に関するかぎり，所有権の相互認識が最初に存在しなければならない。そこで，財産権はもっとも原始的な文化形態が何であれ，その文化形態の出現に先立ったに違いない。なぜなら，個人の保護される権利を認識しなければ，「他人を傷つける」という考えは意味をもちえないからである。20世紀資本主義の文化的関係において，明確な法的財産権の付与は，人間行為の意図されない結果が社会的結合を脅かすよりも，それを高めるために不可欠であった。

　財産や契約の履行にまで拡大される法的保護は「広範囲にわたる分業，特化，および市場」（Hayek, 1978b, p.11）を生み出してきた。暮らしが市場力の非人格的な相互作用——その細部は理解することも制御することもできない——に大きく依存するところでは，個人がもうけた利益を守ろうとすることは賢明なことである。既知のルールや手続きに合理的に基づいている（要求する）権利に与えられる法的保護は，個人の財産権を構成する。また，これらの財産権は「特定の個人だけが自由に処分することを許され，他のすべての人はその支配から排除される対象の範囲」（Hayek, 1973b, p. 107）を定義する。実際，あらゆる取引は財産権の交換から成っている。

　財産権を施行する効果的な方法があるというのは重要なことであり，また，

例えば会社の株式保有のケースにおいて共有権が存在する場合には，特別な注意が必要であるかもしれない。しかしながら，さまざまな個人が彼らの保護される権利に関して正確な期待を定式化できる度合いは変化する。そこで，いくつかの要求に異議が唱えられることは避けられない。だが，社会秩序はルール，すなわちどんな要求が法の保護を受ける権利があるかに関して判断を下すことのできるルール，によって保持される。財産権は他人が法律上侵すことのできない個人の保護される領域を定義する。財産権を確保することと，紛争時における正義にかなうルールの公平な執行を規定することによって，法は自由を守る秩序を生み出す。「法と自由と財産は分離できない3要素である」(Hayek, 1973b, p. 107)，あるいはさほど洗練されていないが，「よい垣根はよい隣人をつくる」である。

保護される領域の精確な境界を確認する際に，不確実性の要素は確かに存在するし，したがって定期的な調整の必要が生じるだろう。財産権は不変ではなく，正義にかなう行動のルールの適用によって絶えず再定義される。また，これらのルールは受け継がれてきた法の体系にしっかりと則りながらも，自生的進化を通して常に改善される道を開いているのである。この点で重要なことは，進化的変化が相互適合性の要件と絶えず取り組まされているということである。この要件は新しい状況での不正義を排除するために，そして異なる個人によって主張される要求の間に相互調和が存在する状態を生み出すために，必要である。しかしそれでも，財産権という概念はもっとも原始的な文化でさえその出現に必要な条件であったし，またそのいっそう洗練された形（例えば免許，特許，参政権，および著作権）において，現代文明の拡大された構造を保護するために必要である。とはいえ，個人の保護される領域の境界の精確な設定に関する困難な問題と，それに関連する「近隣効果」あるいは「外部性」の問題が常に残るだろう。

2. 近隣効果

　財産権の単純な個人間分割という考えを支えている仮定の多くは，近隣効果によって無効にすることができる。例えば，特化は産業の生産性に驚くべき向上をもたらしたが，その結果として起こる都市人口の増加は生計費に多くの新しい面を加えてきた。都市生活費の多くは共同で生まれる。都市地域内での私有財産の使用から生まれる利益と不利益はその所有者に限定されない。財産価値は隣接する財産の特徴，そして公共サービスの利用可能性と質，および種々の規制によって影響される。文明と都市生活は切り離すことができない。だが，「私有財産あるいは契約の自由に関する一般的公式では，……都市生活がひき起こす複雑な問題に対する即座の解答は得られない」(Hayek, 1960, p. 341)。そのため，都市における財産権を定義するルールの枠組みには特別な注意も必要である。とはいえ，都市計画当局によって出される指示は，市場を補佐して，企業心や冒険心を私益と公益の調和のとれた結合に向かわせるような種類のものであるべきである。

　都市スラム街のケースは，こうした「複雑な問題」に解を見つけようとする試みにおける，いくつかの一般的な特徴と危険を例証している。政府の都市スラム街一掃計画を擁護する議論を支持するために，近隣効果の存在が引き合いに出されるかもしれない。実際，スラム街は劣悪な公衆衛生，高い犯罪率，等々によって社会の他の人々にコストを負わせている，という強力な主張がある。もしそのようなコストがスラム街の居住者に負わせられるべきであるなら，多くの居住者は経済的に生存不可能となり，人々はその都市から締め出されるであろう。スラム街はオープンスペース，事業用建物，およびより高価な住宅に取って代られるであろう。博愛主義的な感情からすれば，特にこの解決策は不快なものに思われるかもしれないが，都市の汚らしさを緩和するために実行されてきた，より「受け入れやすい」手段は——より多くの人々を都市に誘い込むことによって——かえって，より大きな問題を生み出してきた。単独の方

策で，都市住宅に対して設定される家賃に上限を設けることほど，取り除こうとした害悪をかえって悪化させてきた方策は他にない。特にこの干渉（例えばイギリスにおける福祉国家の規定の一部として）は住宅不足を恒久化し，流動性を阻害し，そして個人的な責任感と財産を大事にする気持の両方を低下させてしまった。それは家主と借家人の双方に，建物の日常的な管理でさえきちんと行おうとする誘因をほとんど失わせてしまった。

補助金が支給される家賃で新しい公共住宅を供給することも，次のような点で同様の効果をもった。すなわち，それは低所得世帯単位の形成と流入を促進し，結果として都市の拡大と過密化をもたらしたという点である。そのうえ，住宅公社が課せられた家賃で需要される量の住宅を供給できなかったところでは，公社は恣意的な規準に基づいて住宅を割り当てる恒久的な非市場システムを確立せざるをえなかった。「この問題の解は経済的な抑止力を働かせるか，もしくは人口の流入を直接的に統制するかであろう。自由を信奉する人々は前者のほうが害がより少ないと見るだろう」(Hayek, 1960, P. 348)。魔法のような万能薬はない。スラム街の住居はその他の貧困の発現形態と同様に，所得の一般的上昇によってのみ除去することができる。補助金の支給は状況を悪化させるだけである。なぜなら，それは人々に生活費が彼らの収入の範囲内にある地域から，収入の範囲内にない地域へ移動する誘因を与えるからである。福祉給付としての住宅供給から生まれた結果は，「社会的正義」の探求を一般的に無意味にするような，意図されない結果の一例にすぎない。だが，さらに不吉な予感がする。もし補助金が支給される都市住宅を供給する政策が最終的に社会の標準となるならば，その管理者は指定された部類の個人に対して都市居住権を否定する権力を獲得することが必要であろう。そのような発展は個人的自由を侵害する程までに国家干渉が拡大する一つの例であろう。

3. 産業化された労働力

大都市人口の成長と産業化された労働力の成長のもう一つの結果は，それに

よって人口の大多数が組織に雇用されることになったということである。組織内での彼らの役割は他の人々によって与えられた指示に従うことである。この発展はイギリスでは参政権の広がりと同時に起こったので，有権者の観点は被雇用者階級のそれとなった。雇用は今や，安定した所得，年金，および非金銭的権利のために，大多数の人が選好する要件である。被雇用者階級のなかでも，ハイエクは公務員が新しい法律の制定や施行において与えてきた有害な影響のなかに重大な意味を見てとる。とりわけ，社会的サービスの絶えず拡大する供給は，必要や功績という概念につきものである政治力に追加的な力を与えてきた。そこで，経済生活のひじょうに多くの不確実性から解放されたことから，あらゆる経済的不幸は誰か他の人の責任であるという考えをはぐくんできた被雇用者階級の要求に合わせて，社会的サービスの温情主義的供給が調整されるようになる，ということは不可避であった。

　被雇用者と雇用者との間には重大な違いが存在する。被雇用者であるという事実は人間の独創力や発明の才よりも大きな影響力をもつ。それによって彼は，企業家的な事業上の決定を下す際に自らの自主的な判断を信用しなければならない人々の責任を，ほとんど知らないままでいることになる。当然のことながら，被雇用者はこうした役割の重要性を過小評価しそうである。組織のなかでは，人は他の人々が彼の成果をどう評価するかに応じて報酬を受け取るが，自分自身の創意に基づいて行動する人々にまでこの原理を拡大する根拠はない。そのため，自主的な行為に由来する報酬のレベルが広範囲にわたって変動することは避けられない。無論，最高の報酬は最大の注目と羨望を受けることになる。両者の間に最大の違いが見い出されるのはこの点である。すなわち，「さまざまなサービスに対する適切な報酬がどのように決定されるべきかについての彼らの意見」(Hayek, 1960, p. 122) においてである。

　こうしたことを背景とした場合，被雇用者階級が「彼らにはわからない指揮活動であるが，彼らの生計が依存している指揮活動を監視する，何かより高度な後見的権力を得たいと願う」としても，驚くにはあたらないし，また，生計

を立てるための一部として資本を所有し，利用することが，一般に「少数の特権的集団の特別な利益として取り扱われ，これに対して差別的な待遇をすることが正義にかなうことにもなる」(Hayek, 1960, p. 123) としても，驚くにはあたらない。だが，こうした姿勢は誰の利益にもならない。社会を被雇用者の階層組織に変えていくことによって，被雇用者の長期的な利益までも損なわれるであろう。もし被雇用者に対する契約期間や労働・報酬条件として適切である規準を普遍的な規範として適用しようとする試みがなされるならば，個人的自由と経済的福祉の一般的規準が脅かされるであろう。

被雇用者が一人の雇用者の意のままにされることはなく，しかも被雇用者の選択の自由は彼ら自身の視点とは必然的にまったく異なる視点をもつ人間集団に依存する，というのがまさに競争的な産業化経済の性質なのである。この原理は生産と消費の両面において適用される。個人が特定の必要に応じる一供給者に依存しないためには，財産が十分に分散しているということが不可欠である。そこで当然，——特定の利益に仕えない——私有財産制度は最大の財産所有者の利益を保護すると同様に，財産をまったくもたない人々の利益を保護するということになる。競争的経済においては，個人は個人財産をまったくもたないときでさえ，——被雇用者として，また顧客として——自由である。[3]

> 多くの富裕な人々を含む社会の成員は実際ある大きな利益を享受するが，それは貧しい国に住んでいる人々には手にできない。なぜなら，彼らは富裕な人々によって提供される資本や経験から恩恵を受けられないからである (Hayek, 1960, p. 48)。

大きな私有財産を所有する階級の存在は，競争的企業構造の維持にとって不可欠の要件である。

4. 芸術，文学，および文明化された価値

財産をもつ独立の事業家階級の価値は，競争や選択の自由の経済学を超える。その価値は，芸術や文学の世界のパトロンとして，裕福な人々によって与えら

れることのある支援にまで広がる。ハイエクはこれを，文明の進歩の基盤となる文化的進化を維持する本質的要素と見ている。物質的な富の生産にエネルギーと資源を投入しようとしない人々という意味での有閑階級をも，寛大な気持ちで受け入れることで生まれることのあるユニークな利点が存在する。

芸術に関してであろうと社会改革に関してであろうと，世論が最良に目覚めさせられるかもしれないような領域を世論の合意が決めることは決してできないであろう。その結果として，当然「集団的な同意による（行動は），以前の努力がすでに共通の考えを作り出してきたケースに限定されなければならない」(Hayek, 1960, p.126) ということになる。このため，少数派の考えは，もし彼らの主張がより広い支持を獲得すべきであるならば，主として私的な支援に頼らなければならない。こんにち事実上の普遍的承認を受けている理想は，「孤独な先駆者たちが大衆の良心を目覚めさせるために自分たちの生命と財産を捧げた後に」初めてその地位を獲得したのであるが，このことを証明する多くの歴史的実例が存在する。ハイエクはその例として，奴隷制の廃止，刑罰や刑務所の改革，児童や動物の虐待防止，および精神病者の人道的扱いを挙げている。これらはすべて「長い間，少数の理想主義者だけの願望であった。彼らはある一般に認められた慣行に関する圧倒的多数派の意見を変えようと努めたのである」(Hayek, 1960, p. 127)。

有閑階級が遺産相続を通じて資産を贈与され，その手に資産がわたった場合，彼らは同種のユニークな利点をもつ。「物質的な苦労をまったくしていない人々は生活の術や非物質的な価値の発展」(Hayek, 1960, p.130) に強い関心を抱くようになることがある。こうした考察に基づいて，ハイエクは「知的，道徳的，および芸術的な指導者」や「自然科学と人文科学における学識者」が被雇用者階級に集中している現代の傾向に遺憾の意を表明する。とりわけ，彼は国家によって提供される職業にこうした人々が集中することを残念に思うとともに，それに続く「有産階級内の文化的エリート」の消滅を嘆く。有産階級での社会的交流を通じて，「富裕な実務家たちは思想運動に参加できた」(Hayek,

1960, p. 128) のである。

5. 資本主義と社会秩序

　不平等な所得分配と相続財産に焦点を合わせる羨望の政治学が，被雇用者階級内に見られる社会主義を求める一般的な声の基礎にある。所得と富の合理的な再分配——いわゆる「社会的正義」——を求める社会主義の体系は，財産の優先性と矛盾する。さらに，そのような体系は不当な強制を発動するので，正義に反している。資本主義の場合，所得と富の分配は文化的に決定され，また財産権は利己的な行動の意図されない結果として生まれる。資本主義と社会主義の違いは秩序と組織の違いである。

　　功績や必要に対応する報酬として特定の人々に特定の利益を保証するには，……個人が正義にかなう行動のルールによって制約される場合に形成される自生的秩序とはまったく異なる，ある種の社会が必要である（Hayek, 1978b, p. 140）。

　資本主義の下では，体系化された社会秩序が存在する。それは絶えず改善される手続きによって定義され，絶えず改善される権利によって守られる秩序である。これは社会主義下の秩序とはまったく異なる。社会主義が社会的正義あるいは分配的正義の明確に定義された目的を遂げるためには，自生的秩序の代わりに組織内で達成される秩序をもってくることが必要であろう。社会秩序と仕事場の秩序は同種のものとなろう。そのとき，社会秩序はきわめて不当な国家の強制，すなわち「考える人，評価する人としての個人を排除し，他人の目的を達成するための単なる道具としてしまう」（Hayek, 1960, p. 21）ほどの強制を要求するであろう。

　資本主義と普遍的な法の支配の下では，明確に定義された目的は何ら存在しない。功利主義的な意味で，それは目的をもたないが，個人の自由権という究極的な目的を達成する手段である。この点で，ハイエクに対するデヴィッド・ヒュームとイマニュエル・カントの二人の影響力がもっとも鮮明になる。

思うに,他人にその人の財を所有させておくことは,もし彼が私に対して同じように行動するならば,私の利益になるだろう(ヒューム,Kukathas, 1989, p. 25からの引用)。

それ自体あるいはその格率において,各人の意志の自由が普遍的な法に従って他の各人の意志の自由ならびに万人の自由と共存できるような行為である,あらゆる行為は正義にかなっている(正当である)(カント,Kukathas, 1989, p. 143からの引用)。

正義にかなう文明化された社会の一般的にして抽象的な法は,個人が自分の正当な財産権を確認できる基盤である。したがって,強制は普遍的な法によって防止されるが,ハイエクはより苛酷な強制の出現を阻止するためであることが証明できる場合に,国家による強制に例外を認める。だが,あらゆる強制行為の場合と同様に,保護された領域に対する侵害は一般的ルールの施行に限定されなければならない。そうでなければ,その侵害は正義にもとることになる。

ハイエクは,法の擁護を主要な任務とする組織として政府(行政)をとらえる。その他の機能は税金を徴収し,平和を維持し,国土を防衛し,そして多くの集団的サービスや福祉給付の財源を用意することである。残念ながら,こうした補助的な活動の組織に対してより大きな威厳を与えたいという願望によって,行政組織のルール(制定法)と正義にかなう行動の普遍的ルール(法)との境界線が失われることになったのである。結果として,政府は正義にかなう行動の一般的ルールからの免除を獲得してきたし,個人は目的によって管理されるルールに徐々に従うようになってきた。こうした変化の多くは「社会的正義」という幻影を追求する過程でひき起こされてきた。「制定法の目的が特定の労働者のための高賃金,小規模農家のための高所得,あるいは都市貧困層に対する住宅の改善にあるとき,一般的な行動ルールを改善したところで,その目的は達成できない」(Hayek, 1973b, p.142)。政府がその社会のある特定集団を対象とするサービスの独占的な供給者である場合,正義にかなう市場秩序に潜在的な脅威が生まれる。このため,個人に対する「公共部門」サービスの影響力の大き

さは制限されるべきである。また，サービスを提供する政府の独占権は，法施行の独占権を除いて，いかなる場合でも否定されるべきである。

6. 公的部門と課税負担

市場経済によって生み出された高水準の所得は，国家による福祉給付金支給の機会を与えることになったが，給付金の支給は社会的あるいは分配的な正義のために市場システムを傷つけるということにはならない。福祉給付の形態や水準がどのように決まろうと，行政に委託される資源の量が最初に決定されるということが重要である。それによって，提供できる公的支出の絶対的水準にある限界が設けられる。そのため，給付がコストと慎重に比較考量される明確な誘因が生まれる。だが，この経済的制約以上に，行政領域の範囲はある単純な規準の適用によって決定されるべきである。すなわち，「各人に供給される全集合財を合計すると，少なくとも彼に求められる貢献と同じぐらいの価値になる，と各人が感じる」(Hayek, 1979, p. 45) というのがその規準である。しかしながら，こうした指針は累進所得税率の広範な採用によって傷つけられてしまった。ひとたび累進課税の原理が正当と認められるならば，次のような指標はなくなる。すなわち，

> 万人に対して同じであるといえるルール，あるいはより富裕な人々に対する超過負担の度合いを制限するルールに，そのような累進性を対応させるようにすることができる（指標がそれである）。一般的な累進課税は法の前の平等の原理と矛盾すると思われるし，また19世紀自由主義者たちによって一般的にそうみなされていたように思われる (Hayek, 1978b, p. 142)。

この単純な議論によって，ハイエクは累進所得課税が危険な原理であることを明らかにしているし，また実際に，それは危険であることが証明されてきた。常に誰か他に支払う人がいるという信念を醸成することによって，それは20世紀後半における公共支出の不当な，ほとんど抑制されない増加の原因となった。

正義にかなう所得再分配が累進課税制度によって達成できる，という広く支

持されてきた考えをハイエクは強く非難した。彼は累進課税制度を「民主主義的行動の無責任さの主要な源泉」であり，「未来社会の性格全体を左右する決定的問題」(Hayek, 1960, p. 306) であると考えた。累進課税の「是認」は割合に現代的な考え方である。19世紀には，この考えはほとんど支持されなかった。この主張を裏付けるものとして，ハイエクはマルクスとエンゲルスを引用する (Hayek, 1960, p. 306)。彼らはプロレタリア革命の第一段階が完了した後で初めて累進課税は実行可能になるだろうと考えた。しかしながら，20世紀の社会改革者たちは支払い能力と犠牲の平等を対の根拠として，累進所得税率という考えをうまく売り込んだのである。経済学の内部からは（また福祉の個人間比較が放棄される前には），所得の限界効用逓減という仮説がこれらの議論を支持した。ところが，その支持が取り消されてきたにもかかわらず，それらの議論が筋道の通ったものだという認識は消滅しなかった。

ひとたび効用は相対的にのみ測定できるということが容認されたなら，所得の限界効用は相対的にのみ，すなわち「労苦の回避」という点から，低下するということができるようになった。今や，もし労苦の連続的な増加を誘い出すために必要とされる所得が上昇すると認められるならば，状況は一変して逆進税制度を支持することになりさえするかもしれないであろう！ 要するに，

> 課税理論に効用分析を用いることはまったく残念な誤りであったし（その誤りには現代のもっとも著名な経済学者も何人か加わっていた），またそれによってひき起こされた混乱から早く脱出できればできるほど，それだけよいことになる，ということはいまや疑うまでもないことである (Hayek, 1960, p. 309)。

実際，社会政策の重要な要素が累進所得税率を通してのみ資金調達できるという議論は，より高い税率で徴収される税収入の割合は小さい，ということによって否定される。そこで，累進課税擁護論は富裕な人々を差別して扱う（その差別の度合いを制限する規準はない）べきだという主張に他ならない，というのが結論でなければならない。

累進所得課税擁護論は多数派の意志を通じてある型の所得分配を押しつけようとする恥知らずな試みである。しかも，それはさまざまな所得集団の相対的な負担がどんな水準になるべきかを指し示す原理をもたない。それは法の前の平等という基本原理を侵すことに他ならない。

　多数派が単に多数派であるというだけで，自らには適用しないルールを少数派に適用する権利があるというのは，民主主義それ自体よりもはるかに基本的な原理，すなわち民主主義の正当な根拠となる原理の侵害である（Hayek, 1960, p. 314）。

その露骨な不正義に加えて，累進課税は経済的誘因を傷つけている。それは所得の不均等なフローを罰する。それはより危険な投資に不利に作用する。それは専門家を雇うことに比べて，労働が素人によって自分自身のためになされる誘因を与える。それは貯蓄意欲を失わせるものとして作用する。そして，それは資本蓄積に不利に働き，したがって既存企業の地位を強化する。

　対照的に，比例課税は，たとえ個人が絶対額で異なる金額を支払うにしても，全所得範囲の支持を獲得しそうな一般的ルールである，ということで推奨される。しかも，それは市場に異なるサービスを供給することから生ずる純収益の格差をかき乱さないという点で，効率的な資源配分を助ける。比例課税の下でも，所得の再分配は不可能ではない。税収が低所得集団向けの無料サービスを提供するために使われるならば，再分配を行うことができるであろう。さらに，そのような体制はより高い所得格差を不変のままにしておきながら，低所得者集団に課税と無料の公共サービスの釣り合いに対してより大きな関心をもつ誘因を与える，という複合的な利点をもつであろう。累進所得課税に対する唯一可能な擁護論は，累進所得課税が間接税によって低所得に課せられる不釣り合いなほど重い負担を相殺する，ということが証明できる場合である。

　何らかの累進性がそのような根拠に基づいて正当化されるかもしれない可能性に対応する，税制改革の実施に向けた提言において，ハイエクは最高税率が総国民所得のうち税として徴収される比率によって与えられるパーセンテージ

に設定されるべきであると提案した。その場合，ある範囲の間接税の存在によって，この最高の所得税率を支払う人々の税総支払い額は国民所得の税負担割合を超えるであろう。これは累進性という要素を正当化する議論を認めると同時に，その累進度に非恣意的な，またしたがって効果的な限界を設けることになろう。

7. 社会福祉給付

正義にかなう課税制度のための指針は，防衛，法の施行，集合的サービス，および福祉給付に関する国家支出の水準に効果的な制約を与えるようなものでなければならない。福祉給付に関していえば，拡大された資本主義経済秩序の内部で最低生活水準を保証することは，ある有用なもの，すなわち原始的な人間のグループ分けによってかつて与えられた固く団結した共同体の安全にとって代わる有用なもの，を用意する。だが，先進経済にとって，停滞が自生的な社会秩序を行政的官僚主義の狭い目的にのみ役立つ秩序に変形しないかぎり，社会的正義にかなう所得分配がもつあらゆる含意に抵抗しなければならない。

行政の領域には，病人や高齢者や虚弱者で自活できない人々に対する福祉手当ての支給が含まれるかもしれない。また，行政は社会階級の受け継がれた不利益に対抗するために，教育制度を用意するかもしれないが，あらゆる階級差を平等化しようとしては決してならないであろう。社会的正義にかなう社会を，

> すべての個人の初期機会が出発点で同じである（社会としてとらえるどんな見方も）……環境の意図的な操作が必要であろうし，……したがって，……個々人がこの環境を形づくるために自分自身の知識と技能を使うことができる，自由という理想とはまったく相容れないであろう（Hayek, 1978b, pp. 141-2）。

もし「機会の平等」というありふれたスローガンが自由社会において正当な要求という地位を得るとするならば，それはあらゆる合法的な特権的障害の撤去，すなわち社会における与えられた地位を入手できないようにすること，を

意味するにすぎないと解されなければならない。

　社会保障給付金の支給は自由主義の原理と矛盾しないが，モラル・ハザードの問題がとりわけ自立という個人の責任との関連において，明らかに関係してくる。したがって，何としても，個人にとって日和見主義的に行動する誘因は最小化されなければならない。もし国家が扶養しなければ自活したと予想されるかもしれない人々を扶養すべきだというならば，そこから引き出される明白な結論は強制保険という結論である。原理的には，社会保障給付について強制保険を課することは，自動車を運転する人が第三者保険をかける必要と何ら変わりはない。いずれの場合にも，保険金は他人によって生み出されるであろう潜在的費用を除去する。また，いずれも被保険者に対する強制を伴うが，それは自分たちに責任のない行為から生ずる費用を負担する他人に対する，より大きな強制を未然に防ぐために必要であるかぎりにおいてのことである。

　このような強制の正当性を認めて，国家がその結果として生ずる政策実行のために適切な執行機関の発展を手助けするということも合理的である。だからといって，強制保険は国家が運営する制度として用意されるべきだということには決してならない。いくらかより高い効率性がある統一された制度のなかに見られるかもしれないが，このより高い効率性は初期段階を超えてはあてはまりそうにない。その後は，「庇護された独占はすべて時の経過につれて非効率になるという原則は，他の場合と同様にここでもあてはまる」(Hayek, 1960, p. 287)。逆に，競争体制では私的機関が強制保険に対して規定される最低限の要求に応じる企画を販売するが，この競争体制がもつ対照的な利点はこうである。すなわち，私的機関は強制保険のために提供することを契約させられた企画だけを提供するだろう，ということである。そのような取り決めは明確に定義される自立の領域を残すだろう。それに代わる取り決めは——すなわち国家独占体制のそれは——その時の政治的便宜のために必要とされるどんな修正案をも導入する自由裁量権を常にもつであろう。このことは経験によって確認されてきた。実際，国家による供給は不当にして反自由主義的な強制の導入を許して

きた。その結果，国家福祉制度は貧困を軽減する手段から平等主義的な所得再分配のための手段に代わってしまった。もし最初から，受取人がその財源を完全に支払うような給付と，必要に基づく給付，またしたがって必要の証明に依存しているような給付とが明確に区別されてきたならば，福祉国家が社会主義の密接な代替物として発展するということは避けられたかもしれない。

　高齢者と病人に国家が給付金を支給するというやり方は特に有害であった。いずれもその取り消し（どんなに間違ったものであることがわかろうとも）が政治的に実行不可能となるような手段を示している。高齢者の場合，個人の分担金に基づく資格にかかわらず，保護はある年齢群全体に与えられてきた。また，給付の支払い金は蓄積された分担金の収益からではなく，現在の税収入からの移転として調達される。これは保険の原理の完全な放棄を構成し，福祉制度全体を政治の道具に変えてしまった。すなわち，「票をあさる扇動政治家の勝負球」(Hayek, 1960, p. 296) になってしまったのである。

　無料健康管理を支持する議論も同様に欠点があり，矛盾だらけである。医療上の必要を定義する確かな規準はないし，また，もっぱら医療上の根拠に基づいて正当化できる支出に制限はない。健康や生命のような価値を物的利益と比較考量するという困難な選択をすることが常に必要であったし，また常に必要であるだろう。国家が独占者の特権を獲得した場合，個人は必然的に，健康管理を非健康財貨・サービスと交換するにあたって自分自身の判断を下す権利を失う。

　共通の平均的サービスを提供するために制定された国家独占健康管理制度の発足の初期段階においては，利用可能な資源に釣り合った最低の平均的な水準から始めることが必要である。その後，サービスは，政府独占でなければ可能であったであろう水準以下に，すぐさま低下すると予測できる。この主張の根拠は一般的なものである。それはハイエクが「われわれの知るかぎりの」進歩的な社会にとって本質的なものとして識別した特徴に関係している。進歩的な社会において，進歩は革新，すなわち最初は大衆にとって法外なほど高価である

が，やがてはいっそうの進歩によって万人が手に入れることのできる革新，を生み出すのである。それはごく単純にある考え，すなわち進歩的な社会はその最良のものをすべての人に保証することができるという考え，の非現実性を示している。またしたがって，進歩的な社会は「一部の人への贈り物を増やすにつれて，すべての人の願望を増大させるので，残酷に見える。だが，進歩的な社会であるかぎり，一部の人が先行し，残りの人はその後に従わなければならない」(Hayek, 1960, p. 45)。この点で，健康サービスは他のあらゆる財貨・サービスと何ら変わりはない。「すべての人に客観的に供与可能であるものは，すでに一部の人に供与されてきたものに依存する」(Hayek, 1960, p. 299) ということが避けられない。

　失業者に対する給付金の支払いの場合，ハイエクは異なるリスクに基づく保険料格差が分担金の分配を効率的なものにするであろうと主張する。すなわち，職業の相違による失業リスクの違いをよく反映するものがそれである。保険料と支払金額が均一である制度と比較して，大きな季節的需要がある財貨・サービスの供給コストは引き上げられるであろう。また，これは非差別的制度に存在する事実上の［採算部門の利益で他部門を助成するシステム］を排除するであろう。一般的に実施されている包括的な国家均一給付制度は労働組合の「強い影響のもとで」導入された，とハイエクは主張する。組合はそれによって失業，すなわち賃金を市場が求める水準以上に引き上げる強制的な活動の結果である失業，に対する彼らの責任を逃れているのである。

　　いわゆる失業保険という強制的な制度は……安定した職業を犠牲にして不安定な職業を補助し，しかも高水準の雇用と相容れない賃金要求を支持することに，常に利用されるだろう。したがって，それは長期的には治療しようとしている弊害をかえって悪化させそうである (Hayek, 1960, p. 302)。

　明らかに，自活できない人々に最低水準の供与をしようとする給付制度（しかも，生計を立てることのできる多数者が生計を立てることのできない少数者

に供与することに同意する給付制度）と，多数者が少数者から，ただ後者のほうが富裕であるからという理由で，奪い取る制度との間には，大きな隔たりがある。

　　必要に基づくと想定されるサービスのための「資産調査」に対するまったく不合理な反論によって，いくたびとなくばかげた要求が出されてきた。それは実際に援助を必要とする人々に劣等感を抱かせないようにするために，すべての人が必要にかかわりなく援助を受けるべきだという要求である（Hayek, 1960, p. 303）。

　可能な改革手段については，疾病・失業給付制度を真の保険制度，すなわち個人が競争的な機関によって提供される便益の代価を支払うという制度，へ漸進的に変えていくことが可能である，とハイエクは考える。それに比べると高齢者に対する給付の改革ははるかに困難であろう。既存の国家管理制度のもとでは，各世代は先行世代を支えてきたことによってその請求権を確立してきただろうからである。この連鎖を断ち切ることのできる明確な手段はない。それはあたかも泥棒が商品を盗んで逃げたかのようであり，その損失は取り返せない。

　一般的に，もし市場が費用と便益を調和させることに効果的でない状況が存在し，需要されている財が供給されなかったり，供給が不十分であったりする場合には，政府が介入して制度的改革を成し遂げることは得策であるかもしれない。そうした集合的な財貨・サービスの資金を調達する手段を手に入れるために，国家の強制が合法的に利用されるかもしれないけれども，政府がそれらの生産と分配に関わる論拠はない。国家独占は何の利点もない。より一般的に，営利的なものであろうと慈善的なものであろうと，私的な創意を排除することによって得られるものは決して何もないのである。

8．社会的正義と中央計画化

　社会政策の多くの分野では，個人的苦難の問題よりも，試みられた救済策の

ほうがかえって多くの問題をひき起こしてきた。「しかしながら，これらの問題を分別をもって解決できると期待する前に，民主主義は，自らの愚の代償を払わなければならないこと，しかもその現在の問題を解決するために，将来に向けて無限の小切手を振り出すことはできないこと，を学ばなければならないだろう」(Hayek, 1960, p. 304)。だが，民主主義は定期的な選挙を要求し，しかも選挙は健全な法制定にはつながらない。再選の候補者は特権を求める声に弱い抵抗力しかもたない。また，これとは逆に一般原理から出発することの長期的な含みは大部分，当面の選挙の成功の期待にはそぐわない。政治的なグループは一般原理をめぐって形成されるかもしれないが，大規模な支持を取り付ける必要は不可避的に妥協につながる。可能な一つの例外は社会主義的な政党に生じる特別な強みによって生まれる。一般原理に基づきながら，その統一は万人に対する「社会的正義」という魅力的だが，空虚な約束のうえに成り立っている。それによって，社会主義者たちは「正義行動の一般ルールという意味での法を破壊し，その代わりに行政命令をもってくることに関して合意した」(Hayek, 1979, p. 30) のである。社会的正義の要求は特殊な目的を達成する要求である。だが，正義は人間行動の諸行為に関してのみ意味をもつのである。無数の意図されない結果は行為と成果との間に固定的な関係を残さない。したがって，行為（それが正義にかなうルールに従っていようといまいと）は任意の社会的目的の達成に確実性を与えることはできない。正義概念は行為を判断するルールが一般的に適用可能であることを要求する。社会的正義の特殊な目的の採用は正義行動の一般ルールの適用と相容れない，ということを証明しようとする試みに「虚しさ」を感じながら，ハイエクは次のような結論に導かれていった。すなわち「習慣的にこの言葉を採用している人々は，単にそれが何を意味しているか分かっていないのであり，また要求が理由を与えずに正当化されるという主張としてこの語を用いているだけである」(Hayek, 1976a, p. xi) ということ，しかも社会的正義は新興宗教の地位にまで高められた意味のない迷信である，ということである。

野党の立場にある社会主義者たちは社会的正義という彼らのヴィジョンの意図されない結果に焦点を合わせる理由がない。同様に，経済問題が中央で計画化されるという考えは「美しい幻想」であるとともに「致命的な思い上がり」(Hayek, 1989) である。それは生産力，配分の効率性，自由主義的な制度，法の支配，そしてついには文明それ自体を破壊する可能性をもつ考えである。総合的知識の不可能性は社会秩序に通じる計画された道などありえないということを意味している。ハイエクの社会的計画化批判は彼の社会進化論からきている。それによれば，正義や自由という道徳的要請はわれわれのほとんど知らない諸力，しかもその影響力が反直観的である諸力によって満たされている。例えば，貧困は市場プロセスが妨げられている社会において永続する。特定事例の貧困を緩和しようとする強制された平等主義は専制権力をもたらすとともに，平凡さの一般化をもたらす。社会主義は単に実行不可能であることから排除される。「もしもより良いものが全員に提供されるようになるまで，全員が待たなければならないならば，多くの場合，その日は決してやってこないであろう」(Hayek, 1960, p. 44)。完全無欠な財産権こそ富の創造に必要な安全をもたらし，一般的な生活水準を向上させる。しかも，成功は競争を通して成功を生むのである。

9. 自由，功利主義，および自由市場

効用は，「有用性」というその元の意味において，状況に左右される何か潜在的な有用性を意味している。ある資源がどれほど有用であるかは事の成り行きを待たなければならないだろう。経済学の場合，この意味は18世紀の合理主義者たちによって採用されたアプローチが支配した結果として，今やほとんど失われてしまった。なかでも，ジェレミー・ベンサムはとりわけ大きな影響を与えた人物である。このアプローチによれば，効用は既知の目的から引き出され，また快楽や満足の感覚をもっている。これは重要な相違点である。元の文脈において，効用は起こりそうな事象に関係している。確実な結果についての

完全な知識という新しい文脈においては，人間行為の動機づけは快楽と苦痛との間の精確な差し引き計算である。

この功利主義哲学によれば，快楽の最適化は，人間行動を支配する制度を判断するための一つのルール（「最大多数の最大幸福」）である。このルールを実行するために必要な唯一の条件は全知ということであるが，これはありそうもない事柄である。競争的市場は効率性，すなわち望まれた目的に役立つよう一定の資源が組み合わされる効率性，によって判断することができる，と想定することは，あるいは，どのような財が生産されようと，競争はそれによってもっと多くのものが生産されるようになるという理由からだけで望ましい，と考えることは，狭い見方であるとともに非現実的である。この静態的な文脈においては，競争は生産が最低費用で行われることを保証するというきわめて控えめな特性だけしかもたないことになる。アプローチ全体は，広範な無知に由来する限界を確認していないため，非現実的である。

もし自由が物質的生活水準を高めるということで尊重されるならば，自由擁護論は功利主義的であるだろう。だが，自由によって個人が自分自身の最良の利益を認識できるようになるわけではない。現実的な状況は動態的である。「自然に対する知識と支配力の累積的成長という意味での進歩は，新しい状態が古い状態よりも多くの満足をわれわれに与えてくれるかどうかについてはほとんど何も語らない言葉である」(Hayek, 1960, p. 41)。選好の形成に対して静態的・功利主義的に取り組むことは，どのような種類の選好がもつに値するのかという重要な問題を見落としてしまう。というのも，選好は経験によって左右されるからである。人間の進歩が高く評価されるのは，それが幸福を増進するからではなく，人間の知性を延ばすからである。ハイエクが市場に認める真の価値は福祉的な考察に基づいてはいない。それは付随的なものにすぎない。重要なのは努力することだからである。[4]

　　過去の成功の果実にではなく，将来における生活，将来に向けての生活にこそ，

人間の知性は自らの意義を証明するのである。進歩は運動のための運動である。というのも，学習の過程と，何か新しいことを学習したことの効果のなかに，人間は知性の贈り物を享受するからである（Hayek, 1960, p. 41）。

無知と不確実性という状況においては，企業家精神を通して個人は自分のなしうることを発見できるのである。成功する企業家精神は企業利潤や個人的業績の機会に機敏な精神であるけれども，それによって，利他的な動機や慈善的な動機が排除されるわけではない。個人的な企業家的行為の動機づけがどのようなものであれ，競争的市場は自由社会における社会的結合を創出する正義手続きの多くを内包している。市場によって，個人は独自の限定された知識を自分が適当と考えるやり方で適用することができる。道徳的圧力が加えられるのは，

> われわれ自身が尊重する人々の評価を通してのみであり，社会的権力による物質的報酬の配分を通してではない。他の人々がわれわれに行うよう望むことを行うことからではなく，誰か他の人々が望むものを与えることから，われわれは物質的報酬を与えられるべきである，というのが自由社会の本質である。確かに，われわれの行動は他の人々から尊重されたいという願望によって導かれるべきである。だが，われわれは自由である。なぜなら，われわれの日々の努力の成功は特定の人々がわれわれに好意をもっているかどうかとか，われわれの主義とか，宗教とか，行儀作法とかに依存しないからであり，また，他の人々がわれわれのサービスに対して支払う用意のある物質的報酬がわれわれにとってそれらのサービスを提供するだけの価値があるかどうか，ということをわれわれが決定できるからである（Hayek, 1967, pp. 233-4）。

自由企業社会は多元的である。なぜなら，ある個人の報酬とその人に与えられる尊敬の度合いとの不一致が許されるからである。また，物質的成功と功績とが一致しないため，自由社会は物質的関係によって支配される，という理由は存在しない。自由企業体制のメリットは，それが報酬のために働く人と伝道のために働く人を区別しない，という点にある。もし個人が普遍的に適用されるルールを守るならば，彼の行為は正義にかなっている。

市場競争は知識の発見を可能にし，しかも個々人の行為が調整されるメカニズムを用意する。だが，市場は予測不可能である。また，国家が介入したからといって，この予測不可能性から生ずるコストを防げないし，削減することもできないであろう。実際，介入の試みそのものが望ましくないであろう。なぜなら，それは必要な調整を遅らせるからである。さらに，功績に報いるよう市場に期待するのはばかげたことであろう。「われわれは分けられるべき総量をできるだけ大きなものにするために，個人的な分け前が部分的に運によって決定されることを認める」(Hayek, 1978b, p. 91)。競争的市場は急激に変化する環境から生じる特定の需要を満たすことができる十分幸運な人々に報いることで，繁栄と進歩に役立つのである。多くの人が不運にも損をするし，また既得権の保護に対する要求が常に存在する。まぎれもなくそのような要求に対抗する必要があるけれども，手近な処方箋はない。「おそらく，何人かの自由主義者たちがある種の大ざっぱなルール，とりわけ自由放任の原理を愚かにも強調したことほど，自由主義の主張を傷つけたものはないだろう」(Hayek, 1944, p. 13)。察するところ，自由市場には賛成するにちがいないけれども，**自由放任**は「究極的にして唯一の結論」(Hayek, 1933b, p. 134) ではない。国家介入の正当な範囲を決定する問題を探求するのは経済学者がすべきことである。「私有財産」と「契約の自由」はそれら自体，解決策を与えてくれはしない。

　財産権の内容はどのようなものであるべきか，どんな契約が実行可能であるのか，そして契約はどのように解釈されるべきであるか，あるいは日常的な取引の非公式な合意のなかに標準的な契約形態としてどのようなものが読み取られるべきなのか，これらについて問うとき，われわれの問題は始まるのである (Hayek, 1949, p. 113)。

自由社会の場合，これらの判断は自由の擁護を基礎としている。したがって，政治は競争的市場を促進するような権利と義務を識別することに努めなければならない。だが，公共政策はいわゆる市場の失敗を矯正しようとすべきではない。なぜなら，市場はそれ自体矯正的なプロセスではないからである。制度的

な改革が必要なのである。批判者たちが市場に帰する弊害は，その作用に必要な制度を支持・保護することに失敗したことが原因であるが，これは立法の問題であり，その介入が予想以上に逆効果となる行政の問題ではない。企業独占によって提起された重大問題がその一例を与えている。すなわち，取引制限の謀議を禁止するコモンローは，行政に触発された会社法，特許，および関税によって侵害されたのである。

　自由主義的競争秩序に対するさらに重大な脅威は労働組合に与えられた特権である。一般的に適用できない制定法が，派閥的な目的を追求する際の強制的行為を禁止する罰則から労働組合を免除してきたのである。さらに，賃金の決定を競争的労働市場から取り除いた結果として生まれた広範な失業は，政府を揺り動かして，需要を引き上げるために金融を緩和させ，他方で，必然的なインフレーションを抑制するために価格統制を実施させた。この経験から生じる含みの重大さは誇張しすぎることはない。なぜなら，「もし競争的な価格決定が賃金に適用されないならば，市場経済が維持されうるかどうか，ひじょうに疑わしい」(Hayek, 1978b, p.146) からである。もし自由主義の教えと調和すべきであるならば，労働の面でも一般的にも，市場価格決定制度はコモンローの制度と同じように，すなわち公平かつ普遍的に適用されなければならない。

第4章　経済科学と社会科学

　ヒュームやアダム・スミスのような思想家は人間に対する問題を財の希少性，並びに正義ルールや分業の改善と考えていたが，ハイエクにとって，主要問題は，どんな人もその一部しか把握できないある複雑な環境のなかで，どう行動するかを知ることである（Kukathas, 1989, p. 54）。

1. 情報の解釈

　受胎の瞬間は生来の遺伝素質を備えるが，その後，人間の知識は行為，経験，および反応の一連の相互作用によって生み出される。この直接的な知識は，（生後に）人間の使用する言語やコミュニケーションの技法によって補完される。これらの技法によって，情報は二次的な源泉から獲得できるようになるのである。文化的な条件づけに始まって，人間関係の制度的な規範やパターンが知性に刻印される。

　ある段階で，個人はこの世間の常識の力をテストし始める。彼は自分で考え始める。だが，彼の知的発展は以前に吸収した情報によって常に制限される。「間接的」情報の間断ない流れ——大部分はわずかな注意しか払われない——は，信用できないものから明らかに真実であるものまで，という信用の尺度に沿って分類される。情報はそれがすでによく知られている情報と比較できる場合にのみ理解できる。また，もし「われわれ自身の知性に似たものだけを理解する」ことができるのであれば，「必然的に，われわれが理解できることはすべてわれわれ自身の知性のなかに見いだすことができるに違いない，ということになる」(Hayek, 1949, p. 68)。ここから，発見は既存の概念的枠組みのなかに潜んでいる過程を識別することから成る，というのが不可避な結論である。これは科学的方法の基本的な共通性である。すなわち，そのあらゆる側面においてまったく独創的な概念というのは，本質的に理解できないものであろう。[1]

2. 社会科学と自然科学

　説明と予測は「同じ過程の二つの側面」(Hayek, 1967, p. 9, fn) である。一組のルール（理論）が知覚による認識結果に適用される。それはそうした認識結果をひき起こしたように思われるもの（説明）と，そうした認識結果から生じるように思われるもの（予測）を洞察するためである。理論によって識別される部類のパターンは特定の状況，すなわち経験的データの大きさに依存して，予測を斟酌するかもしれない。しかしながら，予測は唯一の関心事ではないし，またデータが予測を可能にするには不十分であるにしても，理論――パターン認識――は依然として有用である。理論がほとんど経験的内容をもたない場合，「仮説的予測」が可能であるかもしれない。すなわち「まだ未知の事象に依存する予測」(Hayek, 1967, p. 29) がそれである。

　自然（あるいは物理）科学が事物間の関係を扱うのに対して，社会科学は人間と事物の間の関係や人間と人間の間の関係を取り扱う。社会科学と自然科学のそれぞれのアプローチの間に存在する相違は単純さと複雑さにある。これは自然科学が取り扱う相対的に単純な現象と，「生活，知性，および社会」のいっそう複雑な現象との間にハイエクがつけた区別である。単純さ（と複雑さ）は「異なる領域の構造の特徴的なパターンを再生するために，式やモデルがもたなければならない最低数の明確な変数」(Hayek, 1967, p. 26) によって定義される[2]。異なる状況において（理論によって記述される）パターンがとる特定の形態を決定するのはこれらの変数（あるいはデータ）である。

　原則的に，ある複雑系の成長や機能のパターンは発見されるかもしれないが，具体的な特徴の原因となる事実のすべてを知ることはできないということは，特定の事例に対する予測を不可能にする。さらに，単純な現象に有効である科学的法則――すなわち二つの事象を原因と結果として結合する明確な規則――という概念は複雑な現象にはまず適用できない。だが，社会科学と物理科学のそれぞれの方法の間のこうした区別の重要性は，一方がいかなる意味にお

いても他方に比べ科学的でない,ということを意味しない。むしろ,

> 科学の進歩は……異なる二つの方向で続けられなければならない。理論をできるかぎり反証可能なものにすることは確かに望ましいことであるが,進歩するにつれて反証可能性の度合いが必然的に低下する領域でも,われわれは前進しなければならない。これは複雑な現象の領域での進歩に対して払わなければならない代価である (Hayek, 1967, p. 29)。

物理科学のほうが社会科学よりもいっそう進歩したと見られるならば,まさにそれは物理科学のほうが単純な現象を取り扱っているからである。しかしながら,社会構造理論の主要な功績は次のことを明らかにすることであった。すなわち,人間の相互作用の過程で生じる事象はひじょうに多くの具体的な環境に依存しているので,そうした環境のすべてを確認することができるなどとは決して期待しえない,ということである。

> 理論が与える洞察……すなわち,ある人の生活のなかで生じるほとんどの事象は彼の将来のほとんどの行動に何らかの影響をもつかもしれない,という洞察そのものが,われわれの理論的知識を特定の事象の予測に変換する,ということを不可能にしているのである (Hayek, 1967, p. 34)。

精確な予測と管理という理想は一般的に社会科学の範囲を超えている。

3. 客観的知識と主観的知識

自然科学は,世界についてのわれわれの「絵感覚」の大部分を,構成要素間の明示的な関係を定義する感覚に置き換えることに成功してきた。感覚的分類が取って代られてきたのは,それらが**外見上**同一の対象の動きの不規則性を説明するには一般的に不適当だからである。ハイエクはこの対象を再分類する過程を「自然科学のもっとも特徴的な側面」(Hayek, 1952a, p. 32) と見る。例えば,色と音は振動の相対的な数と波長によって定義されるので,目に見える光と目に見えない光とが,また聞こえる音と聞こえない音とが区別できるのであ

る。しかしながら，そのような物理的刺激と人間の感覚との間の厳密な一致という考え方は支持できない。すなわち，ある個人にとって見える世界はあるがままの物理的世界の描写である，と信ずる根拠はまったくないからである[3]。したがって，客観的に測定できる現象から構成される物理的な秩序に関して，「無論，それに関するわれわれの知識は不完全である」(Hayek, 1952b, p. 39) とハイエクは述べている。

現実についてのある個人の解釈は，精神的モデルの創造を通してのみ発展する。物理科学の場合，異なる個人の間に共通の視点の基礎を与えるよくできた学問的枠組みが一般に存在する。物理科学は物体間の相違や関係を定義する精確な計算や実験的手法に頼ることができるけれども，これは人間の理解の限界では決してない。社会科学の複雑な現象を構成するような人間関係の理解は，自然科学の守備範囲を超えている。

　　諸経験の間の質的相違を研究するときにはいつも，われわれは物理的ではなく精神的な事象を研究しているのであり，しかも，われわれが外的世界について知っていると信じているものの多くは，実際上われわれ自身についての知識なのである (Hayek, 1952b, p. 6)。

物理的な状態がどのようにして精神的な構図に変形されるのか，物理科学では説明されない外的世界についての知識がどのようにして得られるのか，そして知識がどのようにして外的事象に対するわれわれの意識的並びに潜在意識的な反応を左右するのか，を説明するのは心理学の課題である。

物理的（客観的）秩序と感覚的（主観的）秩序の区別は，科学的と非科学的の区別と同じではない。知覚や経験のパターンに関する個人間の高度な共通性は，物理科学を超えた問題への論理的なアプローチを可能にする。だが，感覚的秩序は完全に単一の知性のなかに存在するので，ある個人の経験が別の個人の経験と同じであるかどうかという問題は意味がない。感覚的な質の相違感を伝えることだけができる。例えば，ある個人は赤と緑を区別できない，という

ことは証明できるが，どちらの色が見えるかを伝えることは不可能である。感覚的な質の性質の大部分を言い表すことは可能であるかもしれない——したがって，色彩は盲目の人々によって，また音楽は耳の不自由な人々によって識別されるかもしれない——けれども，それらの本質において重大な欠落部分があるはずである。感覚的な質の相違はあまりにも数が多く，しかも変化するので，包括的に述べることはできない。

　知識はすべての人にとって同じであるという仮定（すなわち客観的知識という考え）は常に社会科学における過誤の源泉であった。ハイエクから二つの例が得られる。魔法の呪文が実際に無力であるということについてのわれわれの「確信」（客観的知識）は，それを信じている個人の行為についてのわれわれの理解とは無関係である。同様に，個人がある種の行動をとったときにいつも首に鎖を巻かれたとしても，この客観的知識はわれわれに社会的関係について何も語らないであろう。関連ある知識は鎖が報酬として巻かれるのか懲罰として巻かれるのかということである。「外物に対する人の行為だけでなく，人々の間のすべての関係やすべての社会制度も，それらについて人々がどう考えているかということによってのみ，理解することができる」(Hayek, 1952a, p.57)。したがって，任意の行為に関わっている人々の意見を知ることが不可欠である。内観は社会科学が機能するのに欠かせない方法であるが，これは人間関係の意味が必然的にすぐさま明白となるに違いないということを意味しない。相互に関係のある行動の意図されない結果を調べるには，一般的に地道な努力が必要とされる。

　狭い意味で，社会科学は人間の意識的なあるいは熟考された行為に関係し，またこの関連で，内観は現象を分類するために知覚がどのように利用されるかを理解するために適用される。個人が知覚する対象の性質は対象それ自体の特質ではなく，カテゴリー（これらのカテゴリーに個人は外的な刺激を分類することを学習してきた）の特質である。もし異なる生い立ちをもつ個人が同じように反応するならば，それは状況が物理的な意味でよく似ているためというよ

りも，むしろ彼らに状況を同一のものとみなさせる文化的条件付けにおける共通性のためである。内観がなければ，人間行為を理解することは不可能であろう。一例を挙げてみよう。[4] ある石が自然によって形成されたものか人間によって形づくられたものかを考古学者が決定できる唯一の手段は，内観を適用して，有史以前の人間の知性を理解することである。他に方法はない。内観は個人の行動を科学的に理解するための唯一合理的な基盤である。内観の有効性は，他の人々と意志を通じ合えるわれわれの能力によって，実にはっきりと確認される。

　人間の行為は決して客観的事実に集中していない。例えば，気圧計は物理界について客観的情報を与えることができる。だが，気圧計は，ひとたびそれがどのような目的に使えるかが知られるならば，事実として変化したものになる。また，この情報はパドル，武器，あるいは気圧を測定する計器として役立つかもしれない気圧計の物理的特性からの抽象である。言い換えれば，社会科学の事実は自らの行為が研究されている人々によって抱かれる意見である。だが，無論，こうした事実は直接的に観察することはできない。内観を通してのみ判断することができるのである。社会科学における中心的役割を内観が演じるということは，その方法論を自然科学のそれと区別するのに「客観的」と「主観的」という言葉が適切である，ということを意味しない。なぜなら，いずれも「特定の観察者から独立な」(Hayek, 1952a, p.47) 現象を研究するからである。役立たない「客観的」と「主観的」という分類よりもむしろ，物質的現象と精神的現象との比較のほうが適当である。

　社会科学にとって特別な困難は，考え（アイディア）が二つの形で，すなわち対象の一部として，さらに対象についての考えとして，現れるという事実から生じる。自然科学の場合，研究される対象とその説明との区別は，物質的現象（例えば，宇宙の果てからの電磁波の放出）と考え（宇宙の起源についての）との区別と同じである。社会科学の場合，説明されるべき現象である考え（例えばコモンローという考え）と，社会構造の理論を構成する考え（コモンロー

がある一貫した体系を支えていくための進化的な諸力についての)とを区別することが必要である。

　社会現象によって提示される唯一の秩序が意識的な思考や設計によって生み出される秩序であるならば，「心理学の問題だけ」が存在するであろう。もし社会科学のデータがもっぱら合理的に構築された考えや概念から成り立っているならば，他にどんな種類の科学的研究の余地も残らないであろう。しかしながら，**自生的**社会秩序の現象もまた社会科学の題材である。もっとも広い応用例として，社会科学は人間行為の(意図されない)結果を説明しようとする。個々人によってなされる独立の決定はどんな意識的な意志によっても支配されない秩序を生み出す。小道が広々とした田園地帯に出来上がっていく様子であろうと，貨幣の進化であろうと，言語の形成であろうと，競争下の価格形成あるいは生産の方向であろうと，いずれも意識的な設計の産物ではない。

　この自生的社会秩序の存在は客観的知識が「終始変わらぬ一貫した体系として」存在するというどんな着想をも論駁する。というのも，知識は，

　　分散した，不完全な，そして矛盾した形でのみ存在し，しかもそうした形で多くの個人の知性に現れるからである。また，あらゆる知識の分散と不完全性は社会科学がそこから出発しなければならない基本事実の二つである(Hayek, 1952a, p. 50)。

　考えは個人の知性のなかにのみ存在できるが，社会構造の諸要素は，ある世代の個人が別の世代の個人に取って代わるときでさえ，同じままでいることができる。態度や関係は連続する個人を超えて維持することができる。これは次のことを意味する。すなわち，社会構造はまさにたまたま「関係の網の目」(Hayek, 1952a, p. 59)となるどんな特定の個人集合からも切り離されており，また切り離して研究することができる，ということである。

　社会科学は所与の全体を取り扱うのではなく，それらの全体を構築するために存在する。言い換えれば，その目的は個人の思考を説明することではなく，

そうした思考をさまざまな社会的パターンの構築に関連する要素として分類することである。知覚による認識結果の形成や物理的事実とそれらの関係を説明するために，これを超えようとすることは無駄なことである。

> われわれの頭脳が，自ら外的な刺激を分類する際の特定の仕方について，……完全な説明を与えることができる，というのは不可能である。……われわれ自身の知識を「説明する」には，われわれが実際に知る以上のことを知らなければならないであろう。無論，これは矛盾する供述である（Hayek, 1952a, p. 86）。

4．科学主義

19世紀前半，物理学や生物学が自身に特別な厳密さや確実性を求め始めたとき，「科学」という用語がそれらにあてられるようになった。それらの功績はひじょうに輝かしいものであったため，他分野で研究している人々がそれらの方法や専門用語を模倣し始めようとするほどであった。

> また，ここ120年ほど，その精神よりもその方法において科学を模倣したいというこの大望が社会研究を支配してきたけれども，それが社会現象についてのわれわれの理解に貢献したというのはほとんどない（Hayek, 1952a, p. 21）。

ハイエクはこの「方法に関する卑屈な模倣」を表現するものとして「科学主義」や「科学的偏見」（フランス語から借用した用語）を使用する。この模倣は「純粋な研究の一般的精神」（Hayek, 1952a, p. 24）と著しい対象をなすアプローチである。物理科学は直接自然現象に焦点を合わせ，その背後に分け入ってそれを構成する要素を推論していくが，個人の態度の直接的研究から「構造的に一貫した原理」（Hayek, 1952a, p. 65）を発見しなければならない社会科学の場合，このアプローチは否定される。

科学主義は社会秩序の研究に自然科学のアプローチを適用する間違った試み[5]である。また，「社会現象」が研究対象であるため，科学主義の明白な出発点は，地質学者が岩盤の新しい露出部分を観察し始めるのと同じ仕方で，「経済」

とか「資本主義」，あるいは「法体系」のような現象を直接的に観察することである。原理的には，そのような社会全体のカテゴリーを取り扱うことは不可能である。なぜなら，どんな事例も，表面上は同じであるように見えるかもしれないが，個別的事象のユニークな集合から成っているに違いないからである。異なる複合体を同じ集団の事例として分類することはできない。各複合体は理解可能な人間の態度を反映する諸関係によってのみ定義できる秩序を示している。

　　言い換えれば，われわれが語る全体というのは次の場合にのみ，またそのかぎりにおいて存在する。すなわち全体に含まれる諸部分の結合に関して形成されてきた理論，しかもそうした部分の関係から構築されたモデルの形でのみ述べることのできる理論が正しい，という場合がそれである（Hayek, 1952a, p. 98）。

　失業（**全体としての**）は**総**需要の不足によってひき起こされるという説明のため，また**総**投資，**総**所得，および貯蓄**水**準の間の強固な関係からその説明を支持する分析のため，ケインズの経済学は，**マクロ**経済学である統計的予測というその遺産とともに，明らかに科学主義の一例である[6]。

　社会構造の性質について存在する通俗的な観念の多くは「仮の理論，通俗的な抽象概念にすぎず」（Hayek, 1952a, p. 64），研究されるべきデータと間違えられてはならない。社会科学のデータは個人の行動を導く諸概念である。それらが直接的にわれわれに知られるのは内観を通してである。しかも，それらは個人が彼らの行為について立てるかもしれない通俗的な理論とはまったく異なる。正当な科学的内観方法は，「通俗的に使用されている思弁的概念を明確な事実として」（Hayek, 1952a, p. 65）採用する科学主義的方法の「集産主義的偏見」とは，対照的である。社会現象を全体として理解することが可能であるということが正しいにしても，その可能性は正当な主題となる経済学分野を構成する理論のように，さほど広がりをもたない理論については否定されるであろう。

5. 歴史主義

歴史主義は科学主義の適用例である。歴史は経験的な社会研究であり，しかもそこから一般論を推論することができる社会研究である，というのがその教義である。そのアプローチは誤っている。なぜなら，科学は観察される現象の総体を決して扱うことができないからである。「もし私が私の庭の雑草はなぜこの特殊なパターンで成長してきたのかと問うなら，どんな理論的科学も単独でその解答を与えることはないだろう」(Hayek, 1952a, p. 121)。複雑な現象を扱うときにはいつも，科学的方法はある限られた数の側面にのみ適用することができる。知性は特定の問題だけを扱うことができ，また問題を問うことは何らかの一時的な仮説の存在を意味する。すなわち，われわれの感覚は何か繰り返し起こるパターンや秩序を最初に認識するに違いないのである。社会現象の歴史的研究は理論に依存する。歴史主義――観察だけが法則を識別できるという信念に基づいた――は「歴史的全体を把握することのできる唯一の手続きを逆転させてしまった」(Hayek, 1952a, p. 129)。すなわち，部分から全体を再構成することによって全体を把握する，という手続きがそれである。無数の人間の知性の相互作用の結果である人間の歴史の諸力が，人間の知性によって容易に入手できる単純な法則によって明らかにされうるならば，それは異常なことであろう。だが，「19世紀特有のこの種の多くの産物と同様に」(Hayek, 1952a, pp.130-1)，これはマルクス主義者の主張であった。また，マルクス主義は歴史主義のアプローチが広範な関心を獲得した重要な媒体であった（マルクス主義に対するオーストリアンの反論は第5章で検討されている）。

6. 経済的事実と経済理論

経済学は人間の事象のある重要な側面を説明する。希少性は経済資源の定義上の特徴である。また，これらの経済資源は絶えず，しかも同時に，発見され使い尽くされる過程にある。経済問題は人間の活動を調整し，希少資源を効率

的に利用するために，広く分散している知識を最適に利用することである。経済学は手段の希少性によって必要とされる選択行動の研究である。経済学は人々が他の人々や物に対してどのように行動するかに関係しているけれども，人間行為を**説明**することはできない。それは人間行為を論理的に秩序づけようとすることができるだけである。経済学は個人の行動法則を確立することはできない。だが，理論的モデルを構成するような要素を形成するために，行動を分類することはできる。経済理論が構築される基礎にある一般的な事実に関する仮定は，人々が所得を獲得するために取引に参加するとか，より高い所得がより低い所得よりも選好されるとかといった類のものである。これらの仮定は，検定可能にして価値評価可能なパターンの「仮説的予測」，しかも，行為に対する重要な指標，あるいは行為しないことの望ましさ，を指し示すことのできるパターンの「仮説的予測」を可能にする。

理論は――利用可能な大量の情報からの――「経済的事実」を形成する部分集合の選択を可能にする。経済的事実は必然的に主観的である。

　　過去100年間の経済理論のあらゆる重要な進歩は，主観主義の一貫した適用による前進であったといってもおそらく過言ではないだろう。経済活動の対象が客観的な用語ではなく，人間の目的との関連によってのみ定義できるというのはいうまでもない（Hayek, 1952a, p. 52）。

経済的事実は，繰り返し起こる過程あるいは持続的な関係の知的素描であり，また，経済学の課題は，経済的事実が共通の枠組みのなかに論理的に組み込まれるための理論的図式を展開することである。首尾一貫した理論とは，関連性と適切性に関して判断される。ある理論は，それによって呼び起こされる知的パターンが繰り返される場合に，関連があるということになる。ある理論は，それが感覚的情報を包含できるかぎり，適切であるということになる。

人によってなされるあらゆる実際の決定は，理念（すなわち基本的な倫理的前提，あるいは洗練されていない表現であるが，育成された性向）と理性（す

なわち現状の知識）に基づいているが，経済学が成し遂げた進歩は第3次元にあり，また，それは実際問題に対する態度を変化させてきた。経済学は，経済現象の相互依存性に対する洞察を拡大することによって科学的進歩を成し遂げてきた。それは，とりわけ競争の役割と一計画者の限られた視界，における知識の関連性をどう見るかという点において，進歩してきた。これらのテーマは次章で展開される。

7．経済問題と経済分析

経済的決定は，不完全にして不正確な情報の集まりに基づいてなされている。この情報の集まりが正確であるとともに完全であるという勇ましい仮定を設けることで，19世紀末の新古典派革命後に流行した方法論は，「知識の問題」を避け，**既知の競合する目的の間に所与の資源**を効率的に配分するという問題に経済問題を変えてしまったのである。ハイエクはこのアプローチを勧める根拠をほとんど認めない。

ある資源がごく短い寿命しかない場合，その使用を将来のある期間にまで延ばすことはできないかもしれない。これは現在「所与」であるような資源であり，また，それは新古典派のパラダイムの状況に似たものを示している。このような状況に限定するかぎり（また分散された知識という問題によって提起される論点に正面から取り組まないかぎり），新古典派の分析は多少とも正当化される。しかしながら，大部分の資源はその使用を延ばすことができるし，またしたがって，これらのより典型的な資源が組み込まれるかぎり，そのような分析は危ういものとなる。

新古典派の枠組みのなかで，形式的分析は「われわれの出発点における諸仮定の単なる変形にすぎないがために必然的に真である一連の諸命題」（Hayek, 1949, p. 34）に達する同義反復の操作を意味する。資源，技術，および目標に関してきちんと明示された仮定から導き出される論理的な演繹的結論は，経済的に効率的な結果を定義する理論的条件を明らかにする。それによって重要な

洞察が得られるかもしれないが，これらは単一知性の意図にのみ関係しうる。「多くの個人の意思決定が相互に影響しあい，必然的に時間を追って次々と行われる」(Hayek, 1949, p. 93) 社会的プロセスにまでその論理を拡げようとすることはまったく無駄なことである。**因果**関係についての命題は，知識が獲得され広められる**経験的**プロセスの確認によってのみ，立てることができるのである。

そうした命題が関連ある（すなわち個人の意思決定に）場合，ハイエクの経済学は新古典派経済学の形式的な特徴を組み込むことができる。なぜなら，彼のアプローチは二つの科学的方法論にまたがっているからである。すなわち，演繹的推論の関連性と経験的検証の関連性の両方が強調されているのである。したがって，ハイエクは部分的にのみ経済学についてのミーゼスの考え方を受け入れた。ミーゼスによれば，すべての経済法則は人間行為に関する適切に明示された公理から演繹することができる。ハイエクは「論争が起こり得ないほどよく知られている」第一原理に基づく公理的推論の関連性を受け入れる。これらの原理は社会現象を説明するために必要な「本質的事実」であり，またこれらの「事実」は「共通の経験の部分」(Hayek, 1949, p. 126) である。しかしながら，この純粋に論理的な演繹的結論の利用は社会・経済構造についてのある理解，すなわち人間の相互作用の因果的連鎖を支える理解を伴わなければならない。それは有機的に関連づけられていない知識ということである。それは一般的に受け入れられた制度的慣行によって獲得され，一人ひとりの無知や不確実性を償う知識である。

演繹的推論は一行為者の意思決定に関してのみ適切であるが，もし形式的な経済分析用具が個人間の社会・経済的調整の説明の基礎として役立つべきであるとするならば，経験的命題が不可欠である。経験的命題は多数の行為者に関係する命題で，「これこれの条件が存在するならば，これこれの結果が生じるだろう」(Hayek, 1949, p. 94) という命題である。経済分析の経験的内容は見通し，予測，および知識の獲得，に関する命題から成る。そこで，ハイエクの方

法論を手短に要約すると，経済分析は次のどちらかに分類されるかもしれない。

(1) 同義反復的命題の操作
(2) 因果的プロセスの研究

　地代論はこの区別の格好の例を与える[7]。リカードの元の文脈では，理論は物理的条件で定義される資源，すなわち土地に関係していた。その理論によれば，土地がある生産物を生産するために他の生産要素と結合される場合，その生産物の価値の変化は別の用途をもつ他の生産要素の価値よりも土地の価値にいっそう大きな変化をもたらすというのである。この元の命題は二つの部分に分けて説明されるかもしれない。第一の部分は理論であり，諸仮定からの一組の論理的な演繹的推論である。ここで，それは変化しうる比率でさまざまな生産要素を組み合わせることによって生産される生産物に関係する。その理論によれば，一つの要素を除いて，全生産要素が他の諸生産物を生産するために使用できるならば，当該生産物の価値の変化は，他の用途をもたない生産要素の価値よりも，他の用途をもつ生産要素の価値に少ない影響しか与えないということである。第二の部分は経験的言明である。一般的な観察結果として，土地はその用途において労働よりも限定されている。あらゆる経験的命題と同様に，これは反証を挙げることができる。例えば，いくつかの状況において，特殊な熟練労働の特性はその賃金を生産物の価値に比例して（この労働が結合される土地の価値よりも）大きく変化させるかもしれない。このような反証例においては，地代論が個々の事例に適用される仕方は土地という客観的事実には依存しない。それは今や個々の状況の関連ある特徴の主観的認識に依存するのである。地代論にあてはまることは価格理論一般にもあてはまるのである。財についての情報は関連がない。財を扱う人々がその財についてどう考えているかに関する知識こそが関連あるものなのである。

　因果的プロセスの経験的研究は，統計的方法の使用を意味しない。ハイエク

は，その使用を経済学の研究には一般的に不適当であると考える。経済理論は，もっとも一般的な状況において現れるパターンを記述するが，その知識から特別な予測を導きだすことはほぼ不可能である。しかも，統計的な集計はこの困難に打ち勝つ上でほとんど役に立たない。

　　統計学が有機的分子の比較的さほど複雑でない構造であっても明らかにできるなどと真面目に主張する人はおそらくいないであろうし，また統計学の助けで有機体の機能を説明できるなどと主張する人もほとんどいないであろう。だが，それが社会構造の機能を説明するということになると，その信念が広く支持されるのである (Hayek, 1967, p. 31)。

統計学は，複雑性を排除して大数の問題を取り扱う。異なる階級の個別要素の度数を列挙する場合，それら要素間の相関関係は重要でないという暗黙の仮定に頼っているのである。そのような統計的分類が有用な情報を与えることができるのは，あるカテゴリーの複雑な現象のなかでのみ，すなわちそのカテゴリーが何か他の規準によって識別された後でのみである。計量経済学の洗練された統計的アプローチ——例えば，産業全体の生産関数のパラメーターの推定値を与えるときの——は，本質的な差異をおおい隠すことができるだけである。それぞれがまったく別な行動パターンを示す多くの異なる要素がなければ，競争は存在しえないので，経済における競争の役割についての科学的理解は統計的集計値には見いだすことができない。この種のアプローチは，事物と事物との固定した因果関係に頼ることのできる自然科学の方法の不当な適用を示している。

8. 均　衡

オーストリア学派も新古典派経済学も均衡概念を他のすべての状況が比較を受ける架空の基準点として利用する。任意の行為の起こりそうな結果を判断するには，初期条件が十分考慮に入れられなければならない。任意の一四半期における変化に対する反応は，もし経済が初期の均衡状態にあるならば，いっそ

う容易に説明がつく。もっとも一般的な用語でいえば,「経済が均衡にあるのは,行為者にそのもっている主張や追求している方針を変えさせないようなメッセージがその経済にあふれているときである」(Hahn, 1973, p. 25)。実際の状況では,経済が均衡にあるということは決して起こりそうもないけれども,均衡概念は経済分析にとって不可欠である。

　その適用分野は経済理論のそれと一致している。なぜなら,その助けによってのみ,あらゆる時点であらゆる経済システムにおいて作用しているひじょうに多くの異なる運動傾向を粗描することができるからである (Hayek, 1928, p. 75)。

均衡は,経済分析と同義の理論的な人工物である。だが,経済が均衡に向かう支配的な傾向をもっている場合にのみ,経済学は**科学的**研究として受け入れられる。「そのような傾向が存在するという」という仮定によってのみ,「経済学は純粋論理学の練習問題ではなくなり,経験的科学になる」(Hayek, 1949, p. 44) のである。だが,それは「われわれが経験的な基盤の上に存在すると信じる理由をもつ」(Hayek, 1949, p. 55) 仮定である。ここで,「経験的基盤」とは知識が獲得されるプロセスを調整する制度的取り決め(財産権,広告,市場プロセス,契約,因習的慣行,等々)である。

　均衡概念はオーストリアンにも新古典派分析にも関連するが,それらが関連する文脈はまったく異なる。レオン・ワルラスによって与えられた包括的な数学的分析(またこれが経済学の教科書において「ワルラス的一般均衡」として大きな役割を果たしている)は,新古典派的な完全競争の仮定(これには完全な知識,即時的な価格伸縮性,および取引費用ゼロが含まれる)の下で,多商品の生産と交換を扱っている[8]。ワルラス的均衡は新古典派図式の精髄である。オーストリア学派にとって,完全な知識と固定資源という制約の**静態的**枠組みは存在しえない。その代わりに,知識の獲得,大きさ,および関連性が人間行為と不可避的に均衡概念そのものに大きく影響する,ということが認識される。この**動態的**な文脈のなかで,均衡分析の命題が,連続する時点で次々ととられ

る行為の間の関係に関わってくる。そして原因と結果が研究できるのである。「時間の経過は均衡概念に何らかの意味を与える上で不可欠である」(Hayek, 1949, p. 37)。したがって，均衡概念は定常状態の概念とは別物である。これは，アルフレッド・マーシャルの短期均衡と長期均衡の分離において暗黙のことであったが，とりわけ投資理論，資本理論，および景気変動分析に関するハイエクの経済学の発展にとっては，より洗練された明示的な説明が決定的に重要であった。

均衡は，一個人に適用されるときにのみ**明確な**意味をもつ。ある個人の行為は行為計画，すなわち，均衡において**首尾一貫している**とともに彼が入手できる情報と**矛盾せず**，しかも彼が正しいと信じる行為計画，から引き出される。もし情報が間違っているとわかれば，計画は変わるに違いない。一般的に，新しい情報はこれらの関係を崩壊させ，新しい計画の作成を必要とすることになろう。この新しい計画と矛盾しない行為は新しい均衡を構成するであろう。一個人の考察を超えて，競争社会内部の関係に均衡分析を適用したとき，特別な問題が提起された。初期の疑問にもかかわらず，ハイエクは異なる個人の行為の間にある種の均衡が見られるという考え方の有用性を認めた。各個人は前述されたような意味で均衡にあるかもしれないが，別々の計画が相互に首尾一貫しているということにはならなかった。集合的均衡が存在するには，多くの別々の計画が次の条件を満たさなければならない。

(1) 外的環境についての共通の期待に基づいていること。
(2) 相互に完全に調整されていること。

この場合にのみ，計画された**すべての**行為が，

> 実行できるかもしれない。なぜなら，どの成員の計画も他の成員が立てつつある計画のなかに含められているような，他の成員の側の行為に関する期待に基づいて

いるからである (Hayek, 1941, p. 18)。

　さらに，これらの計画が相互に矛盾なく，しかも実際の事象の連鎖と一致することが必要であろう[9]。

　ワルラス的一般均衡に似たこの動態的な対照物において，力点が置かれているのは持続的に変化する状況であるが，とはいえ，そこではあらゆる事象が正確に予想されている。無論，これは非現実的であるが，新古典派モデルと同様に無理なことではない。

　　なぜなら，定常的均衡に到達するには，定常状態をもたらすために必要な変化が依然として進行しているが，それらの結果は正確に予見されている，という段階を経由することが必要だろうからである (Hayek, 1941, p. 16 fn.)。

　動態的均衡は，経済システムの分析に理論的な構造を与える。そこでの課題は，「将来において起こりそうなことを予測する」(Hayek, 1941, p. 22) ために現在の状態を理解することである。諸計画を一致させよ，さもなくば，失望は避けられないのか。動態的均衡という虚構だけがその判断を下すための首尾一貫した基礎を与える。また，それは個人が任意の選択された行為方針をどのように，しかも，なぜ変えざるをえないと感じたかを明らかにすることによって，因果的連鎖による説明を可能にする。

　ハイエクの経済はレオンチェフのマトリックスという面から見ることができるかもしれない。その場合，胞体は固定された投入—産出係数によってではなく，価格（原材料価格，中間財価格，要素価格，および商品価格）の間の相互依存関係によって関連づけられている。さらに，これらの価格相対性は均衡にはないけれども，時間次元を追加すると，市場プロセスを通じた企業家的活動がこうした相対性をある均衡図式に向けて動かすだろう，という傾向が想定される[10]。

　新古典派モデルとまったく対照的に，完全な知識（あるいは動態的な文脈に

おける正確な予見）は均衡を得るための前提条件では**ない**。むしろ，それは均衡を定義する特性である。だが，正確な予見が将来に無限に拡がらなければならない，ということは仮定されていない。均衡は「予想が正確であるかぎり」(Hayek, 1949, p. 42) 続く。さらに，それは**各**個人が自分自身の個人的決定を下す際に獲得する情報にのみ関係している。

個人の計画がひっくり返される可能性があるのは，それが最初から他の人の計画と相互に一致していなかったためか，外的な環境における何らかの変化のためか，の**いずれか**である。再び，これは新古典派の世界と著しい対照を示している。後者の世界では，（参加者たちによって知覚される）状況は，同義反復的な構造のなかの諸関係によって示されるような，均衡か不均衡かの状況である。ハイエクの均衡においては，参加者たちの（少なくとも）何人かが彼らの個人的計画を変更せざるをえないほど，相互の矛盾が露呈するようになるまでは，因果的連鎖がしばらく進行しうるのである。

多くの別々の計画が相互に適合しているということに加えて，均衡はそうした主観的計画と客観的事実の間の調和を必要とする。前者は後者から課せられる（知覚された）制約によって生み出されるかもしれないし，生み出されないかもしれないが，均衡関係は「客観的な事実から演繹することはできない。なぜなら，人々がするであろうことについての分析は彼らに知られていることからのみ出発することができるからである」(Hayek, 1949, p. 44)。

9. 知識の分割

ハイエクの経済学は既知の資源を効率的に配分するための原理を研究する科学ではなく，さまざまな個人の計画がどのようにして調和的な関係に至るかを研究する科学である。それは誰にも総体としては与えられていない人間の知識の最適利用を達成するための手段に対する科学的アプローチである。

さまざまな知性に存在する知識の断片を組み合わせたものがどのようにしたら次

のような結果を実現できるのか。すなわち，その結果を意図的に実現しようとするならば，指令を発する知性の側にいかなる個人ももつことのできない知識を必要とするような結果がそれである (Hayek, 1949, p. 54)。

ハイエクの経済学は，独立の個人の知性に存在する主観的な情報を客観的な事実と一致させるような諸力の研究である。それらが一致するのは新古典派の分析にとっては自明である。動態的均衡という枠組みの場合，これが達成されるプロセスは経済学が説明すべきことである。

ハイエクは動態的均衡が存在するための必要・十分条件を見つけようとし，また多数の個人の「自生的相互作用」の結果として，均衡への傾向が存在することを経験的に検証しようとした。知識の分割の問題はこの目的にとって中心的なものであった。均衡への傾向は価格が費用に一致する一貫した傾向を示している経験的証拠によって支持されている。だが，現行価格についての知識や将来価格についての期待は知識問題のごく小さな部分でしかない。さまざまな商品がどのようにして，またいかなる条件の下で獲得され利用されうるかに関係しているのは，もっと広い側面なのである。

経済理論の公理（これらから同義反復的な命題が引き出される）は，直感的な反応に対比するものとして，意識的あるいは合理的な人間行為を仮定する。経験的な命題は概念的に異なる。それらは次の2点についての諸仮定に基づいている。

(1) 人々が知識を獲得し，経験から学習する仕方。
(2) 均衡が支配するために必要な知識，すなわち「関連ある知識」の保有。

「関連ある知識」とは，最初の計画とそれに続く行為の結果として個人に生まれるものである。関連ある知識を保有している個人にとって何ら驚くべきことではないが，偶然に知らされた場合に個人に彼の計画を変更させてしまうようなあらゆる知識に比べると，関連ある知識ははるかに少ない。したがって，

均衡は絶対的なものではない。それは新古典派の同義反復の最適効率結果とはまったく違うものとなる。均衡は個人が彼の当初の計画を遂行する過程で獲得するはずの知識にのみ関係している。また，この可能性が存在するために必要なことは，「世界には何らかの規則性があって，そのために出来事を正確に予測することが可能となる」(Hayek, 1949, p. 49) ということである。

10. 経済計画化の水準

個人は，合理的な行為計画の一部として定式化される首尾一貫した意思決定という面において，自分の経済的目標を定める。意思決定は経験と知識，すなわち直接的に獲得されるかもしれない情報，あるいは彼に伝えられるかもしれない情報によって導かれる。「人々が自分たちの計画の基礎とする知識が彼らに伝達されるさまざまな方法は，経済プロセスを説明するどのような理論にとっても決定的な問題である」(Hayek, 1945, p. 78)。政策の指導原理は広く分散した知識をもっとも効率的に利用する方法を見つけることである。これは効率的計画化の原理である。それは中央集権化された意思決定によって達成できるのか，それとも競争プロセスを通して意思決定を個人間に分散させておくことによって達成できるのか。個人によってのみ入手できるのはどんな情報なのか。適当な専門家の集団によるほうがいっそう容易に入手できるというのはどんな情報なのか(また，専門家の選択に関して何か問題は起こりそうか)[11]。

専門家を選ぶほうが科学的知識という点で正当化されるかもしれない。だが，科学的知識はすべての知識を包含するにはきわめて不十分である。一群の組織されない知識が同様に存在する。すなわち，異なる時点で，また異なる場所で，個々の環境や特殊なプロセスを支配するルールに関する知識がそれである。この点で，「実際上，どの個人も他のあらゆる個人に対して何らかの優位性をもっている。なぜなら彼は有益に使用できる独自の情報をもっているからである」(Hayek, 1945, p. 79)。そのような情報は技術的専門家の科学的知識に劣らずきわめて重要である。だが，それは確認したり，文書化したりするのがさほ

ど容易でないため，ひどく過小評価される傾向がある。技術的発明の速度が，素早い企業家的反応の必要を増大させてきたために，この傾向を助長してきたというのは何とも皮肉である。新しい技術は機会とともに，企業組織や経済的結合の問題をもたらす。「経済問題は常に変化の結果として発生し，また変化の結果としてのみ発生する，ということはおそらく強調するに値するだろう」(Hayek, 1945, p.82)。さらに，変化への対応は，その成員がどれほど高潔で，経験豊富にして，教養にあふれていようと，単一の意志決定機関によっては効果的に行われそうにない。そのセンターへの情報は迅速さにおいても詳細さにおいても十分でないだろう。また，たとえ十分であるにしても，敏速に整理し，評価し，そして対応する能力はないであろう。

　ごく短い時間内に生ずる相互作用の変化の細かな点となると，一知性の能力を超えている。そのような複雑な手続きへの洞察を得ようとして，統計的集計量を使用することは方法論的に不健全である。経済的成功を左右するような知識はほとんど定量化できないし，また，統計は種々の項目の粗混合物であり，それらの項目の間の重要な差異は記録されない。中央集権的計画化が信じがたい統計的人工物に基づいて行われているところでは，意思決定が地方レベルでなされる場合に決定的な重要性をもつ時間と場所に関する特殊な状況について，考慮を払うことはできない。とはいえ，分権化は地方の情報の入手を保証するけれども，より広い側面が見落とされそうにないのか。

　一般的にいえば，総合的な情報は地方の決定にとって必要とされない。不利な天候条件，労働不安，市民戦争，あるいは需要の増加が原材料の相対的希少性を激化させたなどということは，地方の計画担当者が調整をする必要にとって付随的なものでしかない。価格上昇の理由は重要性をもたない。その時々の調整は，より多くの情報が利用可能になるにつれて，より根本的な調整に取って代られるかもしれないということから，肝要なことは，種々の出来事が地方の状況に対して与える影響を超えてまで，それらの出来事に関わる必要はない，ということである。価格がなぜ変化するのかを取引者が知ることは不必要であ

る。価格が変化したということで十分である。相対価格は知識の代用品であるとともに，商品の現時点での相対的希少性を反映しており，個人はそれに基づいて意思決定を下すことができるのである。だが，市場価格は企業家精神を鼓舞する基礎でもある。時間的・空間的な価格差の認識こそ「機敏さ」や「将来性」にとって必要な刺激なのである。その場合，市場価格が情報（相対的希少性を反映する均衡価格）としても，また企業家的創意に対する刺激（好機を知らせる不均衡価格）としても役立ちうる，というのはどういうことなのか。明らかに，「情報に対する市場を含めて，すべての市場が常に均衡しており，しかも常に完全に鞘取り売買される，という仮定は，鞘取り売買に費用がかかるならば，矛盾している」(Grossman and Stiglitz, 1980, p.393)。科学的発見の類推はその答えの鍵を与えてくれる。科学者が理論受容者でないのと同様に，企業家は均衡価格受容者ではない。

　いずれの場合にも，受容されている価格あるいは理論の背景は企業家や科学者によって補助的に頼りとされるが，その活動の焦点は一定の市場価格あるいは科学的理論に同意しないことにある (Lavoie, 1985b, pp. 83-4)。

もし市場取引者がすべて価格受容者であるならば——もし企業家が有利な機会に系統的に気付かないならば——価格は混沌とするであろう。だが，「価格は生産費に一致する傾向があるという経験的な観察」(Hayek, 1941, p. 27, fn 2)があるとすれば，これは繰り返される行き当たりばったりの一致の結果ではありそうにない。むしろ，それは市場プロセスによる調整の結果である。

　価格は，標準的な意味で情報の伝達者—実際上は，それらの価格が不均衡価格であるとすれば，不完全な伝達者—であるだけでなく，その不完全性を修正させる誘因をも含んでいる (Thomsen, 1992, p. 58)。

だが，ある企業家が多くの不均衡価格差のうちのいくつかだけに機敏であるように，分業が存在する。「各企業家は，自分が気付いた価格差を利用するこ

とに集中し，他の価格を黙って受け入れるだろう」(Thomsen, 1992, p. 60)。こうして，市場価格はより効率的な資源配分が達成されるにつれて調整される。だが，大多数の取引者はほとんどの価格調整の理由を依然として知らない。

経済的決定に対する権限と責任は，「財貨・サービスの連続的な流れが絶え間ない慎重な調整によって，すなわち前日に知られなかった状況に照らしてなされる新しい処置によって維持される」(Hayek, 1945, p. 83) ところでは，局所的な知識を持つ人々，つまり現場にいる人間にある。そのような分権化された計画化の場合，なされる意思決定の型に統一性は見られない。というのは，企業経営能力には広範な違いが存在するからである。生産技術が同一である場合でさえ，新しい情報の獲得（およびそれに対する対応）における違いや，競争上の優位を保持するために行う必要な調整における違いは，消費者のニーズがどの程度満たされるかを反映する収益性に大きな変化をもたらす。「競争の機能は……まさに**誰が**われわれに良いサービスを与えてくれるかを教えてくれることである」(Hayek, 1949, p. 97)。したがって，行為の調整と知識の調整との間に重要な区別がなされなければならない。伝統的社会――市場の広範なネットワークに依存しない社会――は行為の調整を達成するかもしれない。調和があらゆるところで見られるかもしれないけれども，企業家精神を助長する制度的枠組みの不在は知識の調整の欠如をもたらす。かような社会はその欠如のために安定――そして停滞――するかもしれない。行為は高度に調整されるかもしれないが，知識の孤島が依然として橋を架けられていないために，進歩は妨げられるかもしれない。

11. 競争の意味

新古典派経済学は完全競争を，均衡において所与の資源の効率的配分を生み出す理想的な市場秩序として支持する。だが，それは同義反復的命題だけの操作から引き出される。その分析――単一個人のレベルで妥当な――を個人間の経験的関係にまで拡大することは非論理的である。後者は市場ネットワーク内

部の因果過程に関する理解を必要とする。企業家的本能，利潤追求，および相対価格の通信ネットワークは「競争」によって要約され，また，均衡は「競争プロセス」(Hayek, 1949, p. 94) の結果である。競争は発見手続きである。

　　競争があらゆる測定可能な結果の最大化をもたらすなどとは，他のあらゆる種類の実験についていえないのと同様に，競争についてもいえない。単に，競争は有利な条件の下では，他の知られたどんな手続きよりも，より多くの技能や知識の利用をもたらすにすぎない (Hayek, 1979, pp. 68-9)。

　市場プロセスは，多くの持続的に変化する決定因の効果が伝達されるメカニズムである。価格シグナルによって，計画者は彼自身の局所的な計画のさまざまな部分を調和させることができる。また，価格シグナルは多数の局所的計画者の異なる意図を適合させる。領域全体を見渡す個人はひとりとしていないが，「限定された個々人の視野が十分に重なりあっているために，多くの媒体を通して，関連ある情報がすべての人に伝達される」(Hayek, 1945, p. 86) からである。完全競争という新古典派の理想の下では，それは「あたかも」，重要な変化についての知識がひじょうに急激に広まり，それに対する適応がひじょうに素早くなされるので，二つの静態的均衡状態の間の期間におけるプロセスは無視することができるかのようである。だが，理解されなければならないのはまさにこの無視された期間におけるプロセスなのである。そうでなければ，経済学は科学的であることを主張することはできない。

　完全な知識という仮定は，情報伝達のメカニズムとしての価格システムの重要な役割を無視するものであり，誤った規準がその効率性の判断に組み込まれてきた。「超正常」利潤が獲得されるのは，変化が起こり，反応に時間がかかるからであり，また，各企業家（局所的計画者）がまったく異なる仕方で新しい状況を評価し，それに反応するからである。変化への適応の速さは当事者の私益によって決定され，また，動態的経済の場合，より高い経済的効率を達成しようとする誘因が常に存在するだろう。「あるものが生産される場合のその

可能な最低費用は，まさにわれわれが競争に発見してくれるよう求めているものである」(Hayek, 1979, p. 70)。

　企業家の報酬は，費用を超える価格の（一時的な）超過分を受け取ることである。ただし，競争プロセスがすぐにそれを浸食し始めるだろう。客観的に見て，高利潤が技術の改善の結果であるか，それとも**事前**に知覚された危険に対する「適切」な投資収益であるかを決定することは，一般的に不可能であることがわかるだろう。察するところ，独占利潤は競争プロセスの完全に望ましい結果であるに違いない。独占利潤が，競争を制限する特権に基づいているために，持続しているということが証明できる場合に，独占利潤は懸念材料となるであろう。競争こそ多くの個人の分散された特殊な知識が効率的に利用される唯一の手段である，というのがハイエクの経済学の中心テーマである。次章の主題である論争，すなわち社会主義的な信念をもつ知識人たちとなされた論争，においてハイエクの側がこの点を強調したということは，おそらくもっとも明白なことであろう。

第5章 社会主義計算論争

　道徳面からすれば，社会主義はあらゆる道徳，個人的自由，および責任の基盤を破壊せざるをえない。政治面でいえば，社会主義は遅かれ早かれ全体主義政治につながる。物質面で，社会主義は，たとえ実際の貧困をひき起こさないにしても，富の生産を大幅に妨げるだろう（Hayek, 1978b, p. 304）。

　社会主義計算論争はハイエクの経済学を経済思想という広い文脈のなかに据えるきっかけとなっている。ハイエクはオーストリア経済学派のもっとも多産な，もっとも大きな影響力をもった，そしてもっとも成功した伝導者であった。また，彼は集団に対する個人の確固たる擁護者であった。社会主義計算論争はこうした基本の一つひとつをはっきりと例証している。一方の側から，競争的価格システムは，そこに参加する多くの人々すべての分散された特殊な知識を，有効に利用することのできる唯一の手段である，という主張が提出された。他方の側の意見は，計画当局が同じ知識を，しかもより有利に修得することができる，というものであった。

　論争の初期の焦点はマルクスとミーゼスの競合する見解にあった。その後，ランゲとハイエクのそれへと移っていった。したがって，論争は社会主義的計画化のマルクス的モデルと数学的モデルの両者を巻き込んだが，完全に計画された社会秩序の実行不可能性が一般的に認識されるようになるにつれて，論点は移り，ついには「競争的社会主義」のメリットとみなされるものに焦点が集まることになったのである。修正された競争的社会主義秩序においては，消費財価格や賃金は競争的市場で自由に決定されるであろうが，生産手段は共同所有されるであろう。したがって，こうした後者の要素価格は，全個別市場における需給の観察された不均衡に基づいて，中央で管理されるであろう（Lange, 1936, pp. 72-3 参照）。

　社会主義計算論争を回顧した場合，市場と価格の完全な廃止というテーゼは

完全な**自由放任**というアンチテーゼによって調和せられ，それが市場社会主義というジンテーゼにつながり，しかも市場社会主義は実際に実行可能であることが証明された，というのが一般通念である。両システムの最良の特徴を保有するこの心地よい調和的見解は，文献の詳細な再解釈によって異議を唱えられてきた（Lavoie, 1985a 参照）。この学究的な再検討は以下で示される概要の主要な出所となっているが，本章の焦点は，経済分析に対する他のアプローチに対比するものとしてのオーストリア学派と，市場経済内の分権化された独立の意思決定を，高度な交換経済の拡大された社会秩序を支えることのできる唯一のシステムとみなす理論的根拠とに置かれる。

1. 古典派経済学

経済学は，比較的短い歴史をもっている。それが，本格的に始まるのは封建社会の崩壊後にすぎない。17世紀と18世紀に，経済論議は二つの教義を話題にした。すなわち，重商主義の教義（輸出販売高を国家権力の基盤と考え，個人の利益はそれに貢献するものとみなされた）と重農主義の教義（富の源泉を農業に求め，重商主義者と真っ向から対立して自由化を支持した）がそれである。重農主義者たちと同時代に生まれたのが，アダム・スミスの1776年の強い影響力をもった研究——『諸国民の富』——であった。この研究は自由化原理を支持したが，農業だけが富の源泉であるということは否定した。国富はその市民の生産的労働の総計であり，また，万人の福祉は私益の追求によってもっとも良く提供された，というのがスミスの命題である。

スミスの着想は磨きをかけられ，発展させられ，増補され，そして古典学派の経済学へと変換させられていった。そこではデヴィッド・リカードの研究が労働価値説の言明に対して強い影響力をもった。すべての価値は労働エネルギーの具現化として認識される。ロビンソン・クルーソーの経済という設定は有用な例である。クルーソーの時間は限られているので，彼の利用可能な労働投入量は希少である。彼は自分の時間を手で魚を捕ることに使うのか，それとも

網を作るために使うのか。網を作るために必要な期間に手で捕っていたかもしれない魚は,網の価値を決定する。したがって,魚の価値と網の価値はそのそれぞれの具体的な労働投入量によって関係づけられる[1]。この結論は労働価値説に基づいている。

だが,労働価値は真の希少性を反映する唯一のものではない。自然によって与えられた他の多くの資源が真に希少であり,したがって,地代や利子の支払いも労働賃金と同等の地位にある。フリードリッヒ・フォン・ウィーザーはこの議論をさらに発展させた[2]。彼は「自然価値」の概念を定式化してその本質をとらえようとした。これは需要と供給の一時的な不均衡の結果である価値(すなわち準地代)というよりもむしろ,元々存在する価値である。労働に加えて,ウィーザーは土地も資本も自然価値の元々の源泉であると主張した。また,集産主義体制下であろうと市場体制下であろうと,生産はそうした資源の費用を説明しなければならない。市場価値と自然価値との間に乖離があるときにはいつでも,市場は効率的配分メカニズムの理想に届いていない。またそのような乖離が存在する場合,問題は中央集権的計画化による可能な改善について起こる。したがって,ウィーザーの自然価値概念は労働価値説の否定であったが,それは生産手段の中央による所有と管理に対するマルクス主義の擁護論を何ら脅かすものではないだろう。

2. マルクスの資本主義批判

マルクス経済学が始まったのは,政治ジャーナリストや労働者階級の擁護者が社会歴史家の発想を転換させ,リカードの労働価値説に,彼がすでに取り組んでいた資本主義についての考え方の健全な方法論的基礎を発見したときである。希少な資源を効率的に利用する必要性はあらゆる経済体制の特徴である。この利用が試みられる具体的な形態は社会構造の歴史的発展に依存している。あらゆる人知は歴史的・文化的過程から引き出されるとカール・マルクスは考えた。また,この点で文明構造の進化に関するハイエクの考えに近いものが見

られる。マルクスは資本主義研究——『資本論』(1867) は彼の著作のなかでもっとも良く知られたものであり，彼の生涯の間に発行された唯一のものである——によって，資本主義からの歴史的進歩としての社会主義の出現を洞察しようとした。この立場にそって，マルクスは，歴史の教訓によって制約されない想像力を働かせることが実行可能な社会主義的計画を呼び起こすかもしれない，というアプローチを否定した。マルクスはまた，資本主義体制の特定の分野に意識的な計画化の要素を徐々に導入することによって，市場経済を新しい方向に向けられるかもしれないという考えも退けた。市場システムの最高の属性を合理的に選択することなどできないであろう。(これもまた経済改革に対する設計主義的合理主義のアプローチを退けたハイエクの立場に近いものである。) このため，干渉主義(小規模な組織に対する中央統制が，不労所得を排除するために，企業家の仕事にまで及ぶ) と労働組合主義(民主主義的な企業組合によって各工場や産業を労働者が統制すること) はともに否定された。干渉主義も労働組合主義も，活動を調整するメカニズム，あるいはそのそれぞれのシステムが自らを再生できるということを保証するメカニズムを示せなかったのである。

　マルクスは，価格メカニズム制度の皮肉な結果として資本主義の自己崩壊を心に描いた。価格は生産決定の手引きとして役立つとともに，売手と買手の敵対関係の反映でもある，という対をなす力であった。有利な機会が多くの異なる生産者によって知覚されるとき，その結果は，そうでなければ生産されたかもしれない他の生産物の不足と並んで，ある生産物の系統的な過剰生産であろう。計画的な将来への配慮を欠いているために，市場価格システムは資源を浪費した。市場が存在したところでは，計画されない取引が行われたため，資源が情報の探索と提供に向けられる必要があった。資本主義下では，個々人は統制できないある異質の社会的権力——彼らが特化によって陥るあの相互依存性——に徐々に従属させられていった。資本主義下では，生産が常により集中化することによって，より少数の意志が増大する権力を行使できた。とはいえ，

単一企業内に存在する組織を社会全体にまで拡大することによって，社会主義下の意識的な計画化がこうした市場システムの不完全性に取って代わることができるであろう。こうして，マルクスは市場メカニズムの一部たりとも保存されない社会主義の自然な出現を心に描いた。マルクス的社会主義はあらゆる市場関係の廃棄と生産者と生産物とのつながりの再契約を思い描いたのである。

業務組織のなかで可能な効率性が市場に代わるよりすぐれたものを提供する，多くの状況が存在することは明らかである。これは企業として知られている組織の存在そのものによってもっとも簡単に例証される。業務組織は分散された局所的な知識の発見と利用のための，市場に代わるある明確な枠組みを提供する。決定的な問題はその実行可能度に関係する。マルクスは歴史的なプロセスとして，単一企業に存在する組織が拡大される程度に限界はないと考えた。だが，組織が経済全体という極限にまで拡大されるにつれ，権力は必然的に共通意志によって行使されなければならない。その点で，労働者階級のためになされる国家による収奪が単純な問題となる。また，この新しい「集産主義」の内部では，各人は自分自身の生産の等価物を保有することが可能である。

ここに，組織の成長に対する実際の限界に関して決定的な問題がある。それを超えると，組織の優位（市場取引費用の排除による）は（企業家精神の潜在的利益を解放する）競争的市場力の規律から生じる優位によって凌駕される。市場の制度と組織的な制度との境界ははっきりしておらず，またそれ自体，企業家的創意に左右される（Loasby, 1989, p. 188 参照）。組織の有効性に対する理論的根拠はオーストリア学派によって認められてきたけれども，組織の優位がその限界より重要であるような状況の性質のほうが，より大きな注目を受けてきたかもしれない，ということも本当である。その代わりに，市場システムに対する制度の関連性に重点が置かれてきた。組織の経済的効率性は相対的に小規模な活動では，市場プロセスのそれよりも高くなる，というのがオーストリアンの仮説である。確かに，その活動規模は経済システム全体の水準よりもはるかに小さい。

ハイエクが指摘した組織内の特別な困難の一つは，専門家の助言の影響力という点である。これは，専門家による一連の連続的な決定を通して一定の問題を処理することが必要であるとき，特定の政策項目に起こりそうな過度の発展に関係する。例えば，ある専門家は多数の医療手続きの必要性を唱えるかもしれない。それに従って，別の専門家はそれらの目的に応じるために必要な行政機構について決定するかもしれない。それに応じて，第三の専門家は必要とされる法律を起草するための要件を説明するかもしれない。この点で，「自分は全体を見渡す立場にあると感じる」人は誰もいないかもしれない。またしたがって，その最終結果は，

> 実際上，調整や相互に調節された決定の結果ではなく，一つの決定が次の決定を不可避とするような，加法の産物である。……結果として生まれる方策は，各段階で，ある特定の機関が提案してきたものを自分の決定の基礎として自由に受け入れたり，受け入れなかったりすることのできる，そうした種類の分業には依存していない。そこから出てくる，代替案のない単一の計画は，このプロセスの内在的必要によって決定されるもので，任意の一知性による全体の理解とはほとんど何らの関係ももっていない（Hayek, 1960, p. 511, fn 10）。

3．資本主義と経済計算

マルクスに対する有力な反論は，1920年に生み出された論文——「社会主義社会における経済計算」——の形で，ルートヴィッヒ・フォン・ミーゼスによってなされた。そのなかで，彼は社会主義下における合理的な資源配分の可能性を論駁しようとした。計算論争の初期の焦点であるこの問題は次節で検討される。だが，この検討に先立って，労働価値説の妥当性に異議を唱えた発展の簡単な**レジュメ**を作ることが必要である。この異議はメンガー，ジェヴォンズ，およびワルラスの研究，さらには1870年代の限界革命を通して開始されていた。新しいアプローチでは，労働は個人に対して主観的価値をもつ品目を創造する潜在力という意味において，その効用からその価値を引き出した。個人的選択

に優位性が与えられるので，この価値は知覚によって定義されることとなった。価値は知覚された過去の機会という点からの価格評価によって主観的に決定される。

当初から，経済学に対するこの主観的アプローチはオーストリア学派（その起源はメンガーの研究にある）によって一貫して採用されてきたが，他のところでは，もっともらしい客観性が導入され，強い影響力をもったのである。このために，現代ミクロ経済学は新古典派によって支配されるようになってしまった。新古典派が親類関係にあるオーストリアンと区別されるのは，客観的に与えられた（これと逆なのが，主観的に知覚された）条件と静態的な（これと逆なのが動態的な）問題という対をなす二つに焦点を合わせたことである。現代ミクロ経済学は，経済的効率性の最適条件が一定の知識，すなわち所与の資源と競争目的，という面から確認される，分析的アプローチによって支配されている。それがひとたび達成されると，もはやそれに続く決定は必要とされない。それ以上思案することは何もない。状況は静態的である。それは波乱のない世界である。なぜなら，企業家精神は有利な利得のあらゆる機会を使い果したと想定されているからである。

価格に反映される機会費用，予算制約に精確に結びつけられる明確に定義された選好関数，既知の技術，与えられた一組の相互に矛盾のない要素価格，そしてあらゆる実行可能な選択肢が普遍的に知られていること，といった現代の仮定は，経済的効率性という観念を伝える構成物を用意するのに有用であることがわかった。これが非現実的なシナリオであると指摘することは妥当な批判ではない。まさにその有用性は現実との対照に見られるからである。しかしながら，もしこうした項目のすべてが客観的に知ることのできるものである，ということをそれが示唆しているとしたら，それは重大な誤解を招く可能性がある。

新古典派経済学に対するオーストリアンの基本的な不満は，その均衡概念が経済

問題，すなわち，さまざまな可能性を発見—あるいは発明—し，それらを効果的に利用する問題である経済問題，の解をすでに仮定している，ということである (Loasby, 1989, p. 156)。

　行為の目的は状況を改善させることにあるので，すべての行為は企業家的である。新古典派の世界では，この活力に満ちた要素が欠けている。新古典派の形式手続きは経済問題の純粋に論理的な特徴をはっきりとさせることができるけれども，それは何の解も与えない。なぜなら，これらの解は消費や生産についての与えられた知識に依存しているからである。この知識は，計画が計画に対して立てられるように，参加者たちの主観的な知覚が相互に張り合う競争的プロセスによってのみ，生み出されるものなのである。

　経済的選択の三つの側面が新古典派とオーストリアンのアプローチの本質的な違いを明らかにする (Lavoie, 1985a, pp. 104 - 6 参照)。最適化——純粋な選択論理——は第一の側面である。これは新古典派経済学の唯一の焦点である。その結果，他の二つの側面，すなわち「将来性」と「機敏さ」という活力に満ちた要素を無視したのである。これらの要素がなければ，利潤は探求される必要がない。それは単に最大化されるだけである。これは重大な誤解を招く。なぜなら，新古典派のアプローチですべての企業に知られていると仮定される価値に近づけるのは，競争の結果として生き残る企業だけだからである。生産物間の正確な代替関係がすでに確立されている新古典派体系とは対照的に，オーストリア学派の焦点はこうした関係が獲得されそうなプロセスにある。その状況は動態的であり，したがって，行為は発見のプロセスであるとともに，将来の動向を変える慎重な意図でもある。行為は知覚された起こりうる代替的な行為方針に対抗してなされる。行為方針は**変化の予想**と潜在的可能性に対する**機敏さの度合い**によって決意される。経済的選択のこうした第二と第三の側面を含んでいるのが企業家的機能である。

4. マルクスに対するミーゼスの反撃

1920年の有名な論文で，ミーゼスは社会主義下での合理的な資源配分の可能性を論駁しようとした。マルクスもミーゼスもともに次のことを認めた。すなわち，貨幣は完全な調整，つまり生産が正確な量でなされ特定の行く先きをもっている，仮説的な摩擦のない経済の完全な調整，を妨げるということである。マルクスとオーストリア学派の動態的なアプローチの強さがもっともはっきりと表れているのは貨幣理論である。貨幣の使用は，販売量が多くの場合に予測できないような市場に対する，中間財の生産を促進する。マルクスは貨幣なしで済ます解を考えたが，ミーゼスはすでに試みられていた社会主義プログラムの失敗を説明しようとする別の理論的枠組みを用意した。ミーゼスは貨幣価格の必要，また特に，貨幣価格が企業家間の競争的闘争からどうやって生まれてくるかを強調した。きわめて単純な経済的自給自足体制（ロビンソン・クルーソー）の下でのみ，貨幣なしで済ませることができるであろう。だが，その場合でも，消費の必要に応じる正確な生産構成を的確に判断することが可能であろう。これは直接的生産方法の使用によって，すなわち生産される生産手段（機械，道具，乗り物，等々）と賃金基金がいずれも事実上存在しないということによって，助長されるであろう。だが，この両者は拡大された（あるいは迂回的な）資本主義的方法を支えるために必要なものである（迂回的方法の利用は第7章の主題である）。

ミーゼスは，次のことを強く主張した。すなわち，マルクスは中央集権的計画当局が生産者間の関係のとてつもない複雑さをどうやったら掌握できるのかを決して説明しなかった，ということである。ロビンソン・クルーソーに直面する限定された決定と，高度な資本利用経済における計画化委員会によってなされなければならない決定との間に，単純な類似点はなかった。後者の経済では，生産決定は消費の必要によってではなく，利潤と損失の計算によって導かれるのである。拡大された，また時間を消費する（迂回的な）生産方法の採用

には，市場価格という常に変化するシグナルによって導かれる局所的な決定が必要である。さらに，資本集約度に合わせて調整していくあらゆる企業家的決定は，必然的に利子率水準に影響を与え，それがまた相対要素価格を変化させるのである。こうしたメカニズムによって，時間が計算に組み込まれるようになる。それにより，消費，貯蓄，および投資の計画が，複雑な生産構造のあらゆる部分を理解する必要なしに，調整されるのである。

　マルクスは常により集中化された生産単位を生み出す固有の傾向，そしてそれが究極的には一中央計画によるあらゆる生産の調整につながるような傾向，を資本主義に見たけれども，技術的に進歩した生産計画化のための決定的な前提条件を見落としていた。それは市場でなされる生産要素や資源の競争的な入札によって与えられる指針である。単一企業が過度に集中化されるようになると，その統制下にある生産要素や資源の価値を決定することができなくなり，より集中度の低い競争者に負けてしまう。このために，資本主義に対するマルクスの予言は損なわれてしまったのである。実際上，そうした究極的な集中度への傾向は存在しない。もっとも進歩した段階でさえ，資本主義は市場価格――企業家的競争の結果――に依存し続けるであろう。市場価格は合理的な資源利用をもっとも生み出しそうな意思決定の達成を可能にする指示を与えてくれるのである。

　人間行為は将来の事態の改善に向けられるので，不確実性という要因があらゆる決定に関係してくる。その不確実性を増大させるというよりもむしろ，市場価格システムは経済生活の動態的な性質に付随して発生する最小限度にまで，不確実性を低下させる。ミーゼスは資本主義下での経済計算に役立つ上で，市場価格を使用する四つの利点を挙げた。

(1) 市場価格は全取引参加者の行為の結果として生まれる。（消費者の意思決定によって割り当てられる）使用価値の直接的評価を試みるシステムは，交換価値の関係によって与えられる情報を無視しなければならない。

(2) 市場価格によって導かれる場合，独立の生産決定は市場内のあらゆる影響に注意を払う。交換価値に対する影響力によって，消費者の選好は資本構造に，すなわちどの程度まで（迂回性が）拡大されるかということに，影響するのである。

(3) ある特定の決定が有益であるかどうかを明らかにすることで，会計慣行の利用は資源をもっとも価値ある用途に向ける。

(4) 複雑な選択は貨幣価格という共通の要素によって容易にされる比較によって単純化される。

競争的市場における費用と価格の計算は，無数の**仮説的**方程式の解に対する**実際**の近道である。企業家間の競争的ライバル関係のプロセスは，集権的かつ包括的な理解を可能にするための人為的な手段によっては複製することのできない，自生的な調整を生み出す。複雑な資本主義的生産方法の完全な潜在能力を獲得するには，ひじょうに洗練された調整が必要である。だが，機会，市場，新しい技法，等々についての知識は，市場ライバル関係，すなわち，統一された計画によって生産を調整しようとするシステムの下では窒息させられてしまう市場ライバル関係，を通してのみ生み出される。非人格的価格システムの調整メカニズムは，個人的行為から生ずるさまざまな含みに関わる必要も，その行為に対する他の人の反応に関わる必要もない，ということを意味する。

経済計算と価格システムは知識分散システムとして機能する。価格調整は市場システムを調和のとれた動態的均衡に向かわせることに絶えず関わっている。そこでは，投機が活力となっている。相互作用を通して，投機的な企業家精神は最適な価格や情報源に関するデータを形成するのである。個人的な誘因は投機的行為に動機だけでなく，活気も与える。完全からは程遠いが，利潤と損失の会計事務（家計であろうと，企業であろうと，あるいは何か他の組織的団体であろうと，その内部での会計事務）からのシグナルは，経済的判断にとって不可欠の手引きである。倫理を主張することも最適性を主張することもない。

市場価格システムは富を生産し分配する効果的な手段を得る最良の取り決めを与えるということではない。より単純に，その主張するところは，市場価格システムが経済問題に対して**唯一**の解を与えるということである。活発にして競争的な競りによって，企業家は貨幣価格を絶えずより相互に調和のとれた形に構成しようとする。また，この調整プロセスは，もし生産手段が共同所有されることになるならば，別のものに取って代わられなければならないであろう。

5. 社会主義と経済計算

逆説的にいえば，古典派的長期分析と新古典派（ワルラス的）一般均衡はともに，結合力を生み出すうえで市場資本主義が有効であるという誇張された観念を与えてしまった。また，これがオスカー・ランゲによって社会主義的反論の構築に利用されたのである。中央計画経済の利益についての有名な再主張――「社会主義の経済理論」という1936年の論文――で，ランゲは，ある理論的な市場経済において利用できるのと同じ情報群が与えられるならば，中央計画化委員会は最適資源配分という同じ理論的結果を複製する政策ルールを案出することができるだろう，ということを証明することができた。

新古典派経済の抽象的な世界では，完全競争下で理論的均衡を達成するために必要な条件は消費者による効用最大化，生産者による利潤最大化，および市場における企業の参入と退出の自由である。理論的な社会主義計画化委員会はこの理論的な市場経済のシステムを複製することができる。なぜなら，経済関係の静態的な決定論的構造のなかでは，社会主義計画化と市場資本主義との間には形式的な類似点が見られるからである。しかしながら，実際上，これら二つのシステムは正反対のものである。

消費者による効用最大化は明らかに中央生産計画化の実施によって影響されることはない。生産に関して，ランゲは，二つの行動ルールが現地の工場長によって遵守される場合に，社会主義下の理論的均衡がどのようにして達成されうるか，ということを証明することができた。第一に，平均費用を最小化する

という指令は，単位要素費用に対する限界生産物の比率の均等化（全生産要素にわたって）を確保する。これは最適な要素の組合せを生み出す。第二の指令——限界費用価格設定を産出物単位に適用する——は理論的な完全競争下の最適な産出量規模を複製する。この同じ指令が各産業レベルで遵守されるとき，自由な参入・退出の影響もシミュレートされる。複製を完成させるために残っていることはただ，工場長が工場の原価計算の基礎として使われる価格，すなわち生産要素に対する一組の計画化委員会価格，を受け入れることである。

　理論上のワルラス的競売は，想像上の競売人によって運営される簡単な価格調整プロセスを通して，財貨・サービスの需給均衡を達成する。競売が行われるとき，あらゆる市場が清算される一群の価格が確立されるときまで，あらゆる取引は停止される。もし資本主義の均衡化プロセスがワルラス的競売人に頼ることによって説明できるならば，計画化委員会が同じ一群の均衡価格に到達できないという理由は見当たらないであろう。より適切にいえば，計画化委員会（あるいは実際にワルラス的競売人）がどうやってその一群の正しい価格を査定するかは，これまで決して満足のいく形では説明されなかった。明らかに，計画化委員会は市場清算価格（であると希望するもの）を設定する前に証拠を検討する時間を必要とするであろう。委員会は**試行錯誤**が行われている間にワルラス的な停止活動の選択をすることはできないので，生産と取引は不均衡価格で行われなければならない。

　したがって，委員会の直面する状況は市場資本主義のそれと同じである。違いは，資本主義の場合，不均衡価格での取引は利潤と損失に対する企業家的反応によって修正される，という点である。利潤と損失は計画化委員会には利用できないシグナルである。実際の市場では，矛盾のない一群の相対価格の宣言まで取引が待たされることはありえない。取引は間違った（すなわち不均衡）価格で行われる。また，均衡に向かうことを妨げる可能性をもつものとして認識されてきたのはこの特徴である。これに基づいて，（論争の社会主義の側から）主張されたことは，（設計によって）間違ったシグナルによって影響され

ない中央計画からある利益が生まれるであろう，ということである。

短期の決定の範囲と長期の決定の範囲との明確な二分法は，市場社会主義の文献が新古典派経済学から引き出したさらに別の特徴である。ランゲによる生産工場管理の行動ルールは，短期の与えられた技術的枠組みに関係している。長期の予測的考察は特に資本投資の決定に関係しているが，これと関連させて見ると，ある与えられた生産水準に対して唯一の限界費用というのは存在しない。時間が経過し，投資決定が完全に練りあげられるにつれて新しい多くの選択肢が現れてくる。だが，これらの選択肢は，工場長が予測される平均費用を最小化する彼の義務を果たしているのか，それとも予測される限界費用を予測される価格に等しくさせる彼の義務を果たしているのか，ということを計画化委員会が決定できる方法を与えない。

計画化委員会は必要な技術的知識に欠けるであろうというランゲの信念は，彼をして部分的に分権化された計画化システムを提案させることになった。「このモデルにおいては，消費財の価格と賃金は市場によって決定されるが，要素価格は中央計画化委員会によって決定される」(Lavoie, 1985a, p. 121)。しかしながら，その体制へのあらゆる参加者がプライス・テイカーであるためには，これらの「市場」価格は，「さまざまな生産物の在庫水準を観察しながら，もし在庫が使い尽くされつつあるならば，価格を引き上げ，もし在庫が蓄積されつつあるならば，価格を引き下げるようにして」(Lavoie, 1985a, p. 182)，計画化委員会によって設定されるべきである。市場における需給の不一致の経験的観察から，計画化委員会が適切な一群の価格調節をはかる，ということが提案された。その後，嗜好に関するあらゆる特殊な分散化された知識，地域的な資源の利用可能性，および技術的なパラメーターが工場長，すなわち最適な産出量に対する生産要素の最小費用の組合せを（計画化委員会の価格を与えられたものとすれば）引き出すことのできる工場長に知らされる，ということが想定された。

価格設定のあらゆる形式的な取り決めの他に，ランゲが主張したのは，市場

システムに固有の不確実性を除去することで，中央計画経済は資本主義の無政府的な諸力に対して追加的な優位を享受するであろう，ということである。さらに，資本主義下の企業倒産が倒産の連鎖反応をひき起こすのに，社会主義はその誤りを局所的に食い止めることができる，というのがランゲの主張であった。この主張に暗黙的に含まれているのは，計画化委員会は一つひとつの誤りとすべての誤りに潜在的に続いて起こりうる複雑な連鎖についての知識をもっている，という仮定である。だが，競争する生産者の計画の将来への含みや影響をその実行前に明らかにし，それらの仮説的な出来事の相対的な価値を比較検討することは実行可能な目標ではない。戦場においてと同様に事業においては，ライバルによる情報のもっとも正直にして完全な開示でさえ，戦いの結果についての確かな予測を得るには十分でないだろう。いずれにせよ，もしそのような全知全能が計画化委員会に備わっているとすれば，地域の工場レベルに意思決定の権限を委譲する理論的根拠や必要は存在しないであろう。だが，こうした明白な実際上の欠陥があるにもかかわらず，ランゲの成果はひじょうに広範な注目を集め，オーストリア学派によってそれらの成果が論駁されたことは無視されたのである。

　社会主義を資本主義から区別することは経済的選択の問題ではないが，解決策を得る実際的な手段である。生産計画が代替的な投入・産出図式の複雑な全経済的含みに関する中央の評価に基づくべきであるというのは，市場企業家精神に代わる非実用的な選択肢である。だが，中央計画の理想は資源配分の統合された非競争的な管理を示唆している。その場合，要素投入の利用可能性と（利用可能な技術とともに）潜在的産出のさまざまな図式についての関連ある知識を，中央に集中することが必要であろう。また，そうした投入と産出の相対的重要性を比較考量することが必要であろう。価格が調節される諸力を市場競争に生み出させる代わりに，さまざまな財の需給を単一の調和のとれた関係にするような精確な数学的計算が行われるであろう。数学的解はデータの出所へのアクセス，データの修正，およびコンピューターの手続きにおいて不可

能な要求をするであろう。

　中央での価格決定から生じるさらなる一つの困難は，生産者が一回かぎり必要とされる非標準的な生産物を入札するような状況に関係している。この場合，需給の均衡をはかるように価格を決定する計画化委員会の規則を適用する運営手段はない。しかしながら，計画化委員会が操作可能な（だが，意味のない）広い範囲の種類の商品を取り扱う一般的な必要によって，この特殊な問題は実際上覆い隠されるであろう。それ自身で——また緩慢な，厄介にして不適切なプロセスを通して——，この実用的なやり方は不適切な価格差別を一般的にひき起こすであろう。したがって，あらゆる局所的決定は，恣意的にまとめられた異質的な財に対する，存在しない市場を清算するために設定された価格に基づくことになろう。

　社会主義計算論争の大部分は互いに意図を誤解して行われた。それはオーストリアンの（不均衡）経済学と新古典派の（均衡）経済学との間にある方法論的な隔たりを的確に認識し損なったからである。オーストリアンの分析は競争する両立しない計画の**混戦**として経済をとらえ，また多数の計画の調整という（動態的な）規準に依拠して行われるが，新古典派の分析はパレート効率という（静態的な）規準を中心としている。そこで，中央計画の詳細がどのようにして決定されるかという問題は別にして，さらに重要な反論がその理論的根拠それ自体に向けられる。すなわち，取引が間違った価格で行われるときに存在するマージンに暗に示された誘因こそ，市場が均衡に向かって動くプロセスの不可欠な部分である，という対照的な発想がそれである。こうした点で，企業家の機能はきわめて重要である。

　　企業家の行為の結果として，ある特定市場の価格は均衡に近づき，また他の人々は利用可能な機会についてよりよい情報を得る。知識は均衡と対関係にある（Loasby, 1989, p. 160）。

さらに，利用されるかもしれないコンピューターの方法の詳細にひじょうに

多くの注目がそそがれたけれども，オーストリア学派にとっていっそう重要な焦点は関連ある知識という問題である。一般均衡を得るために必要なすべての情報——一群の正しい価格を除いて——が利用可能であると仮定することは，知識の分散と伝達の複雑なプロセスをつまらないものにすることである。そのような知識は工場長の頭に存在しそうにないのと同様に，中央計画化委員会が自由に使えることのできるものでもない。効率的な方法がはっきりとするのは，ある生産者が成功し，他の生産者が失敗するときである。競売は存在しないが，効率と創意としての発見のプロセスが開かれた競争においてテストされるのである。

（現実の時間において）経済は決して均衡状態にないということを認識できなかったことが，ランゲをして選択の重要な不均衡という側面，すなわち変化の予想と潜在的可能性に対する機敏さ，を無視させたのである。意思決定を一群の**既知の**価格に基づかせることの本質的な欠陥は，その決定が**不確実な**価格に直面した企業家の意思決定とは何の関係もない，という点にある。共同所有の下で異なる部門の間の取引を認める準競争的組織は，独立の所有者による競争入札を複製することができない。例を挙げると，計画化委員会は予期される最高の収益を約束する事業に資本を配分する手段をもっていない。なぜなら，委員会はこれらの収益を知ることができないからである。また，可能な報酬を要求する権利をもたないと同時に，固有のリスクを負うことも期待できない工場長による競争入札を支持する根拠はまったくない。

ひとたび，市場は均衡価格で取引してこなかったかもしれないということが認められるならば，計画化委員会は需給の不均衡がどうやって是正されるかを知るすべをもたないであろう。さらに，需給の不足や過剰が実際に現れるまで待つことは再調整の期間の引き延ばしを招くことになろう。現実時間のなかの市場経済においては，成功する（そして生き残りそうな）企業家は，変化を正しく**予測する**ことによって，その調整を前もってうまくやるような企業家である。配分的プロセスにとってきわめて重要である情報を与えること——動態的

な競争的価格構造を生み出すこと——が市場競争の機能である。ワルラス的競売人も計画化委員会もそうした価格を決定するために必要な知識をもっていない。

　予見，すなわち，それによって独立の企業家が利潤をリスクと比較考量するところの予見，の本質的な特性は，究極的には成功する人々の生き残りによって守られる。企業家精神は原因となる力である。それによって，価格は持続的な調整プロセスの一部として引き上げられたり引き下げられたりするのである。現実世界が新古典派の完全競争モデル（そこでは，すべての生産者がプライス・テイカーである）と異なるということは，資本主義批判ではないが，価格が変化するメカニズムを組み込むことができなかったということで，新古典派モデル批判である。生産者はプライス・テイカーであるという考えをランゲが借用するだろうということは，オーストリアンの見解では，彼の提案の実行不可能性を例証している。

　中央計画化は，市場経済の企業家的均衡プロセスに代わるものではない。市場システムから社会主義システムへのきわめて秩序だった移行でさえ，関連ある情報に関する遺産を何ら残さないであろう。消費に関しては，共同所有権の導入に続く富の再分配が相対価格比率を攪乱させるであろう。これは，その後の中央によるあらゆる主導とあいまって，ほぼ連続的な再調整プロセスを準備させることになろう。生産に関しては，工場長が実行可能な生産要素の組合せの詳細を伝えることができるという仮定は，すでに試みられた工程についてはあてはまるが，革新的なプロジェクトはさらに手におえそうもない問題を提起するであろう。もしそうした革新が（ありそうなことだが）部分的な修正を必要とするたびに，修正を行おうとしても，現地の工場長に資源が供給されないならば，純粋に技術的な面に関する創意でさえ死産に終わりそうである。

6．制　度

　市場社会主義経済（この用語はランゲの部分的に分権化された計画化を表現

するために使われた）によって採られたさまざまなアプローチに共通しているのは、制度的枠組み、財産権の性質、および知識を利用する手立て、といった実践的な問題に焦点をあてることを拒絶している点である。問題とされるのは社会的計画化の可能性ではなく、成功する社会的計画化の可能性である。社会主義は可能か。社会的計画化をはかる目的を達成することは可能か。多くの重要な面において、社会的計画化批判は第3章で検討された社会的正義概念に浴びせられた批判に類似している。さらなる社会主義反対論は、市場の諸制度を中央統制で置き換えることは生活水準を低下させるだろうということ、すなわち、価格メカニズムの廃止は不可避的に経済の沈滞を招くであろうということである。

誰の選好が生産集合を決定すべきであるのか、また、それはどのようにしてなされるのか。もし個別消費者の選好が重視されるべきであるならば、ひとたび購買力の分配が決定されたなら、個人は消費財市場で自由に値をつけることを許されるかもしれない。計画化委員会は最終財に自由市場を作用させることによって、消費者の評価を発見するかもしれないけれども、委員会は生産要素の生産者評価を見積もることも必要であろう。そのために、計画化委員会は生産者に生産要素について自由に値をつけさせることを決意するかもしれない。実践的な手段が必要であったし、また市場価格に代わるはっきりとしたものがないということによって、多くの社会主義者たちは、競争によって与えられる配分上の利益を維持したほうが良いかもしれない、という考え方に同調した。しかしながら、依然として、国家は生産手段の所有を保持すべきである、という最小限の必要が一般的に主張されていた。

これは別の重要な問題に注意を向けさせる。もし国家所有が私的所有に取って代わることができるならば、私有財産制度に何か特別な理論的根拠はあるのか。もし経済的選択が純粋な最適化に還元できるなら、私的所有者の選択と公務員の選択との違いは消滅するであろう。だが、これは「将来性」と「機敏さ」という要因を無視することであろう。すなわち、現在の決定が将来を形づ

第 5 章　社会主義計算論争　**123**

くるということ，そして，もし可能性に対して機敏である人々に動機を与える誘因が存在するならば，利用されるべき機会が存在するということである。そこで，もし計画化委員会が資本財に対する責任を保持すべきであるとするなら，現地の工場長の実績はどうやって監視されるのだろうか。もし彼らに責任がないなら，共同所有権に実体はほとんどないであろう。もし彼らのあらゆる行動がルールによって規定されるなら，それは完全に中央集権化された経済への事実上の復帰であろう。その場合，計画化委員会はどんな規準によって社会の資本を個々の工場長に委託することができるのか。せいぜい，そのシステムは，

　　疑似競争システムであろう。そこでは，実際の責任者は企業家ではなく，この企業家の決定を承認する役人であるだろう。また，その結果として，創意の自由と責任の評価とに関連して，官僚制度と通常結び付けられるあらゆる困難が起こるだろう（Hayek, 1949, p. 203）。

こうしたことから，ハイエクは，私的所有制度のないところで，競争が配分的機能を果たすかもしれないという可能性を，「まったくの幻想」（Hayek, 1949, p. 203）として捨て去った。動態的経済に関連した価格システムは単に集産主義の否定である。ハイエクによれば，分権化された市場経済と社会主義中央集権計画化システムとの境界は一つの規準によって定義される。すなわち，社会主義計画化の下では，中央当局が中央と市場企業家精神との間で主導権の割り当てを決定する（Hayek, 1949, p.134 参照）。これより少しでも後退すると，市場経済への国家干渉の状況に復帰する。それは社会主義ではないが，そのような干渉主義は本来的に間違っている。なぜなら，価格の天井や底を管理しようとするあらゆる試みは，必然的に不足や過剰生産を招くことになるからである。

　この種の国家干渉主義は，国家が有効な競争のための法的枠組みを改善するために導入するかもしれない方策と混同されるべきでない。市場資本主義はルールを必要とするが，それらは特定の目的を何ら目指さないルールである。こ

れはきわめて重要な区別である。ルールが必要であるのは，競争的なライバル関係にある人々が自分たちの活動基盤を理解するためである。そのような環境は参加者に自分たちの成功を弁明したり，自分たちの失敗に腹を立てたりする理由を与えない。この種の法的枠組みは市場経済が機能する上で不可欠である。権利——財産権——の定義は，ライバルを犠牲にして利益を得る試みにおいて合法的である権利を指し示す。このようなルールは社会主義経済で設定されるルールとはまったく異なる。社会主義経済の場合，ルールの目的は個人的な創意を指令，すなわち経済をあらかじめ定められた目標に向かわせるための指令，に置き換えることである。

　法的な私的所有制度に取って代わる責任にいかなる焦点もあてない理由は，自分たちの定められた領域の内部に留まりたいという経済学者たちの願望によって説明されるかもしれない。すなわち，社会主義経済学者は最適資源配分のための諸原理を解説しただけである。再び，新古典派のアプローチと同様に，市場社会主義経済学者たちは経済問題のあらゆる政治的，法的，社会学的，および心理学的な側面を無視してきたのである。したがって，動機づけの問題は，自己動機づけがないので，扱われてこなかった。そのため，望ましい結果を得るために必要であるような明示的なルールを十分詳細に表現することができるか，そして，工場長はそのようなルールを実施するために必要であるような知識を常に保有することができるか，という重大な疑問が起こるだけでなく，また，さらに工場長はそうしたルールに従う誘因をもっているのか，という疑問が生じる。

　全知の社会主義計画化委員会の審議と新古典派一般均衡経済の作用との間に存在する同等性は，後者の抽象的な非歴史的背景を反映している。これは重大な誤解を招くものである。制度は時間を通じた人間の相互作用を通して進化する。したがって，制度は任意の一個人によって獲得されうるものよりも多くの知識を具現したものとなる。社会生活が可能となるのは慣習，すなわち，個人が新しい行動計画を考え出す際に安全な基盤を与えてくれる慣習，を受け入れ

ることによってのみである。制度は，特定の環境についての信頼できる知識がない場合に，合理的な選択がなされることを可能にする。また，「制度は合理性の限界を超えたところで，賢明に行動するわれわれの手助けをしてくれる」(Loasby, 1989, p. 165) ので，既存の社会制度の合理的評価の可能性は存在しえない。

たとえ，「基本的な価値法則」は社会制度と無関係である，ということがオーストリアンのパラダイムの特徴であるとしても，（組織的な種類の経済であれ自生的な種類の経済であれ）経済における社会制度の役割がはっきりと認識されていることは事実である。貨幣制度とともに，自生的に出現してきたようなその他の制度——とりわけ法や会計手続き——は，経済的選択の調整に決定的に関連している。進化し生き残ってきた社会制度は，単にそれらの制度を利用する人々にとって適切であったがために，生き残ってきたのである。

7. 自由と経済システム

1944年に出版された『隷従への道』は，ハイエクの多くの著作のなかでもっとも広く知られたものである。[3] その中心的な議論の概要は5年前に（先の見出しを表題とする短いパンフレットで）社会主義計算論争の続きとしてまとめられている。高い経済効率水準を達成する可能性を根拠に，社会主義の主張は論駁された。経済システムとして，社会主義は欠陥をもっていた。分散された，関連のない知識を効率的に利用し，企業家的発見のプロセスを駆り立てるためには価格メカニズムが必要であった。さらに，新しい技術は大規模な独占的経営の創出に向かう傾向を与えないという証拠があげられた。いくつかの生産物は強制的に規格化したほうがはるかに生産量を増やせるかもしれないけれども，その即時的なはかない利益の犠牲は，より大きな経済進歩の利益を保証した。なぜなら，将来の発展は規格化された一源泉に限定されないからである。次いで，ハイエクは分権化された自由主義市場経済の擁護論を支持するために，倫理的な考察に取り組むことになった。技術的専門家は計画化にもっとも熱狂し

そうであった。なぜなら，多くの技術的目標が（それらが唯一の目標とされるとき）実現できるからであり，また，専門家は自分たちの能力，すなわち計画化の指導者に自分たちの特殊な目標の価値を納得させる能力，を確信しているからである。

> 偏った好みや興味において，われわれはみな多少とも専門家である。そして，われわれはみな，われわれ自身の価値観は単に個人的なものではなく，合理的な人々の間の自由な討論によって，われわれの価値観が正しいということを他の人々にも納得させられるだろう，と考えているのである（Hayek, 1944, p. 40）。

したがって，計画化によって期待される利益は，包括的に社会を見ることからは出てこない。その代わりに，それらの利益はきわめて制限された見方を表現している。「気高いひたむきな理想主義者が狂信者に」（Hayek, 1944, pp. 40-1）なるには短い危険な一歩を踏み出せばよい。

「個人主義哲学全体の基礎にある基本的な事実」は次の点にある。すなわち，「われわれの想像力の限界は，われわれの価値尺度に社会全体のニーズの一部分以上を含めることを不可能にする」（Hayek, 1944, p. 44）ということである。したがって，共同行為は，個人が軍事的戦略の場合のように，共通の目的について合意できる分野に制限されるべきである。他の分野では，中央統制は多数派の合意に基づくことができない。それは最大の少数派に頼ることができるだけである。

20世紀前半に生み出された「混乱事態」を回顧しながら，ハイエクは過去の教訓が変化に憧れる世代から失われることを恐れた。第二次世界大戦後の「新秩序」を求める叫びは同じ事態をさらに大きな形でひき起こしそうであった，というのは皮肉である。西側民主主義とナチズムの行きすぎた行為との大きな隔たりは安心感を与えるものであった，というのは人を欺くものである。差し迫ったことではなかったが，第一次世界大戦後のドイツの経験を「繰り返す危険」は実際にあった。こうしたことから，ハイエクは「著作活動のための時間

を依然としてもっている人」の機会を利用して，ドイツで作用してきた勢力がアメリカやイギリスで力を得てきたことを警告するために，率直な政治的パンフレットを出版したのである。

　ドイツ，イタリア，およびソ連における全体主義体制の出現は，西側民主主義も感染しやすかった発展の一特徴であった。これらは，個人の認識をその本質的な特徴とする，ルネッサンス以降の西側文明の進歩に役立った思想からは，離れた運動の頂点にあった。個人の認識とは「すなわち，彼自身の考え方や嗜好を彼自身の領域では至高のものとして認めることであり，……それはまた，人々は彼ら自身の個人的な天賦の才を発展させることが望ましいという信念でもある」(Hayek, 1944, p.11)。この倫理がますます実際の出来事を支配するようになるにつれ，こうした新しい政治的自由は「経済活動の複雑な秩序を生み出すことができる」と理解されるようになった。しかしながら，20世紀になると，このかつて普遍的であった「寛容さ」は全体主義政治の犠牲となった。19世紀自由主義の原理からのこの滑落は，イギリスでは1931年までほとんど認識できなかった。この年，「この国はついに軽率な暴挙を犯し，1931年から1939年にかけての短いが恥ずべき期間に，その経済体制をまったく別のものへと変えてしまったのである」(Hayek, 1944, p. 9 fn)。1920年代と1930年代の深刻な経済の沈滞は多くの弱気を生み出した。経済学では，構成の確かな理論が社会的正義への偽りの訴えに応じて捨て去られてしまった。他方，政治では，「以前はイギリス政治の共通の基礎であった自由主義に，共通して反対する右派と左派の経済観の間に，類似性が高まってきた」(Hayek, 1944, p.135)。全体主義を生み出す思想が急速に広がっていった。抽象的な一般原理に基づき，その最高裁判所として個人の良心に頼る伝統的な道徳は，ご都合主義に敗れていったのである。

　ドイツで働いた勢力から生まれ，ハイエクが繰り返されることを恐れた発展の跡をたどると，ある特殊な現象に突き当たる。それは「独占的な産業組織」を共同して支持する組織された資本と労働が推進する単一の指令であった。そ

のような勢力集団の持続的な成長とともに，必然的に国家の重要性と影響力は絶えず増大することになる。この発展の究極には，全体主義的独裁があり，そこでは社会主義者とファシストの区別はなくなる。「これらの両者にとって本当の敵は，彼らと共通するものがまったくなく，したがって，説得できる可能性がまったくない人，すなわち古いタイプの自由主義者である」(Hayek, 1944, p. 22)。

ハイエクは次の場合に設計主義的合理主義の一般的な復活を認めた。すなわち，社会主義が，富の物質的な増加という形，および「選択の範囲」と富の分配における個人間の平等という形の両方で，経済的自由を約束する場合がそれである。何世紀にもわたって獲得されてきた政治的自由――強制からの，すなわち人間の恣意的な権力からの――は経済的自由，すなわち選択を制限する手段不足からの自由，がなければ価値がないと考えられた。そのため，自由の意味が再解釈された。

　計画立案者がわれわれに約束するいわゆる経済的自由は，自分自身の経済問題を解決する必要からわれわれを解放し，こうした問題に関わる厄介な選択を他の人が代わってしてくれる，ということを意味している (Hayek, 1944, p. 69)。

自由主義はますます，緩慢な進化的進歩に依拠する消極的な信条として描かれるようになった。そのペースは速められるかもしれない。そのためには，また経済的弊害の解決を約束するためには，自由社会の自生的な諸力が社会政策の意識的な実施に取って代わられる，ということが必要であった。

わかる人には，権力の集産主義化――社会主義下で不可避である――が民主主義体制にとって有害であることは明白である。利益は一律でなければならないということは，全体主義体制の押しつけにとって前提条件であるが，これは小集団のなかでのみ実行可能である。個人は共通目的のために働くかぎりにおいてのみ尊重されるので，集団はその目的が統一されているかぎり，拡大することができ，しかも集団の結合力は部外者に対する優越感によって強化される。

集産主義哲学の本質的な矛盾は次の点にある。すなわち，**国際**社会主義は依然として理論的なものであり，いざ実施された場合，社会主義はひどく国家主義的になる，ということである。「集産主義は，自由主義の広い博愛主義ではなく，全体主義者の狭い自己中心主義だけしか受け入れることができない」(Hayek, 1944, p. 105)。

慈善は中央計画経済の特性ではないからといって，何ら驚くべきことではないだろう。早晩，計画立案者はその計画を放棄するか，独裁権力をほしいままにするかの選択に直面する。後者は無節操な人によってごく容易に採用される選択である。ドイツとイタリアの両方で，ファシストたちは命令することに対する社会主義者たちの嫌悪感をいつでも治療することができた。ハイエクは「構成員同士かなり同質的な考えをもつ強力な集団は，社会の最良の人々ではなく，むしろ最悪の人々によって形成される傾向がある」(Hayek, 1944, p. 102)三つの理由を挙げている。

(1) 教育水準が高くなればなるほど，それだけ人々の考え方の多様性は大きくなる。
(2) 従順でだまされやすい人々はレトリックによってごく簡単に左右される。
(3) 部外者に対する憎悪という否定的な政治綱領のほうが合意を得やすい。

全体主義が市場システムを破壊するプロセスは，その初期段階では，独立した独占企業の手で統制される協同組合主義的な産業組織を示す。これは「人々が競争に対する共通の敵対心で団結し，他の点ではほとんど意見が一致しないという状況における，最初の不可避的な結果である」(Hayek, 1944, p. 30) が，ひとたび消費者が資本家と労働者の独占のなすがままになると，統制は国家によって行われ，しかも，それは徐々に完全にして細部に至るまで行われることが必要であるとされるようになる。

分業が拡大しているところでは，(ほぼあらゆる) 経済活動は社会的プロセ

スの一部である。こうした状況下では，経済計画化は結果として（ほぼ全体的な）社会統制を意味するに違いない。国家が生産手段を接収するとき，それは権力の移転よりもはるかに大きな意味をもつ。むしろ，以前にはなかった新しい権力が創出される。権力が分散するとき，誰も特定個人の所得や地位を決定することができないので，貧しい子どもは裕福な両親をもつ子どもに比べて大きな富を獲得しそうにないけれども，競争システムだけがその結果を，力のある人の後ろ盾よりも彼自身の努力に委ねるのである。

　それに苦しむ人々にとっては正義に反するように思われる不平等，不当と思われる各種の妨害，そして罪もない人々を襲う不幸の到来，といったものが常に存在するだろう。だが，意識的に管理される社会でこうしたことが起こるとき，人々の反応の仕方は，それらが誰の意識的な選択でもないときの反応の仕方とは，まったく異なるだろう (Hayek, 1944, p. 79)。

その点で，民主主義は市民の平和と個人的自由の両方を守る装置であるが，もしそれが一定のルールによって手引きされないなら，それは専制権力となることがある。

独裁が自由を破壊することは必然的ではない。実際，独裁が民主主義よりも大きな文化的・精神的自由を与えることは可能である。問題は独裁が計画化をもたらすのではないということである。むしろ，計画化が独裁をひき起こすのである。なぜなら，独裁は計画を実行するもっとも効果的な手段だからである。計画化は必要であるという総意から，そして民主主義的な集会では計画に合意できないということから，権力の委任に対する要求が生まれる。すなわち，（恣意的な）意思決定を下す権力が当局に委ねられるということである。ここに隷属関係が生じる。経済的権力は，それがひとたび政治的権力の手段として中央集権化されるならば，「奴隷制度とほとんど区別できない」(Hayek, 1944, p. 108) 従属関係を生み出す。

ある利益集合を別の利益集合と比較考量することが計画化の機能であるため，結局，選ばれた集合が支配し，それが人々に押しつけられることになる。対照

的に，法の支配の理論的根拠は，行政がルールによって拘束されるため，個人は国家の限界を知る，ということである。他のあらゆる点で，法の支配によってのみ制約されるが，個人は自分自身の問題を自由に処理することができる。法の支配の結果について国家は無知のままであるべきだ，ということはきわめて重要である。というのは，もし国家がその行為の結果を知っている（あるいは知ることを強く要求する）ならば，法は人々によって利用される手段であることを止め，人々に対して利用される手段となるからである。

法の支配下にある自由主義は完全な**自由放任主義**からは程遠いものであるが，多少の不明確さを受け入れなければならないかもしれない。例えば，国家が度量衡を統制し（そして偽物を定義して），建物や工場の規則を執行するとき，採用された度量衡は知恵のないあさはかなものであるかもしれないが，一般に適用可能であり，特定の個人を害するものでない場合，それらは非自由主義的ではない。実際，一定の個人に対する即時的な効果は知られるかもしれないが，これらが副次的なものであり，長期の効果は予見できないとすれば，自由主義の原理は維持されている。しかしながら，特定の個人集団に対する即時的にして予測可能な効果が重要なものである場合，状況はさほど容易に解決されない。実際，普遍的な効果と特定の効果との間に明確な境界のない多くの困難な事例が生じるかもしれない。

他の問題に関して，判断は明快である。例えば，外国為替管理は「全体主義と自由の抑圧への道における決定的な前進」である。なぜなら，それは公式の認可を受ける人々に外国との契約を制限する手段だからである。ここに，ハイエクが何十年にもわたって，貨幣政策を健全な理論に基づいて導くという実践的な問題にしばしば立ち戻った理由がある。通貨管理は「国家の専制に個人を全面的に引き渡すこと」(Hayek, 1944, p. 69) であった。さらにいっそう広い視野に立って考えた場合，国際関係の分野以上に，自由主義の放棄に対して高い代価が支払われてきた分野はない。おそらく「国際的な問題によって妨げられない，国内投資計画の自主的利子率政策」(Keynes, 1936, p. 349) を求めるケイ

ンズの声を心に留めておいて，ハイエクは「あらゆる国がそれ自身の即時的な利益のために望ましいと考えるすべての手段を自由に採ることができるかぎり，国際的な秩序や平和の継続はほとんど望めない」(Hayek, 1944, p. 163) と警告した。国際関係は，もしそれが「摩擦や羨望の原因」になるべきでないとするならば，国家間というよりも個人間で自由に存在することが認められなければならない。市場経済間の取引関係に広がり続ける保護主義は，依然として社会主義計算論争から引き出される教訓を示している。

第6章　中立的貨幣と貨幣政策

　貨幣経済を貨幣をもった物々交換経済とは別物とみなす考え方は，依然として興味をそそるものである（Desai, 1982, p. 169）。

1．中立的貨幣

　信頼できる貨幣制度は，経済進歩の基盤である分業の拡大にとって欠くことのできないものである。この点でも，また交換を促進する点でも，貨幣は人間を自然や地域市場の狭い範囲に大きく依存する生活から解放する。だが，それによって，個人は他の個人の企業家的成功に，すなわち「われわれが知ったり管理したりできない人的努力」（Hayek, 1989, p. 90）に頼らざるをえなくなる。これは実に「いらだたしい」ことである。価格シグナルは拡大された経済秩序のなかで相互に作用する無数の参加者にとってのコミュニケーション手段である。それによって，過剰生産と過少生産の微妙なバランスが維持されるのである。そうしたシグナルが外部からの影響によって歪められないこと，あるいは貨幣的拡大のインフレ的衝撃によって破壊されないことが必要である。したがって，価格の安定こそ貨幣政策の目標であるという（広く支持された）考えは**間違い**である，という自分の初期の確信にハイエクが依然として忠実であるというのは逆説的であるように思えるに違いない。

　ハイエクは伝統的な貨幣数量説の一般的な内容については受け入れたが，貨幣が一般物価水準への影響を**通して**のみ個別価格に影響を与えるという解釈にはひじょうに批判的であった。彼の反論を最初に定式化したものは1929年にドイツ語で発表された。その英語版は1933年に『貨幣理論と景気循環』として出された。LSEでの4回連続の講義――1931年に『価格と生産』として出版され，1935年に改訂・増補版が出版された――で，ハイエクは「物々交換という仮定の下で純粋理論によって扱われる全分野をもう一度取り扱うこと」であると考

えた「貨幣理論の仕事」(Hayek, 1935, p. 127) の重要性を示そうとした。これらだけでなく、その後の出版物もハイエクの貨幣理論の発展が中立的貨幣という聖杯の探求、すなわち「個人の自発的な意思決定」に対する障害を何ら生みださない貨幣政策体制の探求、であることを示している。

2. 中立的貨幣の概念

中立的貨幣という概念は、最初クヌート・ウィクセルによって使用された言葉であるが[1)]、技術的な精確性は与えられなかった。その後の使用法は、中立性が貨幣政策の指導原理とみなされるに十分柔軟なものであった。これが、「生産に対するあらゆる貨幣的影響を排除するためには貨幣価値を安定化させさえすればよい、という広く行き渡った幻想」(Hayek, 1935, p. 126) の出所であった。ハイエクの解釈によれば、中立的貨幣は、

　一組の条件に関係しており、そうした条件の下で、貨幣経済における諸事象が、……あたかも均衡経済学で考慮される「実物的」要因によってのみ影響されるかのように、生じると**考えられる**であろう (Hayek, 1935, p. 130)。

貨幣的影響を中立化することはたしかに理にかなった目的であるが、考慮すべき本質的な事柄は、貨幣的影響が**相対**価格の構造を混乱させることで与えるかもしれない衝撃である。ハイエクは、貨幣的混乱が相対価格と利子率の変化を誘発することによって、経済の実物部門に影響を与える、ということを強調した。また、彼はこれが生じるメカニズムとして、強制貯蓄に焦点を置いた（こうした側面は第8章で詳細に議論されている）。この分析を発表したとき、ハイエクのLSEでの4回の講義は、「長年にわたって忘れ去られていた古典的貨幣理論のある側面を明らかにしたことで」(Robbins, 1971, p. 127) 大評判となった。そして、トゥク記念経済学教授職へのハイエクの任命が同じ年の終わりに発表された。彼の任命の直後に、最初の（驚くべき激しさをもった）抗議がケンブリッジ大学から出された。ハイエクの研究に対するロンドンの熱狂ぶり

に見合った歓迎がケンブリッジで得られることはなかった。

　LSEでの講義に先立って，ハイエクはマーシャル学会への論文で要約版を提出して聴衆を「完全に当惑させていた」(Kahn, 1984, p. 182)（第8章参照）。概して，ハイエクの到着に対するケンブリッジの経済学者たちの反応は悪かった。「おそらく間違っていたであろうが，ケンブリッジでわれわれは，その意図がケインズ対策として役立つ偶像としてハイエクを祭り上げることにあった，という印象をもっていた」(Kahn, 1984, p. 181)。確かに，ドラマはその後5年にわたって展開された。ケインズはケンブリッジのピエロ・スラッファにハイエクの『価格と生産』を『エコノミック・ジャーナル』紙上で書評するよう依頼した。ほぼ同時に，ライオネル・ロビンズはハイエクにケインズの『貨幣論』二巻を『エコノミカ』紙上で書評するよう頼んだ。1931年8月と1932年2月に出たハイエクの2部構成の書評は，生産過程の構造を無視して貨幣的効果だけに注意を向けている，としてケインズを厳しく批判した。

　　ハイエクの書評の前半部分に対するケインズの回答は，ハイエクの返答と一緒に，『エコノミカ』1931年9月号に掲載された。このやり取りは1931年12月から1932年2月まで，ケインズとハイエクの間に熱のこもった文書の交換をひき起こした。そのうち8通の手紙が残っているが，それには，クリスマスの日の同日に回答を受けとったハイエクのケインズ宛の手紙が含まれている（Dimand, 1988, p. 57)。

　しかしながら，ケンブリッジ側からの応酬が一斉攻撃に出たのは，スラッファの侮辱的な敵意のこもった書評が1932年3月に発表されたときである。ハイエクの回答がスラッファの返答と一緒に6月に出た。その後，ラルフ・ホートリ，A. C. ピグー，およびデニス・ロバートソンを含む他の人々も加わった。そして，1932年から1936年までに，ハイエクはこの問題についてさらに10編の論文を書いた。

　スラッファはハイエクが「商品の相対価格」を強調したことの妥当性を認めたが，「貨幣はそれ自体，考慮される商品の一つである」(Sraffa, 1932a, p. 44)という条件を付けようとした。間違っているけれども，この批判はある有用な

洞察を与える。というのは，もしスラッファの要件が満たされるならば，その結果は中立的貨幣に必要な条件の探求を望みないものにすることになるからである。もし貨幣が一商品であるならば，貨幣は中立的でありえないだろう。重要な点は，定義上の特性として，貨幣は真正価値をもたないということである。そうでなければ，貨幣の本質的な側面（名目価値）と非本質的な側面（商品価値）との間に混乱が生じるに違いない。貨幣はそれ**自体**商品でありえない。だが，他のある重要な意味において，貨幣は**一般的**な価値をもたないという点で，商品のようなものである。物々交換の下では，商品間で絶えず変化する価格相対性にのみ経済的意義が付される。ちょうど商品の一般的価値に意味がないのと同様に，貨幣に対しても，「物価水準の逆数と考えられる……一般的価値」(Hayek, 1935, p. 29) の概念はまったく無意味である。これが旧数量説とのハイエクの関係，および（ずっと後になっての）現代マネタリズムとの彼の関係の核心なのである。

『価格と生産』に関するスラッファの解釈によれば，中立性は数量説のMVを一定に維持することによって達成される (Sraffa, 1932a, p. 43) が，それは間違った解釈であった。これは貨幣政策の遂行のためにハイエクが推奨したことではあるけれども，そのルールが中立性を保証するとは主張しなかった。もしそのように単純であるなら，貨幣政策の影響はもっと簡単に評価されるかもしれない。だが，貨幣の中立性は経験的に検証可能であるにしても，まず容易でない。中立性は理論的な概念である。また，中立的貨幣の理論は，「一般経済理論によって記述されるような均衡段階への傾向」(Hayek, 1935, pp. 130-1) を始動させることのできる条件を識別しようとする。これは単純な戦略ではない。「貨幣政策の実践的問題にただちに適用できる格言」(Hayek, 1935, p. 129) はない。さらに，ひとつの理想として，それは「貨幣政策の他の重要な目的と」張り合う。特に，中立性の目的を現実経済における「過度の摩擦的抵抗」(Hayek, 1935, p. 131) の回避という目的と妥協させることは，適切であるかもしれない。

3. 貨幣政策の目標

貨幣政策の主目標は，次の通りである。

(1) 均衡状態に向かって作用する諸力の最大可能な実現
(2) 過度の摩擦的抵抗の回避[2]

目標(1)に関するかぎり，市場価格は相対的な希少性に関する情報を与えるために（均衡価格として），さらに企業家的創意を発揮する機会を知らせるために（不均衡価格として）役立つ，対の機能をもっている。これはどちらの機能も完全には果たすことができないということを意味する（第4章参照）。さらに，一緒に考慮されるとき，目標(1)と(2)は「二者択一的にのみ実現できる」(Hayek, 1935, p. 131)。例えば，もし長期契約が貨幣表示で交わされるならば，しかも，貨幣政策が中立性の諸規則によってきちんと縛られているならば，望ましくない摩擦が激化するかもしれない。特に，長期契約の存在は実際の将来価格水準と予想される将来価格水準との差異を増大させるであろう。たとえ長期契約が一群の均衡価格で合意されうるにしても，その契約の終了前に，これらの価格が均衡価格でなくなることは実際上確かなことである[3]。一般的に，この種の事柄は配分的効率性に重大な障害となりうるであろう。

相対価格の歪みや生産方向の誤りが，次の場合にのみ回避できるということは確かに考えられることである。すなわち，**第一に**，貨幣全体の流れが一定にとどまり，**第二に**，すべての価格が完全に伸縮的であり，そして**第三に**，すべての長期契約が将来の価格動向の正しい予想に基づいている，という場合がそれである。これは，第二と第三の条件が与えられなければ，その理想はどんな種類の貨幣政策によっても実現できない，ということを意味するであろう（Hayek, 1935, p. 131）。

「機能する経済」の前提条件は価格と賃金の伸縮性である。大恐慌が始まった頃，ハイエクは短期のデフレーションが賃金の硬直性を打ち破る有益な効果

をもつであろうと考えていた。だが，この考えは「デフレーションの過程を支持あるいは容認する正当な根拠はない」という，より断固たる姿勢に変わった。特に，貨幣当局による積極的な介入は，「貨幣の流れを維持しようとする慎重な試み」が「二次的デフレーションの累積的過程」を抑えるために正当化されるとき，「不況の後期の段階では」好結果をもたらす可能性があろう (Hayek, 1975a, p. 5；同じく, Hayek, 1978b, p. 210 参照)

貨幣の中立性を保証する貨幣政策の指標はないが，ハイエクのLSEでの最終講義は，「支払い金額」（すなわちMV）は「不変にとどまるべきである」，という政策を推奨する背後にある考察を項目別に述べた。その目録は，ケインズの『一般理論』から1990年代のポスト・マネタリストの時代まで，それに続く貨幣経済学の議論において中心的なものとしてその後に浮かび上がることになった問題の大部分を網羅していた。

(1) 「賃金の周知の硬直性」から生ずる特別な困難にもかかわらず，最優先に必要とされることは「生産方向の誤り」を回避することであった。したがって，貨幣は生産によって変えられるべきではない。むしろ，個別価格が生産性の個別な上昇に比例して低下すべきであろう。

(2) 価格の平均値を一定に維持する水準に，流通貨幣量を調節する政策は，貨幣が「価格形成に積極的な影響を及ぼすことはできない」(Hayek, 1935, p. 108) ということを保証しないであろう。見たところ，ハイエクは貨幣供給が一定に維持されるべきであることを示唆したように思える。[4]

(3) 開放経済における貨幣量は変動を受けやすい。それが一定の流通量という政策目標に実際上の困難をひき起こす。

(4) 流通貨幣は取引の必要に適応する，という伝統的な銀行学派の主張は，とりわけ異なる貨幣形態の供給の変化に関係する。だが，あらゆる形態の信用とその他の貨幣代用品を含む包括的な貨幣の定義によれば，この取引の必要に適応するということは，「流通媒体の総量の変化」(Hayek, 1935, p.

113) の必要性を意味しないであろう。

(5) 公的に統制はできないが，貨幣代用品の量の変化は貨幣それ自体の量の変化と同じ影響力をもつ。商業信用は他の貨幣形態への変換可能性に対する期待に基づいているけれども，その弾力的な供給は，貨幣政策が取引の変化する必要に適応することに直接関わる必要はない，ということを示している。

(6) 信用制度は逆ピラミッドにたとえられる。最底辺部は現金に対応する。次層は中央銀行信用である。それに続くのが商業銀行信用と商業信用である。最初の二つ（あるいは三つ）の層に関してのみ，公的な直接統制ができるだろう。異なる信用形態の間の比率は変化することがある。したがって，たとえ信用ベースが一定にとどまるにしても，交換媒体の総量は増加することも減少することもあるだろう。あらゆる交換媒体の流通を一定にしておくには，信用ベースに関して複雑な中和作用が必要であろう。

(7) 総産出量フローに対する貨幣取引額の比率（貨幣取引係数）の変化は貨幣供給の対応する変化を誘発するかもしれないが，これは，そのような対応する調整の欠如が生産構造の不当な変化を招くかどうか，に依存するであろう。

(8) 貨幣取引係数の変化によってひき起こされる貨幣需要の変化は貨幣供給の対応する変化を正当化するであろう。

(9) 流通速度のどんな変化も貨幣供給の変化に相当し，またかかる変化は，「もし貨幣量が価格に対して中立的にとどまるべきであるならば，流通貨幣量の逆比例的変化によって補正されなければならないであろう」(Hayek, 1935. p. 124)。

(10) 貨幣供給の変化は速度の変化に精確に適合させられることが必要であるということだけでなく，調整はまさに変化が必要とされるようなところ，すなわち速度に対して最初の変化があったところに限定されるということを保証することも必要である。明らかに，高度な博識が中立的貨幣の前提

条件である。そこから，

　唯一実践的な格言は……おそらく次のような否定的なものとなろう。すなわち，生産や取引の増加という単純な事実は信用拡大の正当な理由とはならず，また——深刻な恐慌の場合を除けば——，銀行家たちは用心しすぎることで生産に害を与えることを恐れる必要はない，ということである (Hayek, 1935, p. 125)。

(11)　貨幣が中立的にとどまる条件は「現実世界では決して与えられないだろう」。

　中立的貨幣制度の確かな指標がない場合，それにもかかわらず，貨幣当局が明白な落し穴の存在を示すなんらかの兆候を探しだそうとすることは，合理的であるかもしれない。この点で，ハイエクは，こうした落し穴が貨幣的拡大，すなわち利子率の変化の結果として，また相対価格の変化の結果として，資本投資を本来的に発展しない分野に向けることのある貨幣的拡大，にどのように関係しているかを明らかにすることができた（第8章参照）。不当な貨幣的拡大は経済的浪費や人々の不必要な困窮をひき起こす可能性がある。

4. 自然利子率

　もし貨幣が実際に中立的であるならば，市場利子率は貯蓄と貸付け可能な資金に対する需要によって決定される「自然利子率」に等しくなるであろう。ハイエクはクヌート・ウィクセルが，次のような，広く支持されたが，間違った信念の創始者であると主張した。すなわち，利子率が常に自然利子率水準にある場合，一般物価水準は安定しているだろう，という信念がそれである（例えば，Keynes, 1936, p. 242参照）。ハイエクの主張によれば，このことが唯一あてはまるのは，貯蓄がゼロの場合である。しかしながら，もし貯蓄と投資の水準がプラスであるならば，その結果は生産能力の累積的拡大であり，またしたがって，協調的な貨幣拡大がなければ，商品価格は絶えず引き下げられることになろう。そこで，もし貨幣政策が価格の安定化に向けられるならば，生産の拡

大を流通貨幣の増加に合わせることが必要であろう。だが，一方でこの新たな貨幣の供給は，市場利子率を自然利子率以下に引き下げる効果をもつであろう。「銀行は実物資本に対する需要を，貯蓄の供給によって決定される限度内に維持するか，あるいは物価水準を一定に維持するか，の**いずれか**はできようが，**両方の機能を一度に遂行することはできない**」(Hayek, 1935, p. 27)。貨幣政策は利子率か貨幣供給かのいずれかの統制には有効でありえるが，両方には有効となりえない，というのがハイエクの結論であった。そこで，たとえ何らかの集計的価格指数の厳密な安定性が達成されたとしても，貨幣的拡大政策は中立的でありえないであろう。ひき起こされる混乱や生産構造に対するその累積的な含み，に関するハイエクの周到な分析の詳細は第8章の主題である。ここで，重要な役割を演じるのが強制貯蓄である。また，それが生じるのは，貨幣的拡大が市場利子率を自然利子率以下に引き下げるからである。

5. 強制貯蓄と自発的貯蓄

　資源が完全に利用されている経済では，より小さな比率の産出量が消費される場合にのみ，すなわち貯蓄が増加する場合に，追加的投資を行うことができる。投資家に**追加的**信用が供給される場合，自発的貯蓄のこの先行する供給が**なくても**，資源を現行の消費から投資に向け直すことが可能となる。資源が完全に利用されている場合でも，貯蓄は起こるに違いない。それが結果として新たな信用となる強制貯蓄であり，これが商品価格を引き上げ，さらに，それが今度は新たな信用を保有する人々を除くすべての人の支出力を低下させるのである（一概念として，強制貯蓄の起源はきわめて古く，18世紀と19世紀には著述家たちから細心の注意を払われていた）。

　強制貯蓄によってひき起こされる発展は持続可能でないというのが，ハイエクの貨幣的景気変動論の決定的な特徴である。したがって，『価格と生産』第一版の書評において，スラッファが，自発的貯蓄の変化の影響と貨幣的拡大の影響との間に違いはない，と主張したことは根本的な批判であった。スラッフ

ァによれば，貨幣的拡大の効果を元に戻すことはできないであろう。むしろ，貨幣的拡大は単に次のことにすぎなかった。

　ある階級がしばらくの間，別の階級の所得の一部を奪って，その略奪品を貯蓄してきた。強奪が終わるとき，明らかなことは，犠牲者たちにはもはや自分たちの手の届かないところにある資本をどうやっても消費することができない，ということである (Sraffa, 1932a, p. 48)。

この論旨は，実際に繰り返された。

　強制貯蓄は略奪に対する不適切な名称であり，もしインフレーションによって利益を得た人々が略奪品を貯蓄することに決定したなら，後になってその決定を取り消す理由は彼らにはない，というのが私の単純な反論であった (Sraffa, 1932b, p. 249)。

この繰り返しは，ハイエクが論争の途中で加えた次のような趣旨の論評を，スラッファが十分理解しえなかったことを示している。すなわち，物理的な変化はなかったであろうが，資本の価値は貨幣的拡大の不可避な結果として低下したであろう，ということである。

　機械製造業者にとって自己の資本財を維持することがほとんど無駄となるのは，その機械をこれまで購入してきた生産者が今やそうすることができないか，あるいは利子率が高くなって，そうすることが無益であることに気付くときである (Hayek, 1932c, p. 240)。

資本主義的生産方法の不均質性がすべて残らず明示的に考慮されるときにのみ，誘因の変化の性質と投資決定に対するそうした誘因の影響力の性質が明白となる。『価格と生産』はこの複雑性を明らかにし始めていたけれども，はるかに高い精確さと明快さが必要とされたのである。

6. ケインズ：追加面

　ケインズが（『エコノミック・ジャーナル』誌編集長として），スラッファの批判の耳障りな表現を認めるとともに，ハイエクによってなされた指摘（Hayek, 1932c, p. 249, fn 1 参照）に反論して言葉を不意に差し挟むということは，何より大きなかかわり合いを示唆している。慢性的失業の結果と深刻な世界的景気後退は純粋に政治的な考察を前面に押し出すこととなった。それによってケインズとスラッファという意外な人物同士が手を組むことになったのである。彼らは個人的にまったく異なる信念から，自由市場と不干渉こそ持続可能な繁栄へのもっとも確かな道を開くものである，という考えに反対した。

　ほんの少し前に，ケインズの『貨幣論』に対するハイエクの批判的な書評は，ある修正された有望な見解によって反撃を受けていた。だが，ケインズによる『一般理論』の準備は，彼も強制貯蓄の関連性を否定する，という立場につながっていった。ケインズによれば，強奪はなかった。なぜなら，この貯蓄は「他の貯蓄と同様に真正」（Keynes, 1936, pp. 82－3）であったからである。『一般理論』――その即座に機能する乗数と豊富な未利用資源――の文脈においては，投資支出が行われるための**先行する**財源の必要は起こらなかった。だが，そうした非現実的な命題はハイエクの理論的枠組みのなかではありえなかった。「あらゆる財と生産要素が過剰なまでに利用できるという仮定は，価格システム全体を冗長にして，傷ついた，理解できないものにする」（Hayek, 1972, p. 103）。貨幣的拡大が望ましくないのは，それが自然利子率と市場利子率の乖離に関わってくるからである。貨幣的調節の影響が完全に理解されることはほとんどなかった。むしろ，あまりにも多くのものが貨幣政策に負わされてきた。また，これは特に戦間期にそうであった。「物価水準の上昇以外に信用拡大の有害な効果を見ないという同じ皮相な見方が，今や，われわれの唯一の困難は信用収縮によってひき起こされる物価水準の下落である，ということを考えるのである」（Hayek, 1933a, pp. 18－19）。デフレーションが大きな害悪をひき

起こし，しかもそれが景気後退の一般的特徴である，ということは確かであるが，デフレーションは通常，景気後退の本来の原因ではない。また——その反対に，「より多くの貨幣を流通させることによって」——貨幣政策が継続的な繁栄の道を先導することもできないであろう。

次のことを思い起こすことは重要である。すなわち，デフレーションは「好況から持ち越された誤った産業調整」によってひき起こされる二次的現象として，つまり「産業が利益をあげることのできない結果」（Hayek, 1933a, p. 19）として起こりうる，ということである。こうした必要な再調整を貨幣的手段によって相殺しようとすることはきわめて不適当であるだろう。経済を不況から立ち上げるために貨幣的拡大を利用することは，必ずその厳しさと存続期間の両方を激化させることになった。過度に急速な企業成長の期間に生み出された誤った調整を，産業が清算しなければならないときに，信用拡大は持続不可能である構造を持続させる手助けをしただけでなく，不当な構造的発展をいっそう促進したのである。さらに，この損傷は，本質的に存続不可能な生産構造を保護するための他の手段（例えば，貿易障壁）によって，増大することがあろう。「二次的不況」を阻止するいっそう適切な手段は，「労働者が賃金のより高い他の職業にできるだけ早く移ろうとするように，相対的に低い賃金での公共事業を通して雇用を」（Hayek, 1978b, p. 212）提供することであろう。

特に，ハイエクは大恐慌前の出来事にそれとなく言及した。景気に沸くアメリカ経済（1927年まで）で，物価は上昇していなかったし，また，それに続くはずの景気後退が，ひじょうに穏やかなものになっただろうと想像する理由は十二分にあった。そうならなかったのはアメリカ当局の意図的な行動に帰せられる。当局は，

> 起こりそうな反動の兆候に気付くやいなや，金融緩和策の手段を開始して，さもなければ自然消滅していたはずの好況を2年間引き延ばすことに成功した。そして，ついに恐慌が起きたとき，さらにほぼ2年間，考えられるあらゆる手立てを使って，通常の清算過程を妨害するための意図的な試みがなされたのである（Hayek, 1935,

p. 162）。

　生産水準，投資支出，および不均質な資本ストックの構成の間の微妙なバランスは，貨幣的手段によって簡単に破壊されてしまう。いったん最初にかき乱されると，新しい動態的均衡の一部として持続できないパターンで人と機械が経済部門間に配置されるように，諸過程が始動するのである。貨幣の誤った取り扱いから起こることがある大混乱を完璧に認識するためには，資本の性質とさまざまな種類の資本投資に対する支出の誘因が理解されなければならない。これらは次の二つの章で取り扱われる論題である。

第7章 資　本

　資本の問題は生産における努力と結果の間で時間が経過する必要性の問題である，という考えは最初から，単純さと力強さを感じさせる点で，人目を引くものである。知識の進歩と確立のために緊急に要求されるのは，この考えが献身的な熱意と徹底した目的をもった強力な知性によって検討される，ということである。これをきっちりと成し遂げたことはハイエクのきわめて偉大な功績である（Shackle, 1981, p. 253）。

1. 生産要素としての資本

　生産要素は「全体としてとらえられるとき，生産過程への投入物として役立つことのできるもの」（Hicks, 1983b, p. 121）として定義されるかもしれない。資本はこの定義にかなっている。なぜなら，それは一定期間内の「流動産出量の時間形態」に，またそれによって総生産量に決定的な影響力をもつ，ということが証明できるからである。

　　たまたま，より速い成長経路上で，総産出量が……期間全体に対してとらえられるとき，より遅い成長経路上の総産出量よりも大きくなる，ということがあるだろう。したがって，より速い経路は，以前の産出量をいくらか犠牲にすることによって，より大きくなるその後の産出量に代えたのである。そこで，期間全体の総生産量を眺めてみると，より速い経路上に生産の増加が見られるのである。……それは何に帰せられるのか。それを帰すべき生産要素を考え出さなければならない。……シーニアーはそれを節倹と呼び，マーシャルとカッセルはそれを待機と呼び，ベーム—バヴェルクは迂回性，バローネとウィクセルはまさに時間と呼んだのである（Hicks, 1983b, p. 125）。

　「資本主義的」とか「迂回的」という生産方法は，より大きな明日の楽しみを得るために今日の楽しみをいくらか犠牲にするという方法である。生産が増加するのは，ただ——ヒックスの用語法によれば——「産出量の異時的転換」が存在するからである。この高められた生産性の性質——そしてその理論的支

柱におけるハイエクの役割——が本章で検討される。

　耐久生産要素としての資本観は，各種要素が所与の技術的枠組みのなかで組み合わされる新古典派の図式によって，普及してきた。これが現代ミクロ経済学の「生産関数」である。そこに時間尺度はない。資本は固定されており，可変的な労働量が生産量を決定するために適用される。企業行動に対するさまざまな洞察が得られてきたが，固定か可変かという生産要素の分類はミクロ経済分析を現時点に限定してきた。それによって，ミクロ経済分析は「迂回的」生産方法，すなわち多かれ少なかれ時間のかかる生産方法，としての資本の性質と利用から生じる，あらゆる重要な問題を事実上無視してきたのである。

　オーストリアンの枠組みのなかでは，固定されずに，生産物を創出する過程で破壊されるのが資本の**本質**なのである。したがって，資本は有限の期間にわたって所得の流れを生み出す非永久的生産要素のストックからなっている。もしこの所得の一部が減価償却をまかなうために蓄えられるならば，資本は更新される。だが，非永久性は重要な定義上の特性である[1]。最終財は，それら最終財が完成するはるか以前に使い果たされるかもしれない多くの異なる投入物（機械，建物，輸送機関，および時として最終財そのもの）を使用して，生み出される。これら投入物のすべてが資本である。なぜなら，各投入物は将来のいつの日か産出に**間接的**に貢献する非永久的資産であり，また，その総収益が減価償却を賄い，しかも競争的純収益を残すと期待される場合にのみ，各投入物は利用されるからである。資本のこの理論的な定義は実務上の用法に大きく頼っている。すなわち，「（更新されなければならない）資産の「実体」をその収益から区別すること，つまり，総収益を減価償却と利子とに区分する」(Hayek, 1941, p. 89) 実務上の必要がそれである。

　「運転資本」という用語は，仕掛品（すなわち，半製品，あるいはまだ販売されていない完成品にすぎない最終財）を区別するために使用されてきた。他方で，運転資本は生存基金，すなわち生産物が完成し販売される前に，そこから賃金が支払われるところの基金，とみなされてきた。それはまた，当期に最

終財に転換される資本ストック部分を示すために使用されてきた。より一般的に，資本の分類は最終財へのその究極的な変換からの遠隔性，すなわち，あらゆる「迂回的」生産方法の基礎となる遠隔性に依拠する。運転資本は，わずかな期間の後に「流動化される」という点で，より耐久性のある形態の資本よりも遠隔性が低い。

耐久財──「一回の使用行為で瞬時に破壊されることのない」(Hayek, 1941, p. 78) ような財──への投資は，資本の下位カテゴリーを構成する。さらに，使用に関係なく一定の長さの耐用年数をもつ耐久財と，使用の強度に比例して耐用年数が変化する耐久財との間にも，区別がなされる。それぞれの純粋な形態は見つけることが困難であるかもしれないが，ハイエクは各タイプに近いものとして，建物と機械をそれぞれ挙げている。往々にして，特定の資本投資の特徴として耐久性を受け入れること以外，選択の余地はほとんどないかもしれない。想像できるのは，一本の釘だけを木に打ち込むことのできる金づちを製造することの困難である。技術的に可能であるかもしれないが，一打撃用金づちの生産費は間違いなくこの仕事の価値を超えるであろう。多くの場合，耐久資本の使用に代わる実行可能な選択肢はないかもしれない。また，その最初の使用において過剰となるかもしれないけれども，それは，もし何か代替的な過程に利用されうるならば，**固定**されてはいない。

耐久性は資本がどれだけ遠隔性をもっているかを決定する要因の一つであるが，耐久性がどれだけあろうと，資本は絶対的な意味で固定されることは決してない。減価償却基金は常に方向を変えられるかもしれないので，すべての資本は異なる利用に転換される可能性をもっている。また，移動性の度合いは，資本の現在の利用における収益の流れと代替的な利用における収益の流れの期間と大きさに依存して，変化するだろう。しかしながら，そのような変化の結果に従うことの主要な困難は，あらゆる生産過程と産出評価が依存する複雑な相互関係のなかで，関連する変化から孤立して移動を成し遂げることはできない，ということである。

2. オーストリア資本理論

「生産された生産手段」(労働価値説と結びつけられる)と「固定された生産要素」(新古典派のアプローチで使われている)という概念は，静態的な文脈における評価に依拠しており，そこには，過去と現在と将来の出来事の間に味気ない画一性が存在している。対照的に，オーストリア経済学は不断に変化する世界を**仮定しており**，そこでは，ある特定資源の歴史はそれがどう使用されるべきかという重要な決定とは無関係である。オーストリア資本理論の起源はメンガーの『原理』に見ることができる。この理論はさらに1880年代にはベーム－バヴェルクによって，また1930年代にはハイエクによって発展させられた。

資本はきわめて初歩的ともいえる生産方法に関わっている。ベーム－バヴェルクは産出単位を一連の投入の結果として定義した。投入物はそれぞれ（また全体として）その産出物に必要な貢献を加える。この特殊な関係では，資本はある所与の生産物にもっぱら「割り当てる」ことができるので，(この特別なケースに関してのみ) アプローチは均衡価値生産費説と完全に一致する。明確な連続的産業階層のなかでの生産というのは，迂回的（直接的に対比するものとして）生産方法というオーストリアンの考えとともに，1920年代までの典型的な理論的アプローチであった。そのときまで，経済学者は投入・産出分析によって形式化されるように，産業相互間取引の**ネットワーク**として経済システムを概念化することはなかった，とヒックスは考える (Hicks, 1983c, p. 99 fn)。さらに，ヒックスは，1930年代のハイエクのLSEでのセミナーで，耐久資本に関してオーストリアンの理論を利用するハイエクについて抱いた，いくばくかの不安を思い起こしている (1983c, p. 98)。

ヒックスによれば，「固定資本は運転資本に"還元"できる」とハイエクは考えたが，「これができないことは今やきわめて明白となった」(Hicks, 1983c, p. 98)。結合供給の場合に価値生産費説はありえない，ということをヒックス

が示唆しているのは正しいが，1941年に出版された『資本の純粋理論』で，ハイエクはオーストリアンの理論が現代資本主義経済構造内部の複雑な相互依存を取り扱えることを論証した。したがって，LSEでの講義によって残された印象がどのようなものであれ，ハイエクは「現代の諸条件の下では，はるかに重要な役割が耐久財によって演じられていることはほとんど疑う余地がない」(Hayek, 1941, p. 126) と主張して，特に，非永久的な耐久資源によって提起される問題を取り扱うようになった。

3. 資本投資収益

19世紀初頭，デヴィッド・リカードは次のような一般的命題を打ち立てた。すなわち，機械はそれが取って代わる労働よりも少ない労働を体化しなければならない，そうでなければ，その所有者に収益はなく，機械を所有する誘因も生じない，ということである。[2] 資本が使われるのは，それが直接的方法によって達成される水準以上に生産を増大させる可能性をもっているからである。これはどのようにして成し遂げられるのか。この改善の源泉は何か。

ハイエクの主張によれば，資本利用からの収益は，技術，資源，および原材料（資本が利用されなければ，これらの利用も実行できないことになる）がどのような仕方で生産過程に投じられるかによって生まれる。投資は非経済的資源から経済的資源を**創造する**。また，非経済的資源の潜在力が解き放たれると，さらに大きな機会が生じるかもしれない。一例がその説明に役立つかもしれない。

ある農業共同体は水力という潜在力を手近にもっているが，水車や水車小屋を建設するに必要な期間，食料の生産（および消費）を見合わせることはしないと決定する。そうならば，川の土手にある用地は依然として非経済的資源のままである。また，たとえ共同体が最初の製粉所の建設を可能にするために食料を蓄え始めるとしても，発展がそのような用地を希少な資源という地位にまで引き上げるには，いくらか時間がかかるかもしれない。そうした有用な用地

がすべて使用されるときにのみ，さらなる需要の増加によって，これらの用地は経済的レントを獲得することができるのである。

そのとき，実現された水力という潜在力によって，水力がなかった場合には非経済的なものにとどまっていた他の要素を生産に引き込むことができるようになる。したがって，迂回的生産方法を駆り立てるごく初期の段階では，「投資」は「即時的な収益をも与えたかもしれない資源の用役だけ」(Hayek, 1941, p. 63) を構成するので，現行産出量は減少する。だが，迂回的方法の収益は潜在的資源を生産過程に引き込むことから生まれる。そうなるにつれ，これまで非経済的であった資源が現行消費水準に貢献するようになり，またそのとき，さらにいっそう迂回的な方法のなかでこれらの資源を組み合わせる機会が生まれる。もしそうなら，消費の追加的な延期が起こる。またそこで，

> 投資が進行するにつれて，潜在的資源にすぎなかった自然資源がますます多く利用され，徐々に希少財の圏内に引き入れられ，さらに，今度はそれが投資として数えられなければならなくなる (Hayek, 1941, p. 64)。

個々の投資の最終的な収益は多くの要因によって決定されるし，また**他の人**によって下される決定に依存する。将来の顧客の所得や彼らの支出の構成は，将来期間に対する予想に依存し，また成功は，全計画がもたらす構造のなかで各生産計画がどれほど適したものであるか，によって決まってくる。結果は進化的プロセスである。すなわち，変化はそれぞれ再評価と修正をひき起こし，またさらなる変化が生まれることになる。

4．資本の多様性

任意の特定時点で，近い将来や遠い将来という広い範囲における最終産出物の生産に資本を供給する多様な誘因が存在するだろう。例えば，翌年に新しいフェリーを供給する要求と，そのフェリーが時代遅れのものとされるかもしれない（あるいはされないかもしれない）それから5年以内に，橋が用意される

という要求が，同時に起こるかもしれない。多くの異なる環境がさまざまな企業家を促して，短期や長期の投資を計画させるだろう。無限ともいえる可能性に対して，もっとも重要な考察は，誘因の変化や新しい機会に直面して絶えず発展する資本主義的生産構造の補完性と適合性に関係しなければならない。これに関して，ハイエクは消費財よりも資本財の統一的な配置に対してより狭い範囲を示している。消費財の場合，相対価格への市場調節によって，どんな組合せの財が生産されようと，それに応じることは比較的容易である。だが，資本主義的生産構造の内部では，「生産構造のさまざまな部分が完全に無用となるのでなければ，維持されなければならない」(Hayek, 1941, p. 25) きわめて特殊な量的関係が存在する。例えば，鉄道機関車の価格がどれほど大幅に引き下げられようと，鉄道線路がなければ，機関車への投資収益はきわめて低いままである。

5. 投資，分業，および技術進歩

迂回的生産方法から得られる利益は時として，分業から生ずる利益や技術進歩によって生まれる利益と混同されることがある。問題はまったく別である。より高い効率性が分業——与えられた一組の作業をより多くの人間によって行うこと——から得られるけれども，これは生産期間を**短くする**に違いない。[3] 資本の導入は生産期間を**長くする**。たとえそうでも（またこれは混同を説明するかもしれないが），分業はより迂回的な生産過程の導入を伴うかもしれない。なぜなら，「もしすべての労働が可能な最短経路によって最終的な結果を出すように適用されなければならなかったならば，使うことができなかったであろうある種の能力，原材料，および道具を使うことが可能となる」(Hayek, 1941, p. 71) からである。ここで，垂直的分業（一連の**連続的**工程を通しての）と水平的分業（異なる技能の**同時的**適用を意味する）の区別がなされる。前者だけが生産期間の延長を必要とし，またしたがって，資本投資収益に貢献するのである。

技術進歩もまた別であり，迂回的生産方法の適用からはっきりと区別される。迂回的方法からの収益は，**それ自体は**高度な技術から得られるわけではない。むしろ，生産方法の選択は所与の知識という状況下でなされる。新しい技術は投資を正当化するに十分魅力ある収益を約束しないかもしれない。さらに，技術進歩は生産期間を短くすることも長くすることもありそうである。

6. 資本の諸相

W. S. ジェヴォンズは生産理論に時間を初めて明示的に導入した人と考えられている[4]（Hayek, 1941, p. 113参照）。そこで採られたアプローチは連続的投入のケースに関係していた。これはしかし多くの構造の一つにすぎない。つまり，投資は二つの方法のいずれか（あるいは両方）でなされるかもしれない。すなわち，諸資源はある時点で，あるいはある期間にわたって投入されるかもしれない。同様に，そうした資源に対応する収益はある時点で，あるいはある期間にわたって得られるかもしれない。

花火の打ち上げはほとんど瞬間的な消費を与えるために，ある期間にわたる投入を必要とする生産物の一例（連続的投入・点産出）である。もう一方の極端で，木を切って作られるステッキはほとんど瞬間的に生産されるが，そのサービスは多年にわたって消費される（点投入・連続的産出）。多くの財は程度の違いはあるものの，これらの混成物であるだろう（連続的投入・連続的産出）。このように，迂回性は資本を生産するために取られる時間と，資本の耐久性の両方において生じるのである。

(1) **迂回性：資本を生産するために取られる時間**

資本の迂回性は資本を「生産する」ために取られる時間によって測定することができる。また，それは，この時間が固定資本の生産によって取られるか，それとも仕掛品という形で，例えば市場に出回る状態の最終生産物になる以前になされた労働への支払いという形で，この時間が具現されるか，には関係し

ない。

任意所与の長さの生産期間に対して，(限界増分単位に対する) 販売時点までに総計された投入費用が最終財の販売からの収入に等しくなるまで，投資は続く。すなわち，

$$y_0 = \int_{n'}^{0} ae^{-rt}dt = a(e^{rn'}-1)/r \qquad (7.1)$$

ここで，y_0は現時点 $t=0$ における全最終財の販売から得られる収入 (あるいは，将来にわたるその後の期間に販売される最終財から予想される収入の$t=0$時点での資本化価値でも構わない) である。a は以前の時点 $t=n'$ から現時点 $t=0$ までの期間になされた連続的な年々の労働投入の価値である。n' は労働投入が始まった過去の時点であり，r は利子率である。

(2) 迂回性：固定資本の耐久性

時間が必要とされるのは資本を**生産する**ためではなく，資本を**利用する**ためである，という別の資本の定義が採用されるかもしれない。言い換えれば，もし全最終財が時点 $t=0$ で瞬間的に販売されないならば，資本はさらに固定されるだろう。今や，関連ある期間は予想される資本の耐用年数である。最終財の将来の販売から予想される純収入の現在価値が資本の価値を超えるかぎり，新しい投資が計画される。そこで，新しい投資が止むのは次式で示されるときである。

$$x_0 = \int_{0}^{n''} be^{-rt}dt = b(1-e^{-rn''})/r \qquad (7.2)$$

ここで，x_0 は $t=0$ 時点での資本の価値であり，b は最終財からの連続的な年々の純収入の価値である。また，n'' は純収入がなくなる将来の時点であり，r は利子率である。

(3) 迂回性：生産期間と耐久性の結合

資本の二つの概念は相互に排他的ではない。第一の概念は，瞬間的に産出を行う機械を生産するために時間が取られると仮定される場合にのみ，単独で成立する（これは最終的に完成しつつある仕掛品に相当する）。第二の概念は，機械が瞬間的に取得され，しかも販売収入が多数の将来期間にわたって蓄積される（耐久性）と仮定される場合にのみ，単独で成立する。明らかに，これらは特殊なケースであり，一般的には両概念が混じり合っているだろう（単純化のために，投入は $t=0$ までの限定された期間に最初になされ，これにその後の限定された期間にわたって純収入の流れが続く，と仮定される。二つのプロセスが重なる扱いにくい状況が存在するであろう。これは考察されない）。

資本の蓄積と構造が最適な状況では，この均衡は，過去の投入の集計された現在価値と将来の産出の集計された純現在価値[5]との均等に表れるであろう。それは (7.1) 式と (7.2) 式を均等させることであろう。再整理すると，次式が得られる。

$$b/a = (e^{rn'} - 1) / (1 - e^{-rn''}) \qquad (7.3)$$

また，$n' = n'' = n$ という特殊なケースの場合，

$$b/a = e^{rn} \qquad (7.4)$$

となる。

(4) 資本集約度

　資本の迂回性は，機械の生産期間（またそれに論理的に対応するもの，つまり運転資本を準備するに必要な期間）の長さという時間の面からか，あるいは機械の耐久性の面からのみ，定義される。また両者の組合せという点から迂回性を定義することも可能である。関連する概念（ベーム－バヴェルクによって導入された）は資本集約度という概念である。これは資本を生産するために（あるいは運転資本を配置するために）取られる時間に関係する。それは**平均生産期間**である。

　資本集約度は投資期間（この間，投入は一定不変の率でなされる）の総合計を投入の総数で割ったものとして計算される。例えば，投入が1年次と2年次と3年次になされる3年の生産期間の場合，平均生産期間（m）は次式で定義される。

$$m = (3+2+1)/3 = 2 \tag{7.5}$$

　この例で，投入物は平均して2年間生産過程に残っている。無関係であるかのように見えるかもしれないけれども，資本集約度のこの定義において利子率（r）によって演じられる役割は，（7.5）式が次式から得られることを認めることによって明らかになる。

$$a(1+3r) + a(1+2r) + a(1+r) = 3a(1+mr) \tag{7.6}$$

　ここで，再びmは平均生産期間である。mに関して解くと，利子率（r）は消える。なぜなら，それは単利でのみ適用されるからである。もし利子率が年複利で適用されるなら，（7.6）式は次式によって置き換えられるであろう。

$$a(1+r)^3 + a(1+2r)^2 + a(1+r) = 3a(1+r)^m \tag{7.7}$$

資本集約度のこの別の定義は，ウィクセルによって示唆されたものである。投入の一定の流れに対して，(7.7) 式は (7.6) 式よりも長い平均生産期間 (m) を与える。(例えば，$r=0.07$の場合，$m=2.01$である。) こうなるのは，複利の場合，より以前の投入はより後の投入よりもウエイトが大きくなるからである。

連続的なケースの場合（(7.1) 式を使って），mは次式から得られるであろう。

$$a(e^{r3}-1)/r = 3ae^{rm} \tag{7.8}$$

(7.8) 式は (7.5) と (7.7) の両式よりも小さな値をmに与える。($r=0.07$に対して，$m=1.53$である。) 連続的複利の場合，1年次になされる投入は (3.0というよりもむしろ) およそ2.5期間，また2年次には (2.0というよりもむしろ) 1.5期間，そして3年次には (1.0というよりもむしろ) 0.5期間の複利で計算されるというのがその理由である。

資本集約度は生産期間における投入の分布によって影響される。これまで，それは一様であると仮定されてきた。適切な誘因をもった文脈（第8章におけるリカード効果の議論を参照せよ）のなかでは，技術によって（すべてではなく）いくつかの投入が生産期間中にやがて動かされるかもしれない，ということが考えられる。この必要が生産過程の絶対的**長さ**を変化させることはないけれども，資本集約度は平均生産期間の変化を示すであろう。しかしながら，この計算はもはや上記の単純な形の式ではなされないであろう。これまでの式はすべて，投入が生産期間にわたって**一様**になされるケースを扱っているからである。

明らかに，資本集約度は生産構造と，最終財の価格に対する投入価格の比率における変化によってひき起こされる誘因の衝撃に関して，（生産期間の時間的長さよりも）多くの情報をもっている。もし相対価格と利子率の変化の衝撃

について統計的分析を行うことがいずれ意味あるものとみなされるならば，資本集約度は投入と将来収益の両者の時間的様相の変化に敏感であるだろう。

(5) 資本集約度：生産期間と耐久性の結合

(7.8) 式は資本の耐久性という点から定義された迂回性の文脈のなかに対応する関係をもっている。すなわち ((7.2) 式に照らして)，

$$b(1-e^{-rn''})/r = n''be^{-rm''} \qquad (7.9)$$

さらに ((7.1) 式と (7.2) 式から $y_0 = x_0$ となる均衡条件において)，資本集約度の二つの相が併合されるかもしれない。その結果，(7.8) 式（の一般形）は (7.9) 式に等しくなる。これは次式を与える。

$$n'ae^{rm} = n''be^{-rm''} \qquad (7.10)$$

ここで，a は連続的な年間労働投入の価値，b は販売から得られる連続的な年間純収入，n' は投入がなされる時間的範囲，n'' は純収入がなくなるまでの時間的範囲，m は平均生産期間（投入物），m'' は平均生産期間（耐久性），そして r は利子率である。

操作を加えると，次式が得られる。

$$(m+m'') = \ln(bn''/an')/r \qquad (7.11)$$

この式は，二つの相をもつ資本集約度 $(m+m'')$ が投入の大きさ (a)，産出の大きさ (b)，懐妊期間 (n')，資本の耐久性 (n'')，および利子率 (r) をどう考慮に入れるかを示している。[6] a と b 両者の一様な流れは (7.11) 式の単純な結果を与えるけれども，可変的な大きさは操作可能な解を生み出さないであ

ろう。さらに，もし投入物に適用される利子率が産出物の価値を割り引くために使われる利子率と異なるならば，$(m+m'')$ という集計はできなくなるであろう[7]。問題はさらにいっそう複雑になる。

　各過程に含まれる待忍量を集計するためには，異なる投入単位に異なるウエイトが割り当てられなければならない。また，これらのウエイトは必ず価値によって表現されなければならない。だが，異なる種類の投入物の相対的価値は必然的に利子率に依存するだろう。したがって，そのような集計値は何か利子率と無関係なものとして，あるいは利子率を決定する与件としてみなすことはできない（Hayek, 1941, p. 143）。

だが，こうした明敏かつ独創的な説明は，1970年代初頭にまで及んだマルクス主義者と新古典派経済学者との長い論争——「資本理論論争」——への参加者たちによって無視された。本筋を離れるが，この論争に少し触れておかなければならない。

7. 資本理論論争

　資本理論論争の戦端が開かれたのは，ジョーン・ロビンソンが，二つの生産要素，すなわち資本と労働を対称的に取り扱う新古典派の生産関数についての考え方に，突然嚙み付き始めた1953年である。新古典派生産関数の場合，相対要素価格の変化は相対的に安い要素の単位を，他の要素の単位の代わりに使うという誘因を与える。価格比率が与えられていて，要素の最適な組合せへの調節が所与であるならば，要素所得の分配は生産過程で使用される各要素のそれぞれの数量に依存する。

　ロビンソンの批判は資本の測定単位に関係していた。資本は価値タームでのみ測定できるが，資本の価値は将来収益の割引額としてのみ得られる。これは総資本量がそうした収益に依存していることを意味する。したがって，資本の量（あるいは価値）はその価格に依存するが，その価格を決定するためには資本の量（あるいは価値）が知られなければならない，という状況にある[8]。こう

した困難をぼかすために,新古典派経済学は限界主義原理に完全に基づく所得分配理論を打ち立てていた。労働に対する資本比率の上昇は労働の(限界)生産性を増大させ,資本の生産性を減少させる。労働の価格は上昇し,資本の価格は低下する。このように,所得分配は市場力の非人格的な相互作用に依存する。すべてこうしたことは労働価値説に傾倒するマルクス主義者の人々にとっては呪われたものであった。激しい論争の後で,資本理論論争は知的行き詰まりを見せて終末を迎えた。参加者はへとへとに疲れたけれども,観客の多くはとっくに離れていた。

新古典派の「たとえ話」の「深遠な真理」(Harcourt, 1972, p.122 参照)に対して,新マルクス主義者たちによって開始された攻撃は,無時間的な限界分析の過度に単純化された考えによって自己防衛を促進した,楽ではあるが不適当な相手に対する攻撃であった。所与の資源と同質的な生産要素という仮定——集計的な要素取り分に対する決定論的な説明という考えはこれに基づいている——はただ単に,本質的に欠陥をもったものとしてみることができる。オーストリアンの枠組みでは,長い論争によって提起された問題のいくつかはほとんど問題にならないものである。そのなかには,同質的生産要素間の所得分配や,資本の数量化が含まれている。資本を生産要素として認めること,資本主義に対して採られるイデオロギー上の姿勢,所得分配との関係における正義概念の妥当性,資本蓄積の誘因,投資決定に直面する選択の数々,および経済成長の原因と結果,に関するその他の問題は,オーストリアンの枠組みのなかですでに適切に取り扱われていた。[9]

8. 投資,産出,および資本価値

オーストリア理論の構造に戻る場合,資本の役割に対する過度に単純化されたアプローチは不可避的に誤解を招く,ということが認められなければならない。労働と原材料に対する相対価格のさまざまな集合の下では,投入物の各技術的組合せに対応してそれぞれ特有の平均生産期間が存在する。このことは,

「投資構造」に関する与件を「待忍あるいは資本の単一生産力関数に結合しようとすること」(Hayek, 1941, p.145) によって，それらの与件を要約しようとすることは無益である，ということを意味している。さらに，資本が自由な形で利用できる——ベーム－バヴェルク，ウィクセル，およびジェヴォンズによって仮定された賃金生存基金のように——場合にのみ，より長い懐妊期間とより短い懐妊期間との間で投資を随意に再配分することが容易となろう。その場合にのみ，ある投資の生産性を（加重）平均生産期間に関係づけることが可能となるであろう。

任意の二時点間における資本ストックの変化は，「主として企業家的資本家」，すなわち，その主たる機能が「自己の資本を最大可能な収益を生み出すように維持しようとすること」にある「企業家的資本家の予見に依存する」(Hayek, 1941, p. 332) のである。きわめて知覚の鋭い人々は他の人々の費用で利益を得る。また，この不確実な世界では，新たな資本は，通常の事業の成功によって生み出される所得からと同様に，予測されない棚ぼた的な資本利得から，その資金が調達される。

将来の所得の流れに対して選好される選択として新しい様相が出現するたびに，資本構成は絶えず再形成される。所与の資本量あるいは「資本供給」という考えそのものを問題にするこのストックの評価自体が影響されるのである。この資本の供給は本質的に，「（予想される投入量の流れとともに）非永久的資源の一定のストックの存在がわれわれに選択を可能にしてくれるすべての代替的な所得の流れの全体によって」(Hayek, 1941, p. 147) のみ，記述することができる。他の資源のさまざまな組合せとともに，資本ストックの各成分は多くの異なる方法で使用されるかもしれない。また，特定の所得の流れを達成するために払われる犠牲は，そうしなければ達成されたであろう潜在的な所得の流れによってのみ述べることができる。

個々の投資はそれぞれ，**全**生産期間における産出量の市場評価に影響力をもつので，投資は必然的に相互依存的である。静態的な世界でのみ，一定不変の

資本ストックを一定不変の所得の流れと一意的に結合することが可能となる。もしある投入単位がより長い投資期間に移されるならば，それはこのより長い投資期間に対応する来たるべきいずれかの期日における産出の流れを高めるであろう。また，それによって早い時期の産出量は低下するであろう。こうした産出量の流れの価値はそれに対応して影響される。またしたがって，収益も投資がより迂回的か迂回的でないかに基づいて影響されるであろう。投資期間の延長に制約を課すのはこれである。資源がより長期のプロジェクトに再配分され，より早い時期の産出量の流れが低下するにつれて，「この早い時期に投資された産出量単位の限界生産物価値は増加し，その結果，その時期に多くを投資することが有利になる」(Hayek, 1941, p.191) からである。しかしながら，これは資本の限界生産力という考えを用いることが可能であるかぎりにおいてである。それが可能なのは，資本が自由な形には，すなわち，無限に多様な用途に適用されるようにはならないからである。企業家は限界収益を均等化することによって総収益を最適化する。だが，彼らの資本の評価は意思決定を下すための与件というよりも，むしろ彼らの熟慮の**結果**なのである。

9. 資本投資のシミュレーション

ベーム－バヴェルクの資本の時間経過理論を完成させたハイエクの功績は広く認められているけれども，それはあくまでも純粋な論理の結果にすぎず，「実践的価値は疑わしい」(Fletcher, 1989, p. 246)，と主張されている。したがって，『資本の純粋理論』は「知識に対する著しい貢献」と評されるけれども，その論評はある所見，すなわち，この業績は「オーストリア資本理論を統計的あるいは実践的に利用することができるとは信じがたい」(Shackle, 1981, p. 250) ことを示している，という所見によって留保される。統計学に関して議論はできないが，これは依然として誇張された主張である。ライバルである新古典派の生産理論と比べて，オーストリアの資本理論は実務経験により近いという意味でいっそう実践的である。すなわち，資本の懐妊を可能にするには時

間経過が必要であり，また収入の獲得を可能にするにも時間経過が必要である，という意味がそれである。さらに，新古典派理論は労働の価値と資本の価値を相互に独立なものと仮定している。これは無論，誰が資本を生産するかという問題を回避するものである。オーストリアンのアプローチでは，労働の価値，資本の価値，利子率，懐妊期間，および収益の流れの持続期間は，すべて相互に密接に関係している。

可能である無限の多様な構成から，以下のシミュレーションはいくつかのきわめて実践的な実例を示すために，恣意的に決められたパラメーターを使用する。

投入と産出の年限 　　　　　　$n' = n''$ 　　　　　　　 = 5.00
初期の利子率 　　　　　　　　$r = 0.05$
期間あたり純収入 　　　　　　$b = 10.00$

他方,

期間あたり労働投入量 　　　　$a = 7.79$

の（均衡）値は（7.4）式から得られる。このようなプロジェクトの資本価値はその懐妊期間にわたって絶えず増加するだろう。期間あたり7.79単位の投入が5年連続で毎年なされる。5％の利子率で，5年後に得られる資本価値は最大で44.24単位の価値である（これは（7.1）式か（7.2）式から得られる）。その後，翌年から5年間，期間あたり10単位の純収入が毎年獲得される。また，これは先の最大資本価値を絶えず減じることになる。詳細な数字は表7.1に示

表7.1　$n'=n''=5.00$の10年プロジェクトに対するシミュレートされた**資本価値**

時間	−5	−4	−3	−2	−1	0	1	2	3	4	5
資本価値	0.00	9.75	19.03	27.86	36.25	44.24	36.25	27.86	19.03	9.75	0.00

されている。

シミュレーションはさらに，平行して走る一連の10個の同一の計画を仮定することによって発展させられる。その場合，対応する各計画の連続的段階の間に一期の遅れがあると仮定される。これは「定常」均衡を生み出す。すなわち，活動は全体として表7.1の第二行の合計額（230.04単位）に等しい不変の総資本価値，期間あたり不変の流れの投入額（38.94単位，すなわち5×7.79単位），および期間あたり不変の流れの産出額（50単位，すなわち5×10単位）をもたらすのである。これらのデータとそれに関連する比率は表7.2の第一行に与えられている。

表7.2　$n'=n''=5.00$の場合の10個の10年プロジェクトに対するシミュレートされた値

利子率	資本単位	労働単位	産出単位	資本労働比率	資本産出比率
5パーセント	230.04	38.94	50.00	5.91	4.60
10パーセント	212.41	30.33	50.00	7.00	4.25
15パーセント	196.78	23.62	50.00	8.33	3.94

表7.2の第二行と第三行のデータによって示されているように，利子率上昇の効果は資本労働比率を引き上げ，資本産出比率を引き下げる。これらは新古典派生産理論の仮定から得られる結果（利子率が上昇するにつれて資本は労働に代替させられる）とはまったく逆ではないか，と主張したくなる誘惑には抵抗しなければならない。なぜなら，その代替は資本の相対価格の上昇とともに起こるからである。無時間的な実際的でない新古典派の世界では，利子負担の変化は資本と労働の相対価格とは無関係である（どんな資本があるにせよである）。

表7.2はまた利子率が高くなるにつれ労働単位が低下することを示している。その説明には二つの部分がある。(1) 労働単位はそれぞれの新しい均衡の計算における残差である。(2) 期間当たり純収入は不変のままと仮定されるので，

（より高い割引き率で）割引きされた価値はより小さな資本単位数を与える。換言すれば，利子率の上昇は将来収益の資本化価値と（その結果としての）労働単位数の両方を低下させる。投入量と産出量の数に物理的な減少はないが，金利生活者のより高い収益（利子率の5ポイントの上昇からの）に応じるためには，資本所有者は資本損失（約7.5パーセントの）を受け入れなければならず，また労働は所得の減少（約22パーセントの）を経験しなければならない。前者は現実の実業界や金融市場においてよく理解されるところであろう。後者に関しては，もし硬直的な貨幣賃金が均衡解を維持するために必要な調整を妨げるならば，結果として失業が起こりそうである。これもまたよく知られたところである。

10. 資本とマクロ経済学

実業の世界で考えてみると，投資支出の機能は将来の消費財供給を増加させるために必要な資本を用意することにある。しかしながら，ケインズの『一般理論』は，投資が直接的にも間接的にも乗数過程を通じて雇用を増大させるために使われる総需要の一構成要素として扱われる，というマクロ経済分析を準備した。投資の機能的目的を無視して，雇用と国民所得の短期モデルを生み出すために，現代マクロ経済学はきわめて重要な経済学の分野，すなわち，時間を通して変化する生産の水準と構成の決定要因，を等閑にしている。

ハイエクの考えによれば，完全雇用を達成するための手段としての拡張的貨幣政策という戦略は，オーストリア資本理論をケインズが無視したことに帰すことができる。投資の主要な決定因は消費財需要である，という考えにケインズがどうして固執できたかを説明できるのはこれだけであろう。この考えそのものは過度に単純化されている。ハイエクは投資，最終財，および雇用の間の複雑な関係を説明するために，川を使って類推した。川は資本主義的生産の連続的な流れを表している。その流れはその河口での潮（最終財の販売）の水位からまったく独立である。上流水域で，水量は支流から主流への直接的な流量

によって影響される（新たな投資や更新投資の変動）。それは相対的な要素価格，技術的変化，および利子率によって決定される。任意の一定期間においては，上流水域における変化と最終財の販売との間にも，最終財の販売と雇用との間にも明白な対応関係は見られない。さらに，不況時には，最終需要の復活は「上流水域における生産の流れの復活の原因というよりも，むしろ結果」(Hayek, 1983, p. 46) である，ということが一般的にいえた。

　投資の均衡水準と配分は個人的な時間選好に依存する。すなわち，将来，相対的に少なく（多く）消費することができるために，現在，相対的に多く（少なく）消費したいという願望がそれである。企業投資支出の水準と方向の変化は，現在と将来に生産されうる異なる財（消費財と生産財）の比率を決定する。企業の利潤を決定するのは，一方で支出の水準と構成，他方で産出の水準と構成の間のバランスである。支出の流れと産出の流れの間に対応関係はあるかもしれないし，ないかもしれない。また起こりうる多くの不一致は重大な経済的意義をもつ。こうした動態的諸力の間の精確な適合ということこそ均衡の定義である。だが，この概念の「完全な到達不可能性」を所与とすれば，おそらく必然的に，経済学者たちは「実際，歴史過程とはどのようなものでなければならないのか」(Shackle, 1981, pp. 252-3) という問題に繰り返し立ち戻らざるをえないであろう。

　オーストリア経済学はケインズ革命によって一蹴された。ハイエクがすぐさま念入りな『一般理論』批判に時間をかけなかったことは判断の誤りであり，彼は終始そのことで自身を咎めていた。「投資のかなり広範な社会化」(Keynes, 1936, p. 378) の干渉主義に対抗する必要を彼が認識したのはあまりに遅くなってからである。たとえそうでも，『資本の純粋理論』は意味深い著作であることは一般的に認められているところである。すなわち，その著作は「歴史という沸き立つ大釜」(Shackle, 1981, p. 253) のなかの諸力を明らかにするためにかつてなされた最も大胆な試みなのである。この知的偉業が新しいマクロ経済学の激しいうねりによっておおい隠されてしまったことは茶番である。

資源が完全利用されている場合，現在の消費に対する財の供給と将来の消費に対する財の供給の間には，明白なトレードオフがある。経済成長による進歩は現在の犠牲によってのみ達成することができる。貨幣的拡大によって成長を強引に推し進めようとするどんな試みも，無視できないインフレ的な含みをもっている。だが，ケインズの『一般理論』によれば，この困難は生産要素の間の広範な未利用を前にしては存在しない。そこで，貨幣的拡大は，まだ利用されていない資源や十分に利用されていない資源が利用できるために，非インフレ的である。しかしながら，ケインズはそうした容易に利用可能な資源の構成がもつ重要性を見落とした。さらに，資源は生産要素の形で，あらゆる完成段階にある仕掛品の形で，そして消費財の形で手近になければならない。その場合にのみ，以前は雇用されていなかった労働者からの新たな需要に応じる生産水準に不足はないであろう。だが，ケインズの『一般理論』からふと浮かぶメッセージは，より高い投資水準は貨幣的拡大によって資金調達されるかもしれない，というものであった。それもインフレをひき起こすことなくであり，しかも短期的に消費を低下させる必要もなくである[11]。

これらは要素投入物の弾力的な供給と中間生産物の弾力的な供給を仮定して可能な事柄である。このような主張が許されるのは，ケインズの『一般理論』の目的が限られたものであることを反映している。それによれば，投資の評価，懐妊期間，キャッシュ・フロー，資本回収期間，および金融の問題は，投資を増大させて，経済全体の完全雇用を生み出す水準にまで総支出を押し上げるという問題には関係しない事柄である。このことは，生産の構成に対する結果あるいは循環的活動や経済成長に対する含み，に関してほとんど考慮を払わずに，完全雇用に的を絞った経済政策を導いてきたし，また導き続けているという点で，高価な誤りであった[12]。

第8章　景気循環[1]

　彼は，1929年秋に起きた大崩壊以前に重大な経済恐慌の可能性を警告した数少ない経済学者の一人であった。フォン・ハイエクは，自発的貯蓄率を超える貸付けを伴う貨幣的拡大が，特に資本構造に影響を与えて，誤った資源配分をどのようにしてひき起こすかを明らかにした（スウェーデン王立科学アカデミー，1974）。

1．景気循環の性質

　景気循環の原因と性質は，第一次世界大戦直後のドイツにおける多くの研究や議論の主題であった。ヨーロッパ中に物凄い価格変動をもたらした戦争（およびその直後）の経験は，この関心を生み出す直接的な刺激であった。価格不安定性や景気変動という経験の一般的説明として役立つかもしれない市場経済の特徴が探求された。

　諸資源が多かれ少なかれ資本主義的な（あるいは迂回的な）生産方法のなかで統合されていく仕方こそ，ハイエクの景気変動分析の鍵である。この生産構造のどんな変化も累積的な影響力をもつ。ハイエクの特異な貢献は，オーストリア資本理論をこの動態的な枠組みのなかに組み込んで，ブームをひき起こす誘因，だが絶えずさまざまな生産方法の間の均衡を破壊する誘因，を貨幣的拡大がどのようにして準備するかを説明することであった。そうした貨幣的拡大の不可避的な結果は恐慌と不景気である。

　ハイエクは首尾一貫した一連の理論的な議論を生み出したけれども，それらの長い混乱した懐妊期間が多くの論争を巻き起こしたのである。彼の4冊の書物とそれに関連した雑誌論文は『一般理論』の出版をまたがっていた。ケインズの方法に対するハイエクの敵愾心はさまざまなやり取りに大きな熱気を加えたが，ここで意図していることは，その当時のこうした論争に焦点をあてることでも，ハイエクの理論を景気循環分析史のなかに位置づけることでもない。むしろ，ハイエクの説明を首尾一貫した全体として回顧的に解釈することであ

る。

　元の表現に精通している人々に混乱や多少のいらだちさえ与えることを承知のうえで，現代の用語法，特に投資の評価基準に関する用語法を拡大的に利用する。それにもかかわらず，議論は常にハイエクを起点としているし，また最も近いところにある引用文を手引きとすれば，出所が容易に突き止められるかもしれない。

　ハイエクの最初の主要な著作は『貨幣理論と景気循環』(1929)（最初の英語版，1933）と『価格と生産』(1931)（改訂増補版，1935）であった。『価格と生産』は1930-1年におけるLSEで行った4回の講義をまとめたものである。それは，

> 産業変動論の輪郭について私自身明確な見解に達していたが，それをきわめて詳細に精緻化する以前，あるいはそのような精緻化がもたらすあらゆる困難を実感さえしていないときであった (Hayek, 1935, p. vii)。

　改訂増補版を出すにあたって，ハイエクはその不十分さを予告した。とはいえ，後悔はしていなかった。というのは，この初めての試み——「過去の経済論争においてこれに匹敵するものはほとんど見ることができないであろう」(Kaldor, 1960, p. 149)——によって生み出された批評や議論が「その後のより完全な精緻化のための」方向を与えたからである。

　ハイエクは1931年にウィーンからロンドン・スクール・オブ・エコノミックスに招かれていた。それはケインズの影響に対抗する試みとみなされた。教授就任に先立って，ハイエクは4回の講義を行った。それらはロンドンで好意をもって受け入れられた (Robbins, 1971, p. 127 参照)。この同じ時期に，ハイエクはマーシャル学会で講演をするためにケンブリッジからの招待を受諾していた。ケンブリッジで受けた印象はかなり違ったものであった。4回の講義を一つに縮めることが必要であったし，しかもハイエクは高熱に侵されていた，ということを最初に説明した後，リチャード・カーンはその晩のことを描写する。

——ある人の——聴衆は完全に当惑していた。通常，マーシャル学会の講演はその後にやつぎばやの議論と質問が続くのである。このときは完全な沈黙であった。私は話の口火を切らなければならないと感じた。そこで，私は立ち上がって尋ねた。

「もし私が明日出かけて，新しいオーバーを購入するならば，それは失業を増大させるでしょう，というのがあなたの見解ですか。」

「はい」とハイエクはいった。「だが」と黒板の三角形を指さして，「理由を説明するにはひじょうに長い数学的議論を必要とするでしょう」(Kahn, 1984, p. 182)。

その論争の要点は，簡単である。景気後退は，過剰投資，すなわち過少貯蓄によってひき起こされる，とハイエクは考えた。ケインズがとった見解は逆であり，また需要を増大させるための彼の公共投資擁護論は教科書経済学となった。目下の焦点はハイエクにある。

『貨幣理論と景気循環』は「循環的変動をひき起こすことがある貨幣的原因」(Hayek, 1933a, p. 17) を強調した。また，これは景気循環の実際の現象である「現実の生産構造の継続的変化」にいっそう大きな焦点をあてている『価格と生産』によって補足された。さらに後になって，初期の分析において認められた欠陥を考慮に入れながら，『利潤，利子，および投資』(1939) と『資本の純粋理論』(1941) が出版されることになった。

初期の二著作においては，投資誘因に対する利子率低下（新たな貨幣や新たな貯蓄によってひき起こされる）の影響力が一貫して論じられた（すなわち，「利子率効果」）。その後の二著作では，投資誘因に対する相対価格の変化の影響力に注意がいっそう向けられている（すなわち，「相対価格効果」）。ここでは，これら二つの効果が相互に一致するということ，そして，カルドアがそれらを矛盾する理論的定式化であると述べたことは間違いであったということ，を明らかにしたい。

2. 資本主義的生産方法

資本主義的生産過程を延長することによって，一定量の本源的生産要素からより大きな量の最終財を手に入れることが可能である。だが，これらの財が利

用可能となるのは、より短い生産過程が使われる場合よりも、**もっと後になっ**てからのことである。これは経済的決定である。生産構造を維持するほうが有益であるか、それとも変えたほうが有益であるかは、最終財に対して容認される価格と中間財に対して支払わねばならない価格とのバランスにかかっている。

各生産段階で、マージン（中間財を生産するための要素費用と原材料費を超えるその中間財の価値の超過分）が投資をする気を起こさせるために存在しなければならない。企業家は総収益を最大化するように多くの異なる生産段階に資源を配分する。時間割引マージン（あるいは収益）に差異がある場合、投資は収益が均等化（収穫逓減の結果として）するまでさまざまな生産段階の間で変換される。ところで、何が収益格差を広げるのであろうか。可能性としては、①貯蓄水準の変化と、②貨幣的拡大のどちらかである。いずれも「利子率効果」をひき起こす。

3．利子率効果

単純化のために、産出量は各生産段階で同じ収穫逓減（要素の追加的単位の利用に関して）を示すと仮定される。だが、要素に対する物的限界生産物曲線はすべての段階で同一であるけれども、その価値（曲線上の任意の点の）はより後期の生産段階でよりも、より早期の段階でいっそう大きく時間割引される。

企業家が最大収益を達成するよう資源を配分した場合、利子率の低下はあらゆる生産段階を通して収益を増加させるに違いないが、それは最も大きく時間割引される段階に最大の影響力をもつ。この影響力の差異は次のようにして明らかにされる。連続的な生産段階（t, $t-1$, および $t-2$）で達成される収益（y）を（t 時点から）振り返ってみると、均衡は次の場合に得られる。

$$y_{t-2} = y_{t-1} = y_t$$

これらの収益はそれぞれ時間割引された価値である。例えば、

$$y_{t-2} = a_{t-2}(1+r)^{-2}$$

ここで，a は割引されていないマージン（2期前の最早期の生産段階における）であり，また r は割引率（利子率）である。もし初期条件が

$y_{t-2} = y_{t-1} = y_t$　　　　　　　　割引率 r_1 の場合

であるならば，

$y_{t-2} > y_{t-1} > y_t$　　　　　　　　割引率 $r_2 < r_1$ の場合

となり，しかも

$y_{t-2} < y_{t-1} < y_t$　　　　　　　　割引率 $r_0 > r_1$ の場合

となる。これらは全体として，最高（最低）の利子率では，最短（最長）の過程が最も有益であるということを示している。したがって，利子率が低下するにつれ，収益は一般的に増加するが，その刺激は「資本の深化」を促進し，また，利子率が上昇するにつれ，収益は一般的に減少するが，「資本の浅化」を助長する傾向をもつ。

これらに比べて洗練された言い回しではないだろうが，利子率の低下は比例的により多くの資本を使う生産過程に有利に作用する，ということが確認されている。単に，これは（新たな貨幣に基づいて設立される）新企業にとってきわめて都合がよいだけでなく，また，前からある企業も資源を直接的な生産方法から切り替えて，中間財への支出を増加させる気になるであろう。利子率が低下すると，

さまざまな段階の間の諸要素のこれまでの配分は明らかに均衡状態を示しておらず，限界生産物の割引価値が各段階で異なるような状態を示しているであろう。また，もし利用可能な要素の総量が同じままであるならば，新しい均衡配分は明らかに，要素価格がより高くなるというだけでなく，要素の相当量がより早期の段階で利用され，したがって，より後期の段階では使用量が少なくなる，という配分になるだろう (Hayek, 1935, p. 82)。

　生産的資源の供給が固定されていて，完全に利用されていると仮定すれば，新たな貨幣をもつ企業家は追加的な資源を，現在それらの資源を使用している企業家よりも高値を付けることによってのみ，獲得することができる。資源を再配分して，この「新しい均衡配分」に到達しようとする利子率動機によって，価格がどの程度影響されるかは，代替がどの程度可能であるかに依存している。いくつかの中間財は他のものよりも「いっそう特殊な」（用途がいっそう限定された）ものであるため，さほど容易には動かされない。しかしながら，利子率は「直接原価要素」としてのみ関係すると仮定することは間違いである，というのがきわめて大事な結論である。より重要なことは「中間生産物に対する需要とその中間生産物を生み出す生産要素に対する需要に及ぼす影響を通じて，利子率が価格に及ぼす影響」(Hayek, 1935, p. 83) である。利子率の低下によって生み出される投資への刺激は，追加的資金の充当によって獲得される新たな利潤についての企業家の期待に依存する。もしあらゆる企業家が増進される将来収益をまさに正しく予測するならば，追加的な資金はもっぱら最大収益を与える生産段階に向けられるであろうし，他の潜在的な（さほど有益でない）ベンチャーには依然として資金は残らないであろう。

　この場合，価格メカニズムの役割は効率的な資源配分の達成に向かって作用することである。より大きな貯蓄のために消費支出を自発的に抑えることは，利子率を低下させ，適切な調節（中間財と最終財の生産のバランスのため）を行わせるであろう。結果として，新たな貯蓄は資本主義的生産段階の全分野にわたる（だが，最早期段階を重視する傾向をもつ）新たな投資によって吸収される。しかしながら，貨幣的拡大が利子率低下の原因であったならば，状況は

これほどうまく解決しない。

4. 銀行信用貨幣と投資の累積的過程

　もし新たな貨幣が「生産者への信用によって」利用できるようになるならば，利子率は引き下げられる。新たな貨幣の影響力は新たな貯蓄によって与えられる影響力と多少似通っているが，後者と違って，新たな貨幣によって資金調達される投資は，最終財に対する支出削減を先行することなく行われる。そこで，需要増加は中間財の価格を押し上げ始めるけれども，最終財の産出量は影響されずにいるかもしれない。より迂回的な方法への転換が進み始めた後でさえ，財が懐妊期間においてひじょうに進んでしまった（また，再配分を妨げるほど特殊である）かもしれないので，最終財はしばらく不変の率で産出される。だが，遅かれ早かれ，これは中間財生産への資源の転用の結果として終わりを告げるに違いない（Hayek, 1935, p. 88 参照）。

　生産要素がより長期のプロジェクトに転換されるにつれて，市場における最終財の流れに中断が生じることは不可避である。そのとき，最終財の希少性が増大（自発的貯蓄の増加がなかったので）し，これらの財の価格を上昇させるに違いない。これは消費の削減を強いることになる。また，この削減は計画されたものではないため，「強制貯蓄」という記述が必要である。

　今や，要素需要が（中間財と最終財**両方**の生産に対する需要がより大きなものとなるため）貨幣所得を上昇させるような状況にある。これは最終財の価格に対する圧力を増すことになる。したがって，初期の収益性ギャップ（中間財生産と最終財生産との間の）は埋まり始める。

　企業家の利潤期待は最終財の価格上昇によって高められ，また，銀行が進んで貸付けを拡大しようとするかぎり，その過程全体は累積的である。だが，新たな銀行信用の創造は永久に続くものではありえない。いつかは起こる停止とともに，より短い（より迂回的でない）過程に復帰する誘因が準備されるようになるにつれて，困難な再調整期が始まる（後述の「相対価格効果」参照）。こ

の再調整は,もし最終財の累積された不足が人を惑わすほど魅力的な希少性による価格プレミアムを生み出したならば,ある程度の「過剰反応」を伴うことさえあるかもしれない。

5. 短期的(長期的)過程から長期的(短期的)過程への転換における非対称性

貨幣的拡大は利子率を引き下げ,**すべての投資の収益性を高めるが,より迂回的な過程の収益性は生産量の増加によって高められる**。それにもかかわらず,企業家が既存の短期的過程(その収益は獲得できる最高のものではないけれども,利子率以上の水準にある)に完全に特化した資本を使用し続けながら,他方で,新たな投資をより迂回的な過程に転換することは完全に合理的である(Hayek, 1935, p. 93, fn)。

逆の場合,議論はやや異なる。なぜなら,もし利子率が**引き上げられる**ならば,それはすぐさま**すべての**過程の収益を超えるからである。その差は,過程が長期化すればするほど,それだけ大きくなる。したがって,長期的過程はいっそう迅速に廃棄される。(「サンク・コスト」の議論が適用されるけれども,その計算は最終財の完成までの期間における追加的資金の供給を説明しなければならない。)長期的過程の廃棄とともに,短期的過程の収益性が直接的に高められる。それにもかかわらず,長期的過程から解放された要素が,ゼロから出発して徐々にしか資源を吸収しない,発生しつつある短期的過程に転用されるには,いくばくかの時間が必要であるかもしれない。さらに,そうした要素の未利用期間は,「ひとたび消費財の一時的希少性が消え去ってしまって」(Hayek, 1935, p. 93),企業家がそれらの要素の利用をためらうことになるならば,引き延ばされるかもしれない。

新たな貨幣,利子率の引き下げ,長期的過程への転換,最終財の希少性の増大,そして短期的過程への復帰から成るプロセス全体は,ハイエクの寓話によって記述される。

その状況は、ある孤島の住民が、必需品のすべてを供給することのできる巨大な機械を一部建設した後で、その新しい機械がその生産物を生産することができる前に、すべての貯蓄と利用可能な自由資本を使い果たしてしまったことに気づく、というような状況に似ている。その場合、彼らには、新しい過程に関する作業を一時的に中断して、資本の助けを借りないで日々の食料を生産することにすべての労働を捧げること以外に、選択肢はないであろう（Hayek, 1935, p. 94）。

実際、これらの困難でさえ控えめに述べられているかもしれない。というのは、資本蓄積は、資本がない場合に雇用できる水準をはるかに超える人口の成長（あるいは、おそらく移民の流入）を可能にしてきたかもしれないからである。

ハイエクはこれらの議論から、**先行する**新たな貯蓄がなければ消費水準を増加させることは不可能である、という「根本的な真理」を引き出している。既存の設備がより高い水準の最終財を生産する（一時的な）能力をもっている場合でさえ、この水準が継続的に維持されるためには、あらゆる補助的段階で、中間財の数量が比例的に増加しなければならない。これは先行する貯蓄がなければ達成できない。

ハイエクの見解によれば、多くの経済学者は1930年代の不況における遊休耐久資本の莫大なストックに惑わされたのである。多くの**その他**の長期的過程への先行する関わりあいの必要が一般的に見落とされた。遊休能力は、「過剰資本が存在することや消費が不十分であること」の証明であるよりも、むしろ、最終財の需要水準が「あまりにも緊急な」ものであるために、必要な耐久資本の大部分がすでに利用可能であるとしても、長期的過程への投資を行うことができない、ということを論証した。この遊休のプラントや機械類は以前の「資本の誤用」（Hayek, 1935, p. 96）の結果であった。

6. 不況時の政策

「利子率効果」についてのハイエクの分析から、経済を不況から脱出させるために消費者需要を刺激するのに安易な信用政策は使われるべきでない、とい

う結論が導かれる。そのような方策は生産過程の構造的な誤調整から生まれる失業問題を悪化させるだけであろう。

ハイエクは，的確な統制によって，銀行信用の拡大は救済的機能を発揮することができるであろう，と主張する。なぜなら，新たな貸出しの的確なタイミング，金額，および管理が最終財の最初の過度の価格上昇を補整すること，しかも，その後の回収がまさに追加的な最終財の流れを補整する（最終財と中間財の供給パターンが需要パターンに適応していくにつれて）こと，が理論的には可能だからである。しかしながら，不確実な世界では，これはできないことを望むようなものである。信用拡大から有益なものは何も得られない。必要と**される**のは，

> 自発的貯蓄と自発的支出によって決定されるような消費財需要と生産財需要の比率に，生産構造が可能なかぎり最も迅速かつ完全に適応することである（Hayek, 1935, p. 98）。

「人為的な需要」の創出は資源配分を歪め，永続的な調整を延期させることになる。未利用資源がそのような人為的な刺激によって素早く吸収されるかもしれないけれども，「新たな混乱と新たな危機」が不可避な結果となろう。

7．相対価格効果

歪みをひき起こす原因が何であれ，「循環的変動を左右する決定的な要因」は生産構造に生じる複雑な歪みである。これらは，――こうした歪みをひき起こすことのある――「貨幣価値の変化という表面的な現象」（Hayek, 1933a, p. 41, fn）よりもむしろ，きわめて詳細な注目に値する。

ある程度，歪みは「利子率効果」によって創出され，また幾分かは，「相対価格効果」によって創出される。後者の記述に向けた最初のためらいがちな歩みがハイエクの初期の著作に見い出されるけれども，その分析は混乱を招くような説明によって損なわれてしまった。

最終財に最後の手が加えられる段階の直前の生産段階においては，最終財の価格下落の効果の方が，あらゆる種類の中間財の購入に利用可能な資金の増加の効果よりも，いっそう強く感じられるだろう。したがって，この段階の生産物の価格は下落するだろうが，消費財の価格ほどには下落しないだろう。これは最後の二段階の間の価格マージンが縮小することを意味する。だが，この縮小は……最終段階での資金の利用を，それよりも早期の段階に比べて相対的に不利にするので，最終段階で使用されていた資金の幾分かは早期の段階にシフトしていく傾向があるだろう。この資金シフトは先行する段階の価格マージンを縮小する傾向があるだろう。またしたがって，早期段階の生産物価格に累積的上昇傾向が生じ，それはすぐに下落傾向を打ち負かすだろう（Hayek, 1935, pp. 75-6）。

しかしながら，ハイエクは次の記述において因果連鎖を逆転させているように思われる。すなわち，運転資本への投資は，

　今や早期の段階へと引き寄せられるだろう。そこでは貯蓄率の変化の結果，相対的に高い価格が獲得されるのである（Hayek, 1935, p. 76）。

また，

　早期の生産段階における価格の上昇（利子率の低下）は多くの資本を利用するラインの生産を有利にし，少ない資本を利用するラインを犠牲にしてそれらのラインを拡張するだろう（Hayek, 1935, p. 77 fn.）。

これらの記述はすべてむしろ混乱を招くものである。（もし先の二つの引用箇所で「価格」の代わりに「収益」をもってくるならば，いくらか明瞭になるかもしれない。）
　早期の生産段階の収益を高めるのは，それらの段階における中間財の相対的な価格上昇では**ない**。むしろ，それらの時間割引収益の相対的な高まり（新たな貯蓄と利子率の低下の結果）が投資を引き寄せ，それらの価格を上昇させるのである。（これはやがて均衡を取り戻すプロセスであるが，それは**強制貯蓄**がない場合にのみあてはまる。）ケインズ派の信念の擁護者たちが，ハイエク理論の「二つのバージョン」の間の矛盾といわれているものを利用することが

できた，というのは少しも驚くべきことでない。

8. 相対価格効果の例証

　貨幣的拡大の効果は，最終財に対する需要の同時的減少を生み出すことなしに，利子率を低下させることである。「利子率効果」の直接的な影響力は生産過程を引き延ばすことである。だが，それに続く最終財のより高い相対価格は結果として，すべての資本投資の収益を増大させるけれども，最小の迂回的過程に最大の影響力をもっている。以下の数値例は最終財の価格変化が投資誘因に対してもつ特異な影響力の性質を明らかにするためのものである。

　所与の長さの投資期間に対して，もし（生産された最終財の販売から得られる純収入の）純現在価値が投資費用を上回るならば，新たな投資は企てられ続ける。新たな投資が止むのは（(7.2) 式の形の）次のような場合である。

$$x_0 = \int_0^n b e^{-rt} dt = b(1 - e^{-rn})/r \tag{8.1}$$

　ここで x_0 は $t=0$ 時点での投資費用であり，b は最終財からの継続的な年間純収入の価値，n は純収入がなくなる時点，そして r は利子率である。

　投資水準は最適であると仮定され，各限界（100£）単位は（例えば）7パーセントの市場利子率に等しい内部収益率を生み出す。b の値はどんな生産方法に対しても見い出されるかもしれないが，次の数値は選択された n の値に対して (8.1) 式から得られたものである。

n:	5	10	15	20	25	30
b:	£23.7	£13.9	£10.8	£9.3	£8.5	£8.0

　これらの値は完全均衡における資本構造を反映している。最終財の価格上昇

の影響力を明らかにするために，b のそれぞれの値が5パーセントだけ引き上げられ，(8.1) 式に代入すると，未知数 r に対して次のような解が得られる。

n :	5	10	15	20	25	30
r :	0.089	0.081	0.078	0.076	0.076	0.075

これらの値はすべての収益が最初の0.07を超えていることを示している。これはすべての生産方法に投資する誘因を与える（「資本拡張」）。だが，その誘因は，「資本浅化」を優位とする最小の迂回的な生産方法に対して最大となる[2]。

9. 新たな貯蓄と新たな信用

貨幣的拡大は，市場利子率を押し下げるとともに，最終財の**相対**価格を押し上げることによって，投資支出を刺激する。価格に対する**差別的な**影響力というこの考えは，リカードの『原理』に遡ることができる（Moss and Vaughn, 1986, p. 548 参照）。そこでは，最終財の生産から中間財の生産への労働の移動は，前者の価格を上昇させ，またしたがって実質賃金を低下させる，ということが主張されている[3]。これは投資に対するいっそうの刺激として作用するが，より迂回的でない方法に優位性を与えるものである。ハイエクはこの議論をさらに押し進めた。

　投資が増加し続けるかぎり，消費財の価格と費用の差異は徐々に大きなものになるに違いない。ついには，利潤率の上昇が，より大きな産出能力を用意する傾向よりも，より耐久的でなく費用のかからない機械に転換していく傾向を支配的なものにするほど，激しいものとなる（Hayek, 1939b, p. 33）。

ひじょうに多くの論争をひき起こすことになったのはこの主張であった。
　リカード効果は，マクロ経済とミクロ経済のいずれのレベルでも論じられるかもしれないが，オーストリア学派の方法論的アプローチによって，ハイエク

は個別企業内部におけるその影響力を強調した。ハイエクは動態的な調整経路の期間に生じる供給の制約を強調した。上昇する商品価格と不変の生産費はきわめて広範囲にわたる企業活動の利潤を増加させる。だが最大の増加は短期的投資にある。

以前には，固定された機械，建物，およびその他の長い懐妊期間の品目に向けられた新たな投資は，運転資本に転用される。**平均回転期間はほとんど影響されないけれども，新たな投資支出に対する限界インパクトは確かに大きくなる**（Hayek, 1942, p. 231参照）。当期支出に急激な変化が導入され，償却引当金が運転資本に転用されるかもしれない。こうして，企業は，同時にその固定資本を減少させながら，産出量を増加させることができる。これがどのようにして起こるのかを明らかにするために，先に与えられた数値例を引き合いに出すことができる。

二つの生産方法がそれぞれ耐用年数5年の資本と耐用年数20年の資本を使い，各生産方法は60単位（×£100）の資本で操業し，そのうちの12単位と3単位がそれぞれ毎年末に消却されるとしよう。各生産方法が（例えば）7パーセントの内部収益率を与えると，それぞれの年間産出額の数字は£23.7と£9.3となろう（前述の数字を参照）。120単位の資本で生産される最終財の年間評価額は£1980（60×£23.7プラス60×£9.3）であろう。

もしこの状況が最終財の価格上昇によって混乱させられたならば，各生産方法の投資収益率は上昇するだろうが，その上昇はより迂回的でない方法の方が大きくなるであろう。もし追加的な資金が利用可能でないならば，投資は耐用年数5年の資本に転換されるであろう。だが，これは年3単位の率でしか可能でない。

5年後，耐用年数5年のストック量は75単位に増加し，耐用年数20年のストック量は45単位に減少するであろう。また，（当初の価格で評価された）最終産出額は£2196（75×£23.7プラス45×£9.3）に上昇するだろう。資本ストックは依然120単位であるが，その後は減少するであろう。その理由は，（6年目

以降）耐用年数5年のストックを75単位に維持するには，(12でなく) 15単位の更新投資が必要だからである。耐用年数20年のストックは，20年後に何も残らなくなるまで，減少し続けるであろう。その後，年間商品産出額は£1777.5 (75×£23.7) で一定となろう。[4]

したがって，リカード効果は（たとえ投資水準が変わらぬとしても）初期効果として産出額を増加させることがわかる。だが，より迂回的でない方法が投資資金を優先的に要求する資本浅化（あるいは「コンサティーナ効果」）が生じる。最終的に，総固定資本ストックの減少が起こる。ケインズ派経済学者が理解できない（あるいは理解しようとしない）のはこの主張であった。[5]

ここでの例は完全雇用を仮定している。もし未利用資源があるならば，貨幣的拡大は最終財の価格を引き上げることによって，ケインズの「非自発的失業」を減少させるかもしれない。低い利子率と豊富な資源は全範囲の迂回的方法に対する投資支出を増加させるかもしれない。それにもかかわらず，豊富な資源は「投資の減少が長い間延期される」ことを意味するかもしれないけれども，「その減少はかならずくる」(Hayek, 1939b, p.31)。新たな投資は以前に雇用されなかった人々の手に所得を与え，最終財の需要を増大させるが，ケインズの**瞬間乗数**というありそうもない手立てによってのみ，価格上昇が避けられるかもしれない。この手立てがなければ，最終財の価格は上昇し，またしたがって，短い耐用年数の投資を有利にする傾向を生みだすであろう（より詳細な説明については，Steele, 1989, pp. 57-9参照）。

10. 避けられない不景気

発明や発見から生まれる新しい機会によってひき起こされるブームにおいて，拡大は，他の用途からの資源の転用を制限する利子率の上昇によって，抑制される。貨幣的拡大をきっかけとするブームにおいては，このメカニズムは存在しない。利子率は引き下げられ，投資家は低利の貸付けを利用する。新たな投資需要は，供給の減少が最終財の価格を押し上げるので，強制貯蓄によって資

金調達される。これはリカード効果を生み出し、それがまた持続していく。先の数値例は産出額がより低い新たな水準にまで減少する以前に、しばらくの間どのように増加しうるかを示している。それはまた、資本ストックが減少している一方で、投資支出の額が一定水準にどのようにしてとどまることができるのかを示している。静態的なケインズ派の枠組みにおいて、投資需要表の外側へのシフトは、より高い利子率で、より高い投資水準をもたらす。またしたがって、ケインジアンは、このより高い利子率が資本ストックの減少に責任がある、などということはどうあっても受け入れることができないであろう。

　このように主張することは、ある商品の需要の増加はその価格の上昇をひき起こすだろうし、また価格の上昇は需要の制限をひき起こす（なぜなら、より低い価格よりもより高い価格の方が購入される量は少なくなるからである）ので、需要の増加は購入量の減少につながるだろう、ということと同じ推論上の誤りを含んでいる（Kaldor, 1960, pp. 169-70）。

11. 結論

　貨幣的拡大と利子率低下は資本投資を一般的に促進するが、特に間接的な資本主義的生産方法を支援する。だが、その後の最終財価格上昇の効果はこの傾向を相殺することになる。これら二つの力の統合に関して論理的な矛盾はない。それらを融合することで、ハイエクは、統合された生産方法が景気変動論のなかで占める中心的な役割について、独創的にして明敏な理解を示したのである。

　どんな変化も時間を要し、調整費用を負う、ということがハイエク的パラダイムの中心である。経済的に効率的な動態的経路をたどる市場力によって管理されるという点で、多少の変化は正当とされる。たとえそうでも、循環的パターンは、価格に対する差別的な影響力やそうしたシグナルに対する反応の遅れを所与とすれば、不可避なものであるかもしれない。

　投資ブーム時に、生産構造の変化は避けられない。だが、貨幣的拡大に責任があるとき、不当な変化がはっきりと現れる。ひとたびブームが進行すると、

利子率は, 貯蓄の限界のため, あるいは貨幣的拡大の終局のため, やがて上昇するに**違いない**。より高い利子率はより迂回的な方法に反対する。より高い利子率と最終財価格の上昇の結合効果は累積的である。投資ブームの終末を示す数学的に精確な計算はないけれども, そのプロセスは維持できるものではない。

> ブームの終末時における投資機会の明白な枯渇は, それゆえ, 以前に存在した投資機会がすべて使い果たされたという事実によるのではなく, ある段階における利潤率の上昇のために……, 以前に有益であった多くの投資がそうでなくなったという事実によるだろう (Hayek, 1939b, p. 34)。

多くの型の労働が特に特定の型の雇用に張りつけられる場合, 失業は投資の転換から生じるに違いない。だが, 貨幣的拡大によって開始される投資ブームは生産構造に深刻な歪みを生み出す。利子率の上昇の前でも, 収益率の上昇によって, 以前に有益であった投資プロジェクトが破棄されることになる。利子率の上昇はこのプロセスを加速する。徐々に, これらの新たに不利益となった部門における所得に対するその効果は, 最終財需要を減少させ, 失業を促進する。それはまた最終財生産に必要な中間財の需要を減少させる。

ブームは破裂する。だが, 遅かれ早かれ, 景気後退は底を打つ。再び, その時を精確に示す数学的計算はないが, 最終財生産からの収益低下とともに資源制約の緩和がリカード効果を逆転させるに違いない。より迂回的な方法がもう一度始まる。

ケインズ派の時代には, ハイエク派のものであれ, 別種のものであれ, 動態論を受け入れようとする気運はなかった。特に, 多くのイギリス人経済学者は適切な動態分析用具を適用できなかったため, 議論されている問題, すなわち, 滑らかな成長が可能であるか, それとも循環があるに違いないか, という問題に答えることができなかった。この問題は, ハイエク体系の原形を再生するためにその体系の微分方程式を書き出すことによってのみ, 答えることができる。原形は特性方程式の根の加重合計である。もしこれらの根が複素根であるなら

ば，循環が存在するであろう。それらが複素根であるかないかは，体系のパラメーターの値に依存する。サミュエルソンがケインズ体系の原形を見つけたように，いつか，誰かがハイエク体系のこの原形を見つけるだろう。ハイエクがこの探求と発見を是認するか，擬似科学的とみなすかは別の問題である。

12. 補　遺

本章の補遺は5点ある。

(1) 景気不振の本質的特徴としてハイエク自身が挙げたものを要約。これらの特徴は貨幣と資本と景気変動の相互関係から理解することができる。
(2) 本章の本文で与えられた例証の拡大。
(3) 本章の本文で言及された割引キャッシュ・フロー計算の図解。
(4) 入念な説明に続いて決まって問われる問題，すなわち「リカード効果とは一体何か」に対する手短にして直接的な解答。
(5) リカード効果の経験的確証に関するコメント。

(1) 景気不振：10の命題

大恐慌とケインズの『一般理論』によって支持された公共支出計画に対するハイエクの姿勢は，景気変動における貨幣と資本の役割についての彼の認識に由来する。10の命題（Hayek, 1935, pp. 132-62）が彼の複雑な分析の際立った特徴を要約している。第一は物々交換経済（あるいは貨幣が中立的である体制）に関係する。

命題1

景気不振は，資本主義的生産過程の短縮によってひき起こされる。

景気後退は，過少貯蓄によってひき起こされる。だが，ケインズの分析が得た人気によって，新たな貯蓄は消費財需要を減少させるので，投資を刺激しえ

ないという信念が広まった。対照的に,ハイエクの分析は,ひじょうに広範囲の資本主義的構造を含む無数の異なる生産過程によって最終財需要が満たされる,ということを示している。貯蓄水準によって決定されるのは主として方法の選択である。

ブームの局面では,資本財産業に新たな能力を供給するよう求める声が大きくなる。支出増加の不可避な影響は貯蓄不足(と利子率の上昇)を生み出すことにある。その結果はより迂回的な方法をより不利益なものにすることになる。これは新たな過程の開始を妨げるけれども,サンク・コストの無関係性は,貯蓄の急激な減少だけが早期に開始された過程の**廃棄**をひき起こすだろう,ということを意味する。極端な状況下でのみ,純投資は負となることがあろう。一度でも新たな能力に対する需要が完全に満たされたならば,更新需要(最早期の新たな追加分をまかなうための)は資本財産業の産出高を削減する必要性を除去しうるであろう。たとえ多少の削減が必要であるにしても,おそらく時間尺度が関連資本の大部分の完全な償却を可能にするだろう。要するに,物々交換経済に対するケインズ派の加速度モデルは,一般的に資本財部門における根本的な調整の必要性を誇張しているのである。

これらの関係を理解できないのは,一産業にあてはまることを産業全体に適用するという誤りの結果である。

　無論,特定産業の設備に対する需要の相対的な大きさは,その産業の生産物に対する需要に依存するけれども,資本財一般に対する需要が消費財需要の大きさによって直接的に決定される,と述べることは確かに正しくない(Hayek, 1935, p. 143)。

命題2

資本主義的生産過程は**自発的**貯蓄の増加の結果として**永続的**に延長される。

自発的貯蓄は支出を最終財から引き離す。もし,その自由な決定が,ひとたび下されて,不変にとどまるならば,その効果は永続的であるだろう。利子率

の低下は，投資を一般に刺激するが，より長期の生産過程の相対的利益を増加させるだろう。

命題3
　資本主義的生産過程を短縮させる主要な理由は，強制貯蓄という現象である。

命題4
　強制貯蓄は新たな貨幣が流通するようになる結果である。強制貯蓄の効果は一時的である。

命題5
　貨幣供給の(非中立的な)増加によってひき起こされる最終財需要の増加は，不可避的に生産過程を短縮し，やがて必然的に景気後退をもたらす。
　もし新たな貨幣が企業家の手に入るならば，その効果は利子率低下のそれと同じである。投資は促進されるが，より長期の生産過程がより有利となり，より早期の生産段階に生産要素を投入する試みがなされる。それに対応する最終財需要の減少がなければ，要素価格は一般に（また総貨幣所得は）上昇するに違いない。そこで，最終財への支出も，タイム・ラグはあるが，上昇する。[6] これが意味しているのは，要素需要がその増加を停止した後でも，最終財需要はしばらく増加し続けるだろうということである。そのとき何が起こるかは，①未利用資源があるかどうか，②貨幣的拡大が続くかどうか，に依存する。
　完全雇用の状況で，貨幣的拡大のない状況では，企業家は新たな資源制約に直面する。だが同時に，最終財需要の持続的な増加はさらなる生産拡大を促進する。これは相対的により迂回的でない生産過程に資源を転用することによってのみ達成できる。（最終財価格の上昇によって，さらに生産拡大が促進される。これは──今や強制貯蓄が尽きていることから──より迂回的でない方法の相対的収益性を増大させる。）そこで，要素需要は増加し続けるけれども，

長期過程の早期段階に**特有**である資本は需要が減少する。資源がより迂回的でない方法に徐々に転用されるにつれて，（資本財部門に**特有**の要素の）未利用が増加し始める。やがて，支出が減少し，それとともに，最終財価格が低下する。ブームは破裂する。

未利用要素が利用可能である場合や貨幣的拡大が続く場合には，特定状況の周到な分析が正当とされる。しかしながら，もし（要素需要がその増加を終えた後で，最終財価格が上昇し続ける）状況が「先行する恐慌の結果」(Hayek, 1935, p. 154) であるならば，支出を刺激する政策によってその状況が改善されることはほとんどありそうにない。さらに，次の**命題6**で述べられているように，国家支出の増大は，より有害だとはいわないまでも，有害な結果をもたらすであろう。

失業が存在する場合でさえ，銀行信用拡大の継続は首尾一貫した生産構造を達成するために必要な調整を遅らせるであろう。実際，貨幣的手段がより高い持続可能な資本成長率を可能にするような条件は存在しない。そのような試みは「インフレーション過程がある速度を超えるや否や作用し始める相殺的な諸力によって妨害」(Hayek, 1935, p. 149) されるであろう。

（以前の貨幣的拡大の結果として所得が引き上げられた人々によるいっそう大きな支出の結果として）最終財生産者から生まれる需要と，（より大きな生産能力に対する需要を満たそうとする）資本財生産者から生まれる需要との間の競合関係は調和しえない。既存の新たな資本を維持するためでさえ，一定率での銀行信用の拡大が必要であろう。この新たな能力をさらに増大させるには，逓増的な率での銀行信用の拡大が必要となろう。また，

> この増加率が増大していかなければならない率は，生産要素に対する追加的な貨幣の最初の支出と，このようにして創出された所得の消費財に対する再支出との間のタイム・ラグに依存するであろう (Hayek, 1935, p. 150)。

かかる状況が無限に続くことはありえないであろう。生産期間が絶えず引き

延ばされるにつれて，最終財の産出量の増加は最終財需要にますます，しかもかなり遅れをとることになる。

たとえ慎重な銀行慣行の諸制約が緩和されたとしても，急激に拡大するインフレーションは強制貯蓄のいっそうの供給を相殺する諸力を創出する。こうした状況下では，企業家が帳簿上の利益の上昇に直面して，既存の資本をそのまま維持することは，はるかに困難となろう。企業家は「必然的かつ不可避的に自分の資本を貨幣に換算して考える」(Hayek, 1935, p. 152) ことから，減価償却を適切に行えない部分がやがて，強制貯蓄によって可能となる資本追加分を超えることになろう。

命題 6

過剰な水準の公共支出と課税は貯蓄に対する支出の比率を高め，生産過程を短縮し，そして，ついには景気後退をもたらす。

景気後退の一般的特徴が生産過程構造の短縮によってひき起こされる資本不足であるときに，支出水準を増加させることによって得られるものは何もない。

命題 7

貨幣供給は次の場合を除いて変えられるべきでない。すなわち，① 流通速度の変化を相殺するため，② 事業統合の効果を中和するため，③ 支払い方法の変化を相殺するため，に必要である場合がそれである。

命題 8

非中立的な貨幣的拡大は，生産過程を短縮するため，有害である[7]。

もし新たな貨幣が最初に企業家の手に入るならば，生産過程は最初は延長されるが，その後は短縮される（これは**命題 1**で説明されている）。もし新たな貨幣が最初に消費者の手に入るならば，最終財価格が最初に上昇するので，生産過程はすぐさま短縮される。

命題9

生産や取引の増加は銀行信用の増加を正当化するものではない。

命題10

不況期に通貨再膨張によって対応しようとする試みはなされるべきでない。忍耐が必要である。

　時の流れに任せて，資本目的に利用できる手段に生産構造を適応させていくというゆっくりとした過程を通じて，恒久的な治療を施すことである（Hayek, 1935, p. 99）。

(2)　例証の拡大

　本章の本文で与えられた例証は可能な動態的調整を示すために利用することができる。出発点は最初に記述されたような状況である。すなわち，耐用年数5年と20年の資本がそれぞれ60単位で，それらによって生産される年間産出高は£1980（60×£23.7＋60×£9.3）である。企業にとって，それは年間の減価償却費を賄うことはできるが，追加的な資源を要求する能力はなく，年間産出高は，耐用年数20年の資本から耐用年数5年の資本に（年率3単位で）減債基金を転用することによって，引き上げられた。時間を通じた総資本ストックと産出高水準への影響は表8.1に要約されている。

　産出高は，――耐用年数5年の資本の各単位が耐用年数20年の資本の単位よりも高い年間産出高を生み出すので――耐用年数5年の資本75単位と耐用年数20年の資本45単位で，最大£2196（5年後）にまで増加する。耐用年数20年の資本を減少させ続けたからといって，耐用年数5年の資本の単位を**これ以上獲得**することはできない。なぜなら，年間の投資15単位の全部が耐用年数5年の資本75単位を維持するために必要だからである。この点から産出高は低下する。20年で，耐用年数20年の資本は一単位も残らなくなり，その後，年間産出高は

表8.1 耐用年数20年から耐用年数5年の
資本に転用された減債基金

年度	資本単位 5年	資本単位 20年	年間産出高 £
0	60	60	1980.0
1	63	57	2023.2
2	66	54	2066.4
3	69	51	2109.6
4	72	48	2152.8
5	75	45	2196.0
6	75	42	2168.1
16	75	12	1889.1
17	75	9	1861.2
18	75	6	1833.3
19	75	3	1805.4
20	75	0	1777.5

表8.2 耐用年数5年から耐用年数20年の
資本に転用された減債基金

年度	資本単位 5年	資本単位 20年	年間産出高 £
0	60	60	1980.0
1	48	72	1807.2
2	36	84	1634.4
3	24	96	1461.6
4	12	108	1288.8
5	0	120	1116.0
6	0	132	1227.6
16	0	252	2343.6
17	0	264	2455.2
18	0	276	2566.8
19	0	288	2678.4
20	0	300	2790.0

£1777.5（75×£23.7）で一定となる。

　産出高の短期的な上昇は長期的な下落という犠牲を払って達成することができる。もし耐用年数5年の資本から耐用年数20年の資本に投資が転換されるならば，正反対の事象列(表8.2)が可能となる。年間産出高は低下するが，15年後から，それは20年後に最大産出高（£2790）が獲得されるまで，上昇し始める。

　表8.1と表8.2の最終行は，年間15単位の一定水準の投資から可能である産出高の両極端を示している。最大で，耐用年数5年の資本75単位（5年間隔で15単位ずつ更新）か，**それとも耐用年数20年の資本300単位（20年間隔で15単位ずつ更新）**が可能である。企業がこの両極端の間を移動するには40年かかるであろう。表8.1と表8.2のそれぞれの産出高時系列は図8.1に描かれている。

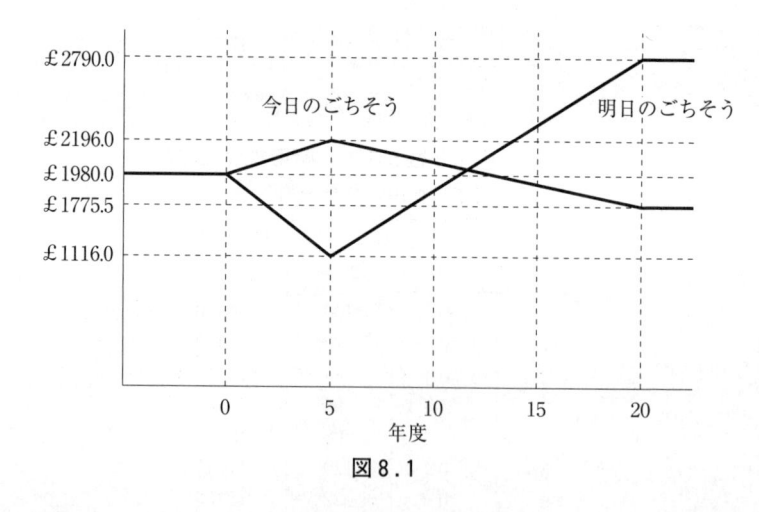

図8.1

　年間15単位の更新によって維持できる耐用年数5年と20年の資本の単位の可能な組合せは，表8.3に示されている。

　もしこれらの組合せがいずれも即座に獲得できるのであれば，耐用年数20年の資本300単位が賢明な選択であろう。なぜなら，それは最大の年間産出高を

表8.3 年間15単位の資本の更新によって維持される資本の組合せ（と産出高）

資本単位		年間産出高
5年	20年	£
75	0	1777.5
70	20	1845.0
65	40	1912.5
60	60	1980.0
55	80	2047.5
50	100	2115.0
45	120	2182.5
40	140	2250.0
35	160	2317.5
30	180	2385.0
25	200	2452.5
20	220	2520.0
15	240	2587.5
10	260	2655.0
5	280	2722.5
0	300	2790.0

生み出すからである。実際，単位の各組合せを確立するにはさまざまな時間がかかるであろうし，選択がなされなければならないのはこの資本蓄積の状況においてである。(例証のため，表8.4は次のことを示している。すなわち，耐用年数20年の資本への投資が，耐用年数5年の資本から獲得できる最大の産出高水準を達成するには，2倍の時間がかかるが，より長い懐妊期間のプロジェクトを選択する人々に対する報酬は，後年になってからの，さらに高い産出高水準なのである。)[8]

各£100単位の投資（耐用年数5年あるいは20年のストックへの）は7パーセントの収益をもたらすので，年間15単位という一定の粗投資の流れによって維持されるすべての産出高水準に対して同じことがあてはまるに違いない。この点で，企業はひじょうに広範囲の選択に対して無差別であろう。したがって，

表8.4 耐用年数5年あるいは20年の資本への粗投資（年間15単位）による最終産出高（£）の時系列

年度	5年	20年
1	345.0	139.5
2	790.0	279.0
3	1035.0	418.5
4	1380.0	558.0
5	1777.5	697.5
6	1777.5	837.0
7	1777.5	976.5
8	1777.5	1116.0
9	1777.5	1255.5
10	1777.5	1395.0
11	1777.5	1534.5
12	1777.5	1674.0
13	1777.5	1813.5
14	1777.5	1953.0
15	1777.5	2092.5
16	1777.5	2232.0
17	1777.5	2371.5
18	1777.5	2511.0
19	1777.5	2650.5
20	1777.5	2790.0

資本蓄積率と産出高水準はどのような点で企業の選択に関連しているのだろうか。

もし需要と価格のパターンが選択される時間尺度・産出高水準によって影響されないとすれば（これは表8.1から8.4までの作表における暗黙的な仮定である），任意のある組合せを別の組合せよりも選好する根拠はないであろう。しかしながら，二つの考察が重要である。すなわち，① 最終産出物の販売価格はより高い生産水準によってどう影響されるだろうか，また ② 最終産出物に対する需要は時間とともにどう変化すると予想されるか。

産出量が増加するにつれて最終財価格が低下すると予想する企業家は，**彼らの産出物を後になってよりもむしろ早く市場に持ち込もうとするであろう**。彼らの予想は，耐用年数5年の資本の方が——短期間に——高い収益をもたらす，というものであろう。消費者の嗜好を気まぐれであると考える企業家もまた，最も早い時期に産出量を最大にしようとするであろう。多くの例が頭に浮かんでくるかもしれない。例えば，電力の出現はかつての移動遊園地のアーケードに見られる資本よりも，耐用年数の長い資本を生み出す傾向がある。

(3) 図　解

利子率効果

　企業が直面する様式化された選択は，(8.1)式から得られる情報を反映する図8.2に示されている。二つのタイプのプロジェクト（耐用年数5年と20年）に対して，それぞれの曲線は時間割引き率の変化の——所得の流れの現在価値に対する——影響を示している。初期の均衡は，耐用年数5年と20年の資本のある最適な組合せによって（7パーセントという仮定された割引き率で）確立されている。これはA点で示される。その後，貨幣的拡大は利子率を（一時的に）6パーセントに引き下げると仮定される。これは**両方の**プロジェクトへの新たな投資の流れを促進する（現在価値はそれぞれ£102.8と£106.8に引き上げられる）。だが，資源制約が投資の流れを制限すると仮定されるので，資金は耐用年数5年の資本から20年の資本に**転用**されるに違いない。

　結果として，（資本の限界効率逓減が仮定されているとすれば）前者（後者）からの上昇する（低下する）収益率は下位の（上位の）収益を排除する。これは耐用年数5年の資本を表す曲線の外側へのシフトと，耐用年数20年の資本を表す曲線の内側へのシフトによって示される。その結果はB点での両タイプの新しい（一時的な）最適な組合せである。そこでは，二つのプロジェクトの現在価値が等しい。だが，これは持続可能な均衡ではない。なぜなら，新たな投資への資源の流用と投資の転換の**いずれも**最終産出量を低下させるからである。

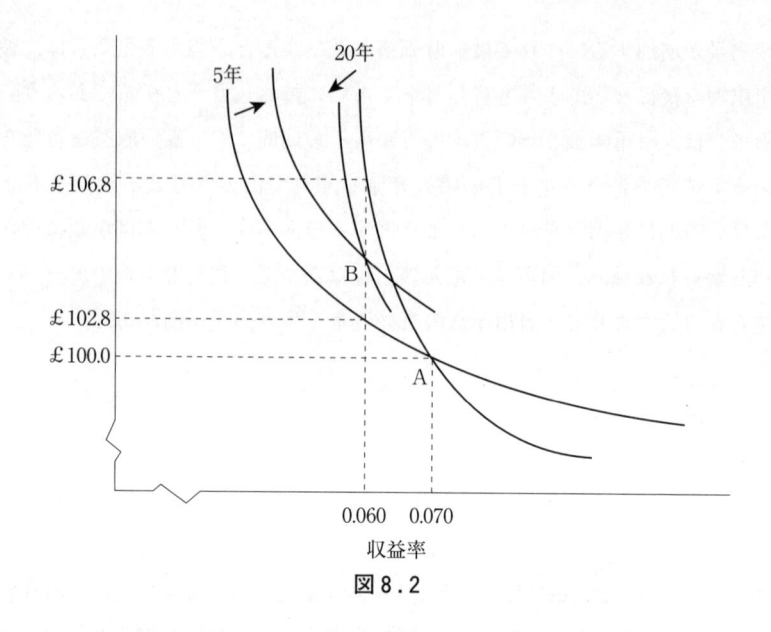

```
            5年   20年
              ↘  ↙

£106.8 ─ ─ ─ ─ ─ ─ ─

              B

£102.8 ─ ─ ─ ─ ─ ─ ─
£100.0 ─ ─ ─ ─ ─ ─ ─ ─ ─
                    A


                0.060  0.070
                  収益率
```

図 8.2

消費者需要が不変である——あるいは，もし「信用騰貴」が失業を低下させるならば，増大する——場合，最終産出物の価格は今にも上昇しようとする。これは景気循環の早い上昇から（遅い上昇へ）の移行である。

相対価格効果

　価格上昇はそれに比例して，将来収益の流れの価値と二つのプロジェクトの現在価値を増大させる。これは図 8.3 で両曲線の外側へのシフトによって表されている。しかしながら，収益率の上昇は異なる。産出物の販売価格の 5 パーセントの上昇は，収益率を 7.0 から 8.9 パーセント（耐用年数 5 年の資本）に，また 7.0 から 7.6 パーセント（耐用年数 20 年の資本）に上昇させることがわかる。もし投資資金に制限がなければ，均衡は A から C にシフトするだけであろう。これは 7 パーセントの割引き率での新しい均衡点であるだろう。しかしながら，資源が限られている場合，耐用年数 20 年の資本から耐用年数 5 年の資本に転換

するという誘因が働くであろう。この転換によって，（資本の限界効率遞減が仮定されているとすれば）耐用年数20年からの収益率は上昇し，後者からの収益率は下落するであろう。C点と比べると，耐用年数5年の曲線は最初の方向にシフトし，耐用年数20年の曲線は最初のものから離れた方向にシフトするであろう。その結果，D点（これはその位置によって，投資の流れに変化がないことを仮定している）での組合せのような新しい最適投資の組合せが与えられる。

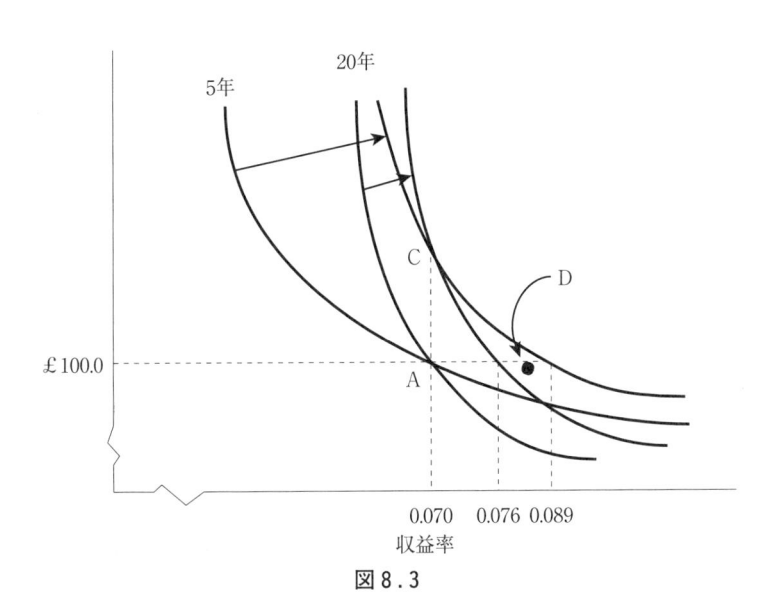

図 8.3

(4) リカード効果

労働価値説によれば，相対価格は各生産物を生産するために必要とされるさまざまな労働量によって決定される。リカードは資本が使われるところではこれが妥当しえないことを主張した。その理由は，ある機械——一人間が（直接的な方法で）100年かけて生産できるものと同じ産出量を生産できる機械——は，一人間の100年の労働よりも少ない労働を具現しているに違いないか

らである。(もしそうでなかったら，機械を使う理由はないだろう。) 必然的結果として，賃金の増加は一人間の100年の労働を具現する機械の費用を上昇させるほどには，一人間の100年の労働の費用を上昇させない。リカード効果はそのような賃金増加の影響力に関係している。すなわち，人間の代わりに機械を用いることを促進するとともに，人間によって「直接的に」生産される財に比べて機械によって生産される財の価格の低下を促進する，というのがその影響力である (Moss and Vaughn, 1986, p. 550 参照)。

　リカード効果は逆の場合にもあてはまる。それは消費財価格の上昇がきっかけとなるときである。この上昇は実質賃金を引き下げるので，人間が機械の代わりに用いられることになる (直接的な生産方法が迂回的な生産方法よりも相対的に有利となるからである)。貨幣的拡大の関連性は明白である。迂回的生産方法がうまく実行されるためには，それに先立って自発的貯蓄という形での資源の備えが必要である。強制貯蓄 (暴騰した消費財価格が実質賃金を減少させるときにはいつでも発生する) は，これに代わる実行可能な選択肢ではない。なぜなら，リカード効果は迂回的な方法にますます不利に作用するからである。貨幣的拡大を背景にして始まるマクロ経済的な投資ブームは逃れることのできない失敗である。ケインズ的な (いわゆる) 完全雇用政策は，リカード効果のために，信じがたいものとなる。

(5) リカード効果の経験的確証

　労働価値説の元の文脈では，リカード効果は，貨幣賃金が上昇し，しかも，あるいは生産物価格が下落するときにはいつでも，人間の代わりに機械が用いられるということに関係している。オーストリア資本理論の文脈では，リカード効果は，貨幣賃金が上昇し，しかも，あるいは生産物価格が下落するときにはいつでも，より迂回的でない生産方法の代わりに，より迂回的な生産方法が用いられるということに関係している。これらは同じではない。ハイエクの景気循環論は景気循環のさまざまな局面における (労働に対する) 耐久資本の比

率についての言説に変形される，という考えは完全に間違いである。さらに，「迂回性の程度」を決定するために，懐妊期間の長さが使われるか，生産期間の長さが使われるか，それとも両者の何らかの組合せが使われるかに関係なく，その程度は「資本集約度」と同じではない。「資本集約度」の定量化を斟酌する特殊な条件（(7. 11) 式によって示されている）の下では，より資本集約的でない生産方法はその投入費用のなかで直接労務費のような費用の比率が**必然的**により大きくなる，という仮定を支持する根拠はない。

こうした所見は理論を補強する経験的確証を見つけようとする試みに関して妥当する。ハイエクの説明によれば，低利貸出しは上昇の初期段階では労働需要の一般的増加の根拠となるが，後期段階になると，消費財の不足がひじょうに大きくなる（また，それらの価格がひじょうに速く上昇する）ので，より迂回的でない方法への逆戻りが不可避となる。これが意味するところは**実質賃金**が上昇の後期段階で下落するということであるため，実質賃金と貨幣賃金の両者は景気循環を改善させるような方向に変化する，という経験的証拠が，理論に対する反論として引き合いに出される。だが，直線的な線型の統計的相関は上昇の早期段階と後期段階の区別の重要性を見過ごしてきた（この点の詳細な検討については，McCormick, 1992, p. 121参照）。しかしながら，これは経験的証拠を解釈する場合の唯一の困難ではない。

理論的な説明では，一般的に，投入費用は賃金を意味すると仮定される（(7. 1) 式の場合がそれである）。だが，賃金は投入費用の唯一の要素ではないだろう。このように解釈を修正した場合，上昇の後期段階における，より迂回的でない方法への逆戻りは，（**総投入費用**に対して）より高い消費財価格が引き金となるであろう。したがって，もし，① 投入費用が原材料，半製品，および耐久施設や機械類の価値を含む，② 労働価値説に頼らない，そして，③ 在庫品（非労働投入物）に与えられる価値が賃金や最終財価格の上昇に**比例しては上昇**しそうにない，ということが認められるならば，経験的証拠はさらにいっそうあいまいなものとなるに違いない。例えば，非労働投入物価格の上昇が相対

的に緩やかである場合，たとえ，賃金と最終財価格が完全に一緒に動くとしても，より迂回的でない方法への逆戻りが起こりうるであろう。さらに，もし投入物価格の非労働的要素の評価額が，ハイパーインフレーションの条件下で，賃金や最終財価格といっそう歩調を合わせそうになるならば，それは1920年代のドイツにおいて継続した資本財生産への集中を説明できるであろう（McCormick, 1992, p. 120 参照）。

第9章　国際貨幣か国民貨幣か？

　完全な経済的自給自足を除いて，他国の貨幣政策の愚行や蛮行から自国を守るすべはないため，重大な混乱を回避する唯一の望みは，たとえ理想的なルールでは決してないにしても，何らかの共通ルールに従うことである（Hayek, 1939a, p.94）。

　ハイエクは銀行信用創造と景気変動の関連を明らかにした理論的分析からは，何の政策指標も引き出さなかった。むしろ，銀行家が銀行信用に対する新たな需要を満たすことの相対的な利益・不利益について，判断を下さなければならないであろう。現実経済から生まれる機会の変化は銀行貸出しに対する需要を変化させるだろう。銀行預金量を安定化させようとする試みはなされるべきでない。なぜなら，「経済システムの安定性は経済進歩を抑えるという犠牲を払って達成される」（Hayek, 1933a, p.191）からである。それは不正な所得再分配を結果とする強制貯蓄によって達成されるかもしれないが，経済進歩は犠牲にできないであろう。だが，ハイエクは次のことを確信していた。すなわち，貨幣理論の発展は不正義と経済進歩の間のトレード・オフの問題に光を投じるであろう，ということである。この確信はケインズによって発展させられることになる敵対的かつ有力な分析を前に相当な挫折を被ることになった。

　国際貨幣交換制度は調和のとれた繁栄を達成できなかった，というのがケインズの『一般理論』の主旨であった。ケインズが推奨したのは，より広い国際的配慮とは無関係に，各国政府は自国の貨幣政策を遂行すべきだ，ということである。また，国家間の貨幣の流通は一国の地域間の貨幣の流通を決定するプロセスと同じ市場プロセスによって決定されるべきではない，というのが彼の主張の含むところであった。まさに21世紀を迎えるにあたって，これは生き生きとした問題である。例えば，ECの共通通貨の問題がそうである。しかしながら，それは，混乱を招く細かな事象や特定の制度的取り決めを取り払った，もっとも基本的な概念の考察を必要とする問題である。

1. 貨幣史概論

　交換手段として使用されるものはすべて「貨幣の性質」をもっているので，貨幣として役立つかもしれない。重量に比べて高い価値をもち，耐久性があり，保管費用が低いという便利さから，貴金属が広く使われてきた。信頼できる試金法と認識可能な硬貨を鋳造する一定の鋳型は，貨幣使用の取引費用を減少させる普遍的な発展であったけれども，私鋳硬貨に対する国家硬貨の支配は，国家造幣局のより高い効率性から生まれたのではなく，法令によってであった。収入を最大の規模で増やす手段を得るために，国家独占が創出されたのである。

　国家造幣局は金銀を購入し，最新の国家硬貨を支払いのために利用した。貨幣鋳造利差は硬貨の製造費用を償い，独占利潤を国家に与えた。硬貨の利便性，代わりとなる供給者の不在，および法貨の地位が貴金属の継続的供給を保証した。だが，利潤マージンを増やしたいという誘惑には抗しがたかった。硬貨に加えられる卑金属の割合は次第に大きくなっていった。収入増加には効果的であったが，貨幣価値の低下は，国家造幣局との取引をしぶる気持ちを業者に定期的に起こさせることになった。それは時として通貨改革をひき起こした。

　現代では，大部分の硬貨は完全に卑金属から鋳造されている。それは金に兌換可能であるかもしれないし，可能でないかもしれない。そのような「代用」貨幣は，その一般的受容性に対する信頼があるかぎりにおいて，交換手段である。もし通貨価値がなくなるほど通貨が過剰に発行されるならば，この信頼は破壊される。そうなる時にいつも頼りとされるのは，物々交換，および，あるいは種々の形態の商品貨幣の利用である。例えば，希少で，高価で，軽い煙草が，価値のない通貨の代用品として役立ってきた。

　小切手を振り出すことのできる銀行預金の利用は，他人の口座に振り出された小切手を引き受ける預金保有者の数の増加とともに，自立的な慣行となった。銀行間の効果的な清算方式がさらなる刺激を与えた。また，中央集権的銀行制度の発展は，現金化需要に応じるには常により低い預金準備率で十分である，

ということを意味した。さらに，中央銀行だけが対外支払いに適合するような（金や外国為替）準備を保有するという取り決めは，個人が外債に対する究極的な支払い能力を国家準備に依存している，ということを意味した。ここに，政治的な誘惑がある。国家は国家貨幣の購買力の絶え間ない浸食によって，すなわち，国内通貨の価値を（商品，金，および外国為替に対して）低下させるインフレーションによって，長期にわたり歳入を増やすことができる。これは貨幣管理を行う国家の適性について問題を提起するに違いない。

2. 貨幣的国家主義

　自由兌換と金本位制の遵守は安定通貨に対する堅固な基盤を与えるけれども，国家当局は独立した貨幣制度を確立することによって市場力の規律から離れるべきである，という主張がケインズの『一般理論』でなされた。ケインズとはまったく対照的に，ハイエクは「金本位制の確信的な信奉者」(Hayek, 1939, p. xiii) であった。金本位制が中傷されてきたのは完全に，（外貨は国家の金地金準備を補完するのに役立つかもしれない，というジェノバ会議での推奨以来）実施されてきた「制度の混合的な性格」(Hayek, 1939, p. 7) のせいであった。そのため，ハイエクは「金核本位制」と呼ぶことを好んだ。（二つの制度の区別はより一般的に，金地金本位制と金為替本位制の区別として記述される。）

　再びケインズに反対して，ハイエクは自由な国際貨幣交換制度の放棄が大恐慌の厳しさを激化させたと考えた。独立した貨幣制度あるいは貨幣的国家主義に利益を見い出す人々が支持するのは，

　　世界の貨幣供給における一国のシェアは，その国のさまざまな地方や地域における相対的な貨幣量を決定するのと同じ原理，同じメカニズムによって決定されるままにしておくべきではない，という教義 (Hayek, 1939, p. 4) である。

　国際金本位制の実施を非難する紋切型の発想に反対して，ハイエクは国際金本位制の重要な属性について次の三つを挙げた。[1] 金の採掘が金価格の上昇によ

って促進されたという点で，貨幣供給の変化は大部分正しい方向に進んだ。国際通貨の効果は国際貨幣当局を必要とすることなしに創出された。そして，国内貨幣政策の作用は必然的に大部分，自動的で予測可能であった。

賢明かつ公平な管理——そこでは，ある利害を別の利害と釣り合わせるために主観的な判断が適用されるであろう——に基づく国際貨幣制度の改革という考えは，理想主義的で希望のないものであった。多少とも成功するには，国際貨幣制度は恣意的で予測できない支配力に対して，固有の安全装置を組み込んでいなければならない。想定された国際流動性の不足を緩和するための1944年のブレトン・ウッズ協定は後に，西側通貨の購買力が漸進的に低下した原因であると主張された[2]（東欧圏の場合，インフレーションが抑えられると，価格システムがほとんど機能しなくなるため，事態は西側よりもはるかに悪かった）。

ケインズは独立貨幣制度の主唱者であった。彼は「国際的な気遣いによって妨げられない自主的利子率の政策が，経済的な健全さと力強さを国際的に取り戻すであろう」(Keynes, 1936, p. 349) と主張していた。貨幣的国家主義を判断する理論的問題の早期の徹底的な検討において[3]，ハイエクはケインズの主張に包括的な反論を浴びせていた。この一般的な説明は詳細な注目に値する。それは，国民間の固有の相違と国民貨幣制度の**結果**であるような相違との間で，なされなければならない重要な区別から始まる。原理的には，一国の諸地域間に存在する貨幣的関係と世界の諸国間に存在する貨幣的関係との間に，重大な相違がないかぎり，独立貨幣制度から得られる利益は何もないはずである。

3. 国際貨幣取引

国民的にも国際的にも，信用の利用可能性は取引による相互利益の可能性を大幅に拡大する。ここから，国際的な資本移動が利子率格差によってのみ管理される，と考えることは大きな誤解を招くことになるに違いない。信用の管理と利用は主として，国境内であれ国境を越えてであれ，異なる地域における価格によって反映されるような取引上の利益によって決定される。

したがって，短期の国際貸借の変化は国際貿易の正常な変動とほぼ同時に進行するとみなされなければならない。そして，一定の差引残高だけが，獲得されうる利子率の格差によって誘われる主として銀行間の資金の流れによって，決済されるだろう (Hayek, 1939a, p. 60)。

ある地域で生産される財の需給の変化は，そこで獲得される世界所得の割合を変化させることになるが，その地域で流通する（世界）貨幣の割合がそれに連動して同じように変化するとは必ずしもいえないであろう。貨幣所得の低下（増加）する個人が自己の貨幣保有高を比例的に減少（増大）させる場合にのみ，両者は正確に一致するであろう。しかしながら，既存の行動習慣に何か余程の変化でもないかぎり，所得と貨幣の変化は同じ方向に従う傾向があるだろう。

普遍的信頼のある国際貨幣本位を前にしてさえ，対外バランスは大きな便宜を与える。日常取引を促進する必要性は，国際貨幣の無駄な保有に対抗するものとしての利付き預金の利用可能性とともに，金地金本位制が金・外国為替準備を基盤とする金為替本位制に取って代わられる原因となる誘因を与えた。これに関連して，多くの異なる種類の国際資本移動が見られるけれども，ある国の国民貨幣（と名目証券）を別の国の住人が販売・取得することは決定的な重要性をもつようになった。便宜上の問題として，国際通貨取引は一般的に，外国銀行と維持される国内収支の調整という形をとる。

変動為替相場は為替相場調整からの資本利得（損失）の可能性を与え，短期資本移動の追加的動機を生み出す。これは外国銀行と維持される収支にさらにいっそう大きな重要性をもたらす。多様な通貨に対するヘッジの必要性から，単一の流動性準備はさまざまな通貨における負債に対して高いリスク・カバーである。さまざまな通貨の連続的な投機的売買が予想できるし，また，そのパターンは先物市場の調整に関する期待を反映する。しかしながら，国民通貨に対して既存の為替相場パターンが継続するという信頼がなければ，長期的な対外投資は阻止されるであろう。また，このことは国際分業からのいっそうの利

益の獲得に対する障害として作用することになるだろう。

前述の議論から明らかなことは，貨幣の国際的移動が財貨・サービスの取引，並びに実物資産・金融資産の所有の変化を促進する，ということである。流通貨幣の分布パターンがそのような取引によって変化する精確なメカニズムは，実施される国民貨幣制度の型に依存する。3つのケースが考えられるかもしれない。

(1) 同質的な国際通貨：金地金本位制
(2) 金為替本位制（あるいは「金核本位制」）のような混合制度
(3) 独立通貨

国際資本移動がそれ自体で貨幣的混乱を創出する潜在力をどの程度もっているかは，これらの制度のいずれが実施されているかによる。

(1) 同質的な国際通貨

世界経済に対して単一の同質的な通貨だけが存在する場合，資本移動の誘因は国内でも国家間でも変わらないであろう。資本はさまざまな形態の投資に内在する魅力や危険の変化に呼応して動くであろう。短期の国際的借入れ・貸出しも一時的な貿易不均衡を調節するために用意されるかもしれないが，そのような負債は一国領土内で活動する業者間の負債と何の違いもないであろう。

同質的な国際通貨は国家間の通貨移転に何らやっかいな問題をひき起こさないだろう。もしある個人（彼の住所はここでの議論にとってはどうでもいいことである）がA国の生産物からB国の生産物に支出を切り替えるならば，B国から輸出される財の数量とB国に入る通貨の量はともに増加するであろう。B国では，誰かの貨幣所得が増加し，A国では，誰かの貨幣所得が減少するだろう。こうした変化の衝撃や効果はその後にも広がっていくであろうが，

初期の変化の結果として、二国のそれぞれで、どれだけの数の所得が変化しなければならないか、どれだけの数の個別価格が上下動しなければならないか、われわれには語ることができない。……それは、ある特定の要素あるいは用役の価値が需要に生じた特定の変化に直接的あるいは間接的に依存しているかどうか、またどの程度依存しているか、にかかっているのであって、その変化が同じ「通貨圏」の内側であるか外側であるか、にかかっているのではない（Hayek, 1939a, pp. 21-2）。

ひとつの変化から派生する効果は無限であるかもしれない。所得の集計値にいっそう大きな減少がA国で生じるであろうが、所得が低下する人々の**大多数**はおそらくB国の居住者であろう。したがって「その国の価格と所得という面から」（Hayek, 1939a, p.23）述べられる議論は皮相的である。一国内での価格と賃金の変動のほうが、国境を超えた類似の比較よりも密接な相関関係をもっているとは必ずしもいえない。ハイエクによれば、そのような相関関係の証拠は、国民平均価格変動指数の計算によって創出された統計的幻想なのである。

ある特定の国への投資から即時的にして大きな利益の可能性（あるいは、突然の現金需要）を創出するきわめて異常な事態は別にして、同質的な国際本位は、資本移動が世界経済の実際の生産活動に対して逆方向に作用するような状況を、ほとんどひき起こさないであろう。考えられるすべての状況に対して、二つの一般的な結論が引き出されるといっても差し支えない。国家間の貨幣の移動は、

(1) 閉鎖経済体制内での貨幣的拡大・縮小によって生み出される効果とはまったく異なる効果を生み出す。閉鎖体制とは違って、国家間の貨幣の移動はインフレ的でもデフレ的でもない。また、貨幣の移動は、景気循環の貨幣的理論の中心にあるような、相対価格の不当な変化を何ら生み出さない。
(2) いずれの国の利子率の変化にも一般的な効果をもたない。もしそのような効果が起きていると知覚されるならば、それは個々人が彼らの貨幣所得の変化に反応した結果であるだろう。そうした反応が貨幣的交換のパターンにおけるそのような変化につながるのである。ハイエクは多くの可能性を論じている。

例えば，貨幣残高を取り戻そうとする試みは消費支出の減少をもたらし，したがって資本投資の必要を見合わせるかもしれない。しかも，これらは共になって利子率の激しい低下をひき起こすであろう（Hayek, 1937, pp. 24-5 参照）。

(2) 金核本位制

　金核本位制あるいは金為替本位制は混合制度である。そこでの調整はごく小さな部分においてのみ通貨の移動によってなされる。より大きな部分は銀行信用貨幣の国内流通量の縮小と拡大によって調節される。この相違にもかかわらず，最終的な結果は同質的な通貨の場合と同じである。すなわち，変化は，流通貨幣単位の**数量**における変化によって，（さまざまな国で）流通している通貨の**価値**において達成されるのである。だが，きわめて重大な相違点が一つある。銀行信用による調整はさもなくば起きたであろう通貨の移動に匹敵する，ということはありそうにない。むしろ，変化の負担は投資活動に対して不釣り合いにふりかかりそうである。比例準備銀行制の場合，準備不足は個人に貸付けの返済をさせることによってのみ補うことができる。そこで，もし国際通貨の流れの不均衡がすぐに是正されないならば，中央銀行の外貨準備持高は危険にさらされるため，調整過程の速度を増すよう圧力をかけられる。それは銀行信用が拡張される条件を増やすことによってなされる。利子率を引き上げることによって，圧力はすべての未払いの貸付けに（一般的かつ無差別的に）かかることになる。その後，二次的な反応が起こる。それには，銀行が貸し付けたであろう人々や，そうした貸付けに基づく支出から利益を得たであろう人々が含まれる。

　国際的な資本取引に対する利子率調整の影響を別にしても，この一般的な国内的デフレーションは同時に海外への支払いを削減し，また（国内で生産される財の価格を引き下げることによって）外国製品からの支出の転換をひき起こす。このようにして，自由裁量的な信用収縮の実施はうまく調整期間を短縮することができる。だが，個人に対する効果の程度と厳しさはいずれも，同質的

な国際通貨が存在するところで生み出されるものとはまったく異なる。

> 移転されたであろう貨幣量のごくわずかな移転……そして，その残りの部分に対して乗数倍の信用収縮をもってくることは，いわば，関係国の個人から，輸入超過の代金を一時的に現金で支払うことによって適応を遅らせるという可能性を奪う (Hayek, 1939a, p. 29)。

そのような政策のさらなる効果——国内の利子率をその自然な水準から乖離させる効果——は，長期にわたって実際の経済活動（前章で論じられたような種類の活動）に重大な（しかも不当な）影響をもつであろう。実際の経済活動の混乱は，操作される準備率が国によって異なる場合には，さらにいっそう重大なものとなろう。なぜなら，その場合，準備金の国際移動は，新たな純準備金が相対的により大きな銀行準備率をもつ国に生じるか，それともより小さな準備率をもつ国に生じるかに依存して，インフレかデフレかの**世界的傾向**を創出するだろうからである。

混合体制——金核本位制——は固有の欠陥をもっている，というのがハイエクの結論であった。それは単に，外国為替準備の減少に直面して利子率調整を利用することが，資本主義的生産構造に不当な変化をひき起こすからではない。むしろ，

> 悪いのは，準備金を進むがままにしておく（すなわち，国内流通量を減少させる適切な方法としての金への兌換を利用する）よりも，むしろ準備金を「守る」必要であって，それがなされなければならない方法ではない (Hayek, 1939a, p. 33)。

この体制を救えるかもしれない唯一の改革は，通貨の国内流通のために必要とされる全体的な調整に対して量的に等しい準備金の変動を可能にするに十分な量の金，あるいは多様な通貨準備を，すべての国がもつという改革である。

(3) 独立通貨

　銀行制度が国の方針に従って編成されるとき，短期資本の移動は確かにより頻繁かつより破滅的となるだろう。その理由の説明は取り決めの何か国際的な側面にあるのではない。その代わりに，独立貨幣制度は（**その存在理由**によって）自由な資金交換の妨げとなるものを生み出す可能性がある，という事実によって問題がひき起こされる。さらに，国内準備銀行業の構造を重ね合わせることは，自由に動く短期資本の移動から生まれる利益のすべてが，国内の金融機関（中央銀行を含めて）の弱い流動性状態を保護するために，通貨当局の気まぐれで犠牲にされるかもしれない，ということを意味している。そうなると，実際の経済の必要条件——貿易の発展を支える金融と資本の自由な利用——は二次的な立場に追いやられる。

①　固定為替相場

　固定為替相場制でさえも企業家活動を何ら保護するものではない。なぜなら，資本移動に対する通貨当局の反応が依然として，実際の経済活動に対する潜在的脅威として残っているからである。資本流出が起こると，短期信用を引きつけるために，中央銀行の割引き率が引き上げられるだろう。この巧妙な処置は大規模な国内信用収縮を起こらないようにするが，準備金の流出先の地域からのみ資金が引きつけられるのでなければ，その結果は国内の信用収縮の代わりに，どこか他の国の信用収縮を招くことになるだろう。固定為替相場の場合，ある国における実際の経済活動は常に，別の国における自由裁量的貨幣干渉からの脅威にさらされているのである。

②　変動為替相場

　変動為替相場の場合，金融調節は通貨の移転がなくても，流通貨幣単位量の変化がなくても達成できる。例えば，もし資本流出の効果が国内の信用拡大によって相殺されるならば，為替相場の低下が生じる。また，銀行準備率は国内

通貨で換算した外国為替準備（の減少した量）の価値における上昇によって維持される。

　調整可能な平価から生じるといわれる主要な利益のひとつは次の点にある。すなわち，調整可能な平価は，革新的な進歩がどこか他の国よりも一般的に遅い国において，あるいは生産物需要が低下する特定産業において，貨幣賃金を引き下げる必要を回避する，ということである。もう一度，A国のある**特定生産物**からB国のある生産物への個人的な支出転換の例を考えることは有益である。貨幣政策はA国の生産物の相対価格の低下を阻止できないだけでなく，続いて起こる所得の変化を防止することもできない。なしうることは，**平均価格水準**を変化させないようにするために他の価格に相殺的な調整を創出することによって，A国で獲得される貨幣所得の総体的水準の変化を阻止することである。

　独立貨幣制度の場合，A国の生産物に対する需要の減少は（国内信用のこの自由裁量的拡大によって）為替相場の下落を招くことがある。輸入財の国内価格の上昇と輸出産業の収益性の増加は，（最初の需要減少によって影響を受けた特定産業だけを除いて）国内で生産される財の価格の一般的な上昇傾向をひき起こす。

　だが，国内で生産されるある特定の財に対する需要が低下するとき，相対的な国内価格比率が変化するに**違いない**。通貨価値の下落を主張する議論はこの必然性を無視している。（為替相場の下落によって生じる）**あらゆる**国内価格の比例的低下が国際収支の均衡を取り戻すに十分である，というのは決して真実でない。相対価格比率が最後には変化するに**違いない**からである。

　需要の減少によって直接的に影響を受ける産業に価格や所得を調整させておく代わりに，為替相場の下落は，相対価格比率が新しい需要パターンに見合った水準にやがて戻る前に，ひじょうに多くのその他の価格や所得の上昇をひき起こす。最終的な結果は，為替相場が変化しなかったならば生じたであろう結果と同じにはなりそうもない——多くの企業は長期にわたる調整の結果に耐え

られないかもしれない——けれども，一般的な結果は次のようになる。

　固定相場の下で，直接的に影響を受ける産業における価格の低下によってひき起こされたであろう，相対価格の同じ変化が，今や，他のあらゆる価格における対応する上昇によって主にひき起こされている（Hayek, 1939a, p. 40）。

他に何が起ころうと，需要の減少によって直接的に影響を受ける産業において産出量と雇用の収縮は避けることのできないことである。

　無論，調整過程には相手側がいる。A国の生産物に対する需要の減少の結果はB国の生産物に対する需要の増加である。B国の通貨当局が同じように一般価格水準を安定化させるよう行動する，と仮定しよう。その場合，為替相場の切上げは当該産業の外貨収入の増加をより小さなものにするであろうが，同時に，その他の輸出生産者は彼らの外貨収入が減少するのを見るであろう。加えて，輸入品は国内通貨に換算すると相対的に安くなるので，競合する国内産業は自らの価格を引き下げなければならないであろう。

　両方の側を一緒に考えると，需要が減少した産業や国において必然的であったであろう価格調整のいくつかは，今や，需要が向かった国において起こる。実際には，そのような対称はありそうもない。インフレーションや為替相場の切下げはA国の貨幣当局から起こりそうであるが，B国側のデフレーションや為替相場の切上げを想像することは困難である。そこで，一般価格水準はおそらく，需要が世界のその他の地域に対してもっとも低下する地域において，安定化させられるであろうが，価格は新しい需要パターンから利益を得る国において上昇する傾向が強まりそうである。

　したがって，貨幣的国家主義の起こりそうな結果は世界における一般的なインフレ傾向である，ということがはっきりとしてくる。さらに悪いことに，この傾向を生みだす諸力は貿易財に限定されそうにない。そこで，貨幣的国家主義は狡猾かつ有害な諸力を解放してきた，というのが結論である。それは「どんな単一商品の価格も低下することを許されるべきでない」という広く支持さ

れた考えを勇気づけてきた。その含むところは，「他のあらゆる商品に比べてもっとも低下する傾向のある商品の価格が安定した水準に維持されるように，世界の貨幣量は調整されるべきである」，ということである。これは，他のあらゆる商品価格が「比例して上方に調整され」(Hayek, 1939a, p.43) なければならない，ということを意味する。要するに，変動為替相場制下の貨幣的国家主義擁護論は次の三つの問題に対する解答に依存する。

(a) 短期資本の移動はさほど激しくなりそうにないか。
(b) 国家当局は短期資本の移動を，それらが望ましくないと考えられるとき，阻止（あるいはその効果を相殺）できるであろうか。
(c) どんな補完的手段が政策目標を保証する手助けとなりうるであろうか。

解答はそれぞれ，いいえ，いいえ，何もない，である。その説明は次の通りである。

当局は中央銀行の割引き率を引き上げることによって短期資本の流出を食い止めることができるが，これは貨幣的国家主義の主要目的に反するであろう。国内の利子率を低く抑えておくことを政策目標とすれば，持続的な通貨価値の下落が資本流出と国内インフレーションの勢いを増大させるであろう。国内で，価格上昇は資本投資収益を増加させ，投資資金需要を増大させるであろう。利子率に対するいっそうの上昇圧力は当局の意図にまったく反している。そのような思うようにならない結果を伴う政策体制は不安定である。市場利子率と自然利子率との相違は絶えず大きくなり，破局的な結果を生み出す可能性を秘めている。資本市場は各国領土に厳格に分割されている世界ではさほど不安定でない，という考えは支持できない。もっとも広い資金源を自由に利用することによって信用の緊急の必要を満たすということができないので，局地的な資本市場はさほど不安定でないどころか，より不安定になるであろう。

少しでも成功を収めるには，貨幣的国家主義は厳格な外国為替管理を必要と

するが，それがすべてではない。考えられるかぎりのもっとも広範な貿易統制だけが，貨幣的国家主義運動を促進できるであろう。この結論の理由はもっともありふれた商業上の考察から引き出される。国内通貨が下落しているとき，輸出収入を海外に預けておくことは損にならない。同じようにして，輸入業者は外国為替の購入を繰り上げることによって，将来の必要に応じようとするであろう。こうした傾向はいずれも資本の追加的な流出につながる。その管理には，国際貿易上の取り決めの広範な統制が必要であろう。

たとえ厳重な統制によって資本流出をうまく阻止できたとしても，その政策目標を妨害する諸力が依然として働いているであろう。国内利子率を低く抑えることに成功することは，いろいろな資本主義的生産過程にさまざまな形で影響を及ぼすことになろう。主に投資目的に利用される財は，利子率が無理に引き下げられるにつれて，価格が上昇するであろう。**その逆もまた同様である**。利子率水準における国際的な相違が，資本移動に対する人為的な障害や自由貿易関係に対する人為的な制限によって維持されるかぎり，生産方法，貿易関係，および異なる国で生産される財貨・サービスの型と価格の間に，常にいっそう重大な歪みが生み出されるであろう。

ハイエクの貨幣的国家主義批判は，「制度は人間の力で可能なかぎり知的に運営されるであろう」(Hayek, 1939a, p. 73) という仮定に基づいていた。より広い問題――重商主義政策の追求に固有の競争的な切下げと政治的緊張から生じる危険――は棚上げされてきた。その代わりに，ハイエクは，世界的な交換ネットワークのなかで活動する諸国民に経済的利益を与える約束に失敗したということで，貨幣的国家主義を非難する。その約束は外的な金融ショックから保護することであったが，貨幣的国家主義はもっぱら国際的な不安定という可能性を与え，長期投資を妨害し，国際分業から生じる利益に脅威を与える。

独立の国家通貨は国の貨幣当局の自由裁量にあまりに多くのものを委ねる。同様に，その他の国際的貨幣制度も欠点をもっている。ただそれらは，（貨幣的国家主義者たちが主張するであろうように）かかる制度が国際的であった

いう事実に存在したのではなく，むしろ十分に国際的ではなかったという点に存在した欠点である。

4．貨幣改革

　試みられてきた欠陥のある機構に固有の特殊な問題を認識することは，国際貨幣改革のための提案という問題につながる。国際本位として最初に金を選択したのは政治的・歴史的理由からであった。金の利用を支持する経済的論拠はない。もし安価な名目貨幣が金と同じサービスを提供できるならば，それらを使うほうが賢明であろう。だが，主権国家の世界では金を支持する抗しがたい論拠がある。なぜなら，国際本位はあらゆる不測の事態においてその価値を保持する（と期待される）ことが不可欠だからである。国家名目貨幣の歴史という面からは，おそらく，金だけがこの不可欠な特質を与えることができるかもしれない。

　イギリスでは，1844年の銀行条令の目的は，あたかも金だけが流通しているかのように，金・紙幣の混合制度が作用することであったが，その意図は銀行信用創造過程によって阻まれてしまった。このように，1914年以前の国際金本位制は，通貨が相対的に少ない国家金準備を通して金にリンクされている，という固有の欠陥をもっていた。この金準備はまた信用貨幣の国内階層の基盤を形成したのである。先のところで詳細に例証されたように，これは次のことを意味した。すなわち，国際貨幣交換の新しいパターンの結果は，新しい国内交換パターンから生じる結果にまったく異なる影響力をもつ，ということである。

　　異なる貨幣制度の間の真の違いを構成するのは，異なる国で使用される貨幣の間の違いであるよりも，むしろ任意のある国で使用される異なる種類の貨幣の間の違いである（Hayek, 1939a, p. 9）。

　この階層という面において，決定的なジレンマは，中央銀行が銀行信用の拡大を統制できる唯一有効な手段は，不十分な準備によって財政的困難に陥って

いる組織に「最終的貸付け」機関の便宜を提供することを拒絶する，という厳格な政策によってである，ということである。

ハイエクは「国家準備」に基づく国内商業銀行業の組織と，何らかの「最終的貸付け」機関の必要性とを区別した。彼はこれを現代の預金銀行制のなくてはならない特徴とみなした。銀行業務の取り決めに関する合理的選択は次の二つの間の選択であった。すなわち，①国境を超えた制約のない銀行業務で，すべての商業銀行は彼ら自身の私的な準備に支えられて，紙幣を発行する権利をもっている，および②独占的な国際中央銀行，がそれである。国内の流通に直接的な権力をもたないが，少量の金の最終的な国際準備をもつ，国家中央銀行という妥協的な選択は「想像できるもっとも不安定な取り決めの一つ」(Hayek, 1939a, p. 77)である。

取り決めが不安定であるのは，中央銀行が統制力をもたないのに責任を引き受けるからである。その責任は，預金者の払い戻し要求に応じるために現金が商業銀行によって必要とされるときに，いつでもその現金を用意することである。だが，その要求が生まれるまで，中央銀行は銀行信用貨幣の拡大を統制する権力をもたない。これが現金準備の不足の原因である。国内の要求に対する流動資産（現金あるいは国家名目貨幣）と国際取引に対する流動資産（金）の両方を用意する義務がある。これらの要求は独立ではない。なぜなら，二つの貨幣は真の開放経済において連結されているからである。

貨幣の階層は広範囲にわたるかもしれないが，三つの種類が重要である。すなわち，銀行信用貨幣，国家名目貨幣，および国際本位である。この階層の「もっとも有害な特徴」(Hayek, 1939a, p. 82)は，異なる種類の貨幣に対する相対的需要量の変化が総貨幣量の累積的変化をひき起こすかもしれない，ということである。信用階層の内部では，より流動的な型の貨幣に対する需要の増加はより流動的でない種類の供給の減少につながり，またその逆のこともいえる，というのが一般的ルールである。[5] 例証のために，もしある商業銀行が預金（より流動的でない）を現金（より流動的である）に換えるよう求められるならば，

それは総預金（より流動的でない）を乗数倍量だけ減少させるに違いない。ただし，それは中央銀行からより多くの現金を手に入れることができない場合の話である。もし中央銀行が商業銀行の要求に応じて新たな現金（国家名目貨幣）を用意するならば，国際本位の準備を維持するために，自国通貨の価値下落か割引き率の上昇のいずれかを選択しなければならない。

　そこで，銀行改革を唱える議論の方が通貨改革を唱える議論よりもはるかに強いかもしれない。なぜなら，信用構造の本質に次のことが見られるからである。すなわち，異なる種類の貨幣に対する選好の変化は，貨幣一般の保有に対する選好の変化よりも，貨幣的混乱のより大きな原因となる可能性をもっている，ということである。前者はほとんど考慮されてこなかったが，後者は何世紀にもわたって経済学者の周到な注意を引いてきた。

　近年，準備銀行制の廃止がシカゴの100パーセント準備率案の中心にあった。その提唱者は1844年の銀行条令の諸原理を現代の銀行業務に適用することに利点を見つけた。提案は魅力的であるが，ハイエクはその成功の可能性を疑問視した。なぜなら，1844年の条令の意図するところ——当時，金の唯一重要な代用品であった国家名目貨幣を統制すること——は銀行信用貨幣という新機軸によって阻まれたからである。ハイエクの主張によれば，現代の準備銀行制に対する類似の制限は金融的革新に対する刺激を再び与えるかもしれないであろう。

　銀行改革の目的は，① ある形態の貨幣が他の形態の貨幣と既知の率で容易に交換できる，という確実性を増大させること，および ② 異なる貨幣に対する選好の変化が総流通貨幣量に影響を与えないこと，でなければならない。国際的な面では，これは変更不可能な固定平価を要求する。国内銀行業務については，準備の純流出が起こるときにはいつも国内で銀行信用貨幣の乗数倍の収縮が必要になるが，その必要性を除去するに十分な水準にまで国家準備を引き上げることが要求される。

　新しい時代は各国が最高可能なパーセンテージの準備を保有することから始まるかもしれないが，もしその水準が100パーセント以下であるなら，乗数倍

の銀行信用収縮を要求するに十分なまで事態が進展することが常に考えられるであろう。これを回避できるのは，中央銀行が国家準備の状態とのきわめて特殊な関係において，その信用政策を策定するよう要求される場合にのみである。何か固定された倍数の準備によって負債残高を調整する代わりに，中央銀行はより困難な任務を負わされるであろう。銀行組織の頂点で，しかも「最終的貸付け機関」の利用の保証を与えながら，中央銀行は商業銀行信用創造の動向に継続的に反する行動をとることによってのみ，有効な統制を行うであろう。そうすることで，信用という上部構造は，総流通貨幣量が国家準備の変化として**正確な**量だけ変化するように，国家準備の変化に従わせられるであろう。このようにして，その組織は国際金通貨の働きを複製するであろう。そのような改革の実行可能性については，

　その任務の困難さ，固定ルールを定めることの不可能性，そして中央銀行の行動が世論や政治勢力の圧力にどれほど常にさらされているかということからすれば，重大な疑問を投げかけざるをえない（Hayek, 1939a, p. 91）。

1937年の講義で，ハイエクは，生産性の変化に**比例して**増加する貨幣ストックよりも一定不変の貨幣ストックのほうが望ましいかどうか，という問題を無視した。[6] どちらのルールが適用されようと，それは単一の国民通貨にではなく，世界貨幣供給に関係すべきであろう。もしこれらの改革が採用されそうにないならば，**任意**の機械的な原理が真に国際的な組織の教えに多少とも一致することを保証するであろう。また，これは偽の国際銀行組織のなかの**特別な**国民通貨自治よりも望ましいであろう。ハイエクの貨幣改革案は次章で論じられる。

第10章　貨幣の市場規準

　あらゆる歴史はある信念，すなわち貨幣を発行する独占権を政府が要求しない場合に得られる貨幣よりも，いっそう安全な貨幣を政府はわれわれに与えてくれた，という信念に反している（Hayek, 1978b, p. 224）。

1．貨幣的規律

　現代経済において，（現実的ならびに潜在的に）利用可能な多くのさまざまな流動資産の任意特定の部分集合を明確に記述するとともに，それを統制しようとする試みは，理論的にも実際的にも困難を伴う。ハイエクはマネタリストの目的，すなわち貨幣政策は実物経済活動の混乱の原因となるべきではない，という目的を支持したけれども，統計的な貨幣総量の年々の成長を統制することによって政策を効果的なものにすることができる，というフリードマンの主張には批判的であった。ハイエクは貨幣供給という概念も安定的価格水準という単一目的も受け入れなかった。第6章で展開された議論に関連していえば，目的は，仮説的な物々交換取引が貨幣の出現によって影響されないという意味で，貨幣が中立的であることである。純粋に理論的な見地からすれば，これは次のような要件によって達成されるであろう。

　　　人々が自分たちの流動性選好の変化に合わせて残高を変えるために，支出額を減らしたり増やしたりすることのないように，貨幣量（あるいはむしろ，ほぼあらゆる流動資産の総計）が維持されるということである（Hayek, 1978a, p. 77）。

　これは微妙なバランスであり，市場力によってのみ決定できるものである。なぜなら，「最適な貨幣量は，どんな権力であれ前もって確認できるものではなく，市場のみが発見できる」（Hayek, 1978a, p. 77）ものだからである。
　独占力の乱用から生じる危険（国家名目貨幣に与えられる法定通貨の地位に

内在する），投資構造に対する破壊的な効果（国家名目貨幣の準備を基礎として拡大される銀行信用創造によってひき起こされうる），そして，重商主義観（国家の主要な責任は金と国際通貨準備から成るその保有財産を守ることである）の存続といったものは，貨幣政策の遂行を指導する一組の原理の必要性を例証している。貨幣はあまりにも重要すぎて，国家の統制に委ねることはできない。

1937年の講義で，ハイエクは国際金本位制が課した貨幣的規律の喪失を嘆いたが，時期尚早な，すなわち「人々がそれを実施したいと思うようになる前の」(Hayek, 1939a, p. xiii) 復活の結果を心配した。それらの講義の一般的テーマは，ケインズの『一般理論』の核心であるような貨幣的国家主義の影響によって現実経済に加えられる損害である。こうした講義のきわめて理論的な傾向は，専門家の意見の展開に影響を与えたいということ，そして「長期的には人間の事象は知力によって導かれる」(Hayek, 1939a, p. 94) という信念[1]，によって決定された。次の主張には少なからぬ設計主義的合理主義が見られる。

　有効な国際貨幣当局というものがユートピア的な夢にとどまるかぎり，真に国際的な貨幣制度の下で生じるものに国内の貨幣的変化を少なくともある程度適合させていくことのできる何らかの機械的な原理（金本位制のような）が，数多くの独立な，しかも別個に規制される国民通貨よりも，はるかに望ましい (Hayek, 1939a, p. 93)。

また，もしこの所感が一時的な精神異常として退けることができないとしたら，それは「純粋に技術的な経済学」から「自生的秩序の性質の生き生きとした描写」(Hayek, 1967a, p. 91) への「ハイエクの変容」(Caldwell, 1988) の他のあらゆる証拠と[2]（年代的に）一致する[3]。

もっとも有益な形態の貨幣当局を発見するという実践的な問題は，ハイエクが，常に以前の独創性に富む貢献に言及することなしに，立ち戻ることになった問題である (Hayek, 1960, 1976b, 1978a, 1986)。言及しなかった理由は対象と

したそれぞれの読者にあるかもしれない。1937年の講義は学究的な聴衆に向けられたが、これに対して、より最近の説明はより広い（門外漢でさえある）読者層を対象とする出版物に掲載されてきた。新しい議論──ハイエクが他のものよりも「知的優位性」を与えている（Hayek, 1978a, p. 23fn；1991a, p. 221 fn1）ところの──は、紙幣発行の独占権を政府は放棄すべきだ、ということである。これはケインズの総需要管理体制の中心的な特徴、すなわち、自治的な国内貨幣政策はより広い国際的な配慮による制約から自由であるべきだという発想、に真っ向から対立する提案である。

通貨供給の国家独占は、貨幣の利用者にもっとも都合の良いような特性を決して生み出しそうになかった。だが、国家が金の兌換制や、国際的な純移転を金で橋渡しする必要によって制約されているかぎり、秩序ある貨幣体制が維持された（第9章参照）。ケインズの影響を受けて、この秩序は脅かされてきたけれども、金本位制への復帰の可能性はもはや維持できる状況ではなくなった。なぜなら、その実施はある種の国際的な承諾と、「金本位制から追い払われることは大きな不運であり、国辱であるという一般的な意見」（Hayek, 1960, p. 335）に基づいていたからである。ハイエクは彼自身の商品準備本位制提案（Hayek, 1943a）を1944年のブレトン・ウッズ国際会議に提出したが、受け入れられなかった。その代わりに、アメリカ・ドルが固定為替相場体制下での国際準備資産として、金にとって代ったのである。

諸通貨はドルに兌換でき、ドルは金に兌換できた。そして、各国中央銀行は（自国以外の）他国の兌換通貨の準備に基づいて、信用の拡大を許された。したがって、アメリカとの貿易で黒字となった国は（金よりもむしろ）利付きドル債券を受け取ることができた。金の移動と同様に、こうしたドル債券は国内信用拡大の準備資産基盤を増大させた。金の移動とは違い、アメリカの準備資産の減少は起こらないので、アメリカの国内銀行信用拡大の基盤は不変のままであろう。「このように、国際通貨体制は、ゲーム終了後に敗者が自分の賭けたビー玉を返してもらえることにお互い同意して、ビー玉遊びをする子供たち

の群れに似るようになった」(Rueff, 1964, p.117)。こうした取り決めは不十分な規律を生み出した。新たに創設された国際通貨基金から簡単に信用を入手できるようになったのである。また，断続的な為替相場の再調整は貨幣的拡大がほとんど野放し状態になることを意味した。新しい体制は単に悪貨を生み出しただけでなく，また，政府権力の拡大に大きな貢献を果たしたのである。

2. 貨幣とマクロ経済的管理

国家権力が正義，法の施行，および国防の管理に必要な最低限に抑えられているところでは，ゆっくりと進化する伝統や文化的慣行が個人の権利を保護してきた（第2章参照）。だが，経済問題や実業問題に対する国家干渉が増大するにつれ，個人の権利を保護しようという気遣いは大幅に低下した。20世紀には，こうした発展は，特定の集団的目的を達成するための計画を定式化する合理的なアプローチという，より広い関係のなかに見いだされるようになった。「社会-経済的」という婉曲的な表現が用いられ，ほどなく，このアプローチは尊敬すべき学者たちに恵まれた。この新たなケインジアンの時代は50年ほど続くことになった。

問題とされたのは社会的過程の一部としての経済発展であった。貨幣秩序は，さまざまな活動の調整——人間の理解をはるかに超える複雑な調整——を成し遂げる個別的な市場プロセスにとって，欠くことのできないものとは，もはやみなされなかった。貨幣は新たな役割を獲得した。国民経済をモデル化しようとする試みとの関係において，貨幣は，国民経済構造の本質的要素を描写すると主張する組立の簡単なジグソーパズルを作成するために，多くの奇妙な統計的集計量——貯蓄，投資，輸出，輸入，等々の水準——と並べて置かれた。貨幣は奇妙な集計量の形で，集団的人間行為の新しい理論モデルのなかに組み込まれたのである。消費財と資本財に対する支出の平均値は，（貯蓄率，所得乗数，加速度係数，等々によって例証されるように）強固な時系列関係を示していると主張された。そのため，どこか他での変化に対する消費者と投資家の

反応を測定するための，パラメーターの推定値は，光速の場合とほぼ同様に，実際の値などあまり真剣には問題とされずに，そのまま受け入れられたのである。

統計的集計量の間に認められた関係とは反対に，個人によってなされ，しかも個人の行動の基礎にある選択は重視されなかった。特に，企業家の役割が軽視された。企業家は公益のために行動しなければならない素人よりも知識が少なかった。専門家が発展過程を監督できたので，貨幣本位が**個人**の要求（信頼や信用に対する）に従う理由はなかった。こうした要求は交換や危険負担の面できわめて重要である。政府支出が国民所得の常に大きな比率を構成するようになるにつれて，国債は信用証券の常に大きな比率となったので，貨幣政策は政府金融政策と複雑に結びつけられるようになった。

産業革命を通して，科学の応用が難解な技術的問題に驚くべき解を与えてきた。また，20世紀には，科学が経済問題についても類似の進歩を達成するかもしれないという信念の広がりとともに，「設計主義的合理主義哲学」が確立された。ケインズの『一般理論』は，重商主義に大きく頼る**国益**追求のための枠組みを提示することによって，この発展を哲学的に支援した。利子率と投資水準が完全雇用と適合する水準に自動調整されないとすれば，ケインズは国際貿易収支の黒字の維持に重商主義的な意味で専念することに，「科学的真理の要素」を見たのである。彼の新しい診断によれば，慢性的失業に見舞われている国は，国内に有利な投資機会が不足しているとともに，自国の利子率を確実に低下させる手段に欠けているのである。したがって，貿易収支の黒字は二つの点で望ましい。すなわち，海外市場は国内産業の新たな販路とより高い投資収益をもたらしたし，また，純外貨収入は国内利子率を低下させたからである。しかしながら，それらと同じ結末に至る，よりはっきりしたルートは貨幣政策の適切な選択を通じてであった。その結果，各国は国益にも国際的利益にもなる目標を追求することができた。貨幣的拡大によって資金調達される国家支出は不況に対する手っとり早い万能薬であった。

ケインズは偉大な知性と当時の政治的雰囲気をうまく捉える鋭敏な感性を具えた日和見主義者であった。彼は学者を納得させ，政治家を手繰ることができたが，彼の知力は体質と釣り合わなかった。

　私が彼に最後に会ったのは彼の死の数週間前であったが，……私は彼の弟子の幾人かが彼の理論に対して用いている利用法に彼が不安を感じていないかどうか尋ねた。これらの理論は1930年代には大いに必要とされていたが，もしそれらがいずれ有害となるならば，自信をもって，私はすぐさま世論を変えてみせることができる，というのが彼の返答であった（Hayek, 1978b, p. 287）。

　1946年のケインズの死から，ケインズ主義は次の四半世紀間，抑えられることなく走り続けた。この時代に，国家権力は絶えず増大した。本位貨幣に対する国家独占が現代の偽りの慣習のなかに組み込まれるようになり，それによって，政府は国民の特殊な経済的目標を達成するために，貨幣制度に対する技術的な統制を合理的に利用できると信じて，その統制を高めようとした。

　貨幣制度を操作して経済的成功を得ることができるというのは幻想である。その幻想は国家レベルでも国際レベルでも明らかである。欧州中央銀行あるいは世界中央銀行は国内貨幣当局と同様，個人の自由にとって脅威である。そのような機関の創設そのものがそれらの機関を政治力の軌道にきちんと乗せてしまうのである。結果として常に生じる貨幣秩序の腐敗は自由社会の文化的価値を侵害する。なぜなら，貨幣的操作の衝撃は，もっぱら社会における費用と価値の関係の変化につながり，また将来価値に対する予想に影響を与えることになるからである。

　商品と違って，貨幣用役は使い尽くされることはなく，人から人へと手渡されている。そのため，貨幣的変化は常に自動反転的である。例えば，貨幣ストックへの追加分が最初にある特定の商品に支出されるとき，それは単に一時的な新需要をそこに創出するだけでなく，また経済システム全体を通じて，連続的な支出を次々と生み出す効果をもっているが，ひとたび貨幣的拡大が停止す

ると，それは反転するだろう。

　インフレーションとデフレーションはいずれも予想されない価格変化をひき起こすことによって，その特異な効果をもたらす。そして，双方ともに予想を二度にわたって裏切る。一度目は，価格が予想された以上に高くなったり，低くなったりするときであり，二度目は，遅かれ早かれ起こるに違いないが，これらの価格変化が予想されるようになって，予測されない出来事がもっていた効果をもたなくなるときである（Hayek, 1960, p. 330）。

インフレーションは，貯蓄を破壊し，借金を促進し，私有財産に不利に作用し，そして，常に大きな国家統制に向う傾向を助長するために，有害な問題である。集団的経済目標を達成しようとして貨幣秩序を崩壊させることで，経済的効率と人間の福祉の面から捉えた費用は**計算できない**ほどであった。貨幣的拡大によって始動させられる相互作用の複雑さと，その拡大によってひき起こされる崩壊は凄まじいものである。人間の知的な傲慢さと自惚れによってのみ，経済関係を操作する手段として貨幣を利用することによって人間の福祉を増進することができる，ということに対する絶え間ない自信を説明することができる。そのような処置がとられるときにはいつも，自由が危険にさらされ，あらゆる面の経済的進歩が妨げられる。

　これらの問題に真っ向から取り組んで，ハイエクは，もし個人に通貨利用の選択権が与えられるなら，国民国家は国内貨幣政策の影響から通貨を「保護する」権力を失うであろう，ということを明らかにしようとした。その場合，私的に発行される通貨の間の競争を可能にすることは，次の段階としてさほど思い切ったことではないであろう。したがって，『貨幣非国有化論』が1976年に初めて発行されたときに，急進的と思われた提案の多くはそれ以来，広く受け入れられてきた。こうした提案は「あらゆる種類の為替管理の廃止」，「銀行業における自由貿易」，そして「単一国際通貨は，もしうまく管理されないなら，国民通貨より良くなるどころか，より悪くなる」というものである。

3. 私的貨幣

　ハイエクは株式銀行がどのようにして私的通貨を創始できるかを述べている。株式銀行は新単位（商標として登録される）で呼ばれる非利付き証券を発行し、その単位による小切手勘定を開設する意向を発表するであろう。その通貨単位の最低値を設定するために、銀行はその手形や預金を、単位あたり「5スイス・フランか5ドイツ・マルクか2ドル」で償還する法的義務を果たすであろう。しかしながら、銀行の正式の政策はある商品バスケットによってその通貨単位の購買力を維持することであろう。そのバスケットの構成は「経験と大衆の顕示選好に示唆されながら」(Hayek, 1991a, p. 145)、定期的に変更されるであろう。新通貨は他の通貨と引換えの貸出しや販売を通して発行されるであろう。

　私的通貨の価値が、（古来からの傾向が続くと仮定すれば）価値の下落する国家通貨に対して、絶えず上昇するプレミアム付きで維持されるにつれ、新通貨を保有したいという要求が高まり、競合する新しい私的通貨が出現すると期待されるであろう。競争は発行者がそれぞれの通貨の価値を維持する活発な誘因を与えるであろう。さらに、個人が私的貨幣によせなければならない信用は、民間銀行業が一般に頼りとする信用と何ら違わないであろう。すなわち、銀行は流動準備金を用意して当座預金からの引き出しに応じることのできる立場を維持するだろう、という信用がそれである。

　私的通貨によってとられる形態がどんな特殊なものであろうと、これらが国家貨幣当局を除外する必要はない。私的通貨は、国家名目貨幣が何らかの意味においてより劣っている場合にのみ、それに取って代るであろう。しかしながら、通貨供給に競争を導入することは、必然的に異なる貨幣の流通を創出するであろう。もしそうでなければ——もし競争者たちが同一の貨幣単位を生み出すならば——、おかしな状況が出現するであろう。すなわち、ある銀行による通貨供給の増加は、すべての銀行によって供給される通貨の価値の低下をひき

起こすであろうし，またこの通貨拡大を抑えるものは何もないであろう。それによって，通貨はごく短い間に価値のないものとなろう。対照的に，各競争者がそれ自身の貨幣の独特な特性を管理する場合，通貨間の個人的選択，自由競争，および変動為替相場は通貨価値の下落に自然な歯止めを与えるであろう。

　競争がなければ，通貨の独占供給者は通貨価値を守ろうという誘因に欠ける。それどころか，流通させられるあらゆる追加１ポンドを最初に使用することで，独占者は持続的な通貨価値の下落からの利潤の増大を享受するのである。したがって，開かれた競争のなかで供給される私的貨幣の場合，明らかに誘因はまったく異なる。選択できる貨幣は互いに別個のものであり，各競争者はそれ自身の特定銘柄の貨幣を流通貨幣のなかでもっとも喜ばれるものにするために，その供給を規制しようとするであろう。最大の信用を勝ちとる貨幣は一定の購買力に対する確かな期待を与える貨幣であろう。他の貨幣は廃止させられるであろう。グレシャムの法則[4]（これは品質の異なる硬貨の間の交換レートが固定されている場合にのみ適用される）とは逆に，良貨は悪貨を駆逐するのである。

4．物価スライド制

　現物価格と先物価格が，商品に対して現在付けられているように，競合する通貨にも付けられ，また，それがそれぞれの交換レートを与えるであろう。異なる通貨の保有者と潜在的保有者は，任意所与の通貨の品質を評価する自分自身の尺度を自由に決定することができるであろう。これは統計的物価指数の基礎として使われる，仮説的商品バスケットという良く知られた形態をとるかもしれない。使われるさまざまな指数の潜在的な数に制限はない。また，競争（指数の供給における）はまた消費者のニーズに役立つであろう。

　貨幣に対する客観的な価値尺度という考えは新しいものではない。紙幣がより広く使用されるようになるにつれ，関心が高まった。大変便利であるが，紙幣は貨幣価値の崩壊の可能性をいっそう高めた。アーヴィング・フィッシャーは，米国通貨単位の購買力が１パーセント低下するたびに，その通貨単位の金

の重さを1パーセント増やすべきである，と提案した（1911）。ドル硬貨の金含有量を変えることは面倒なことであるだろうが，ドル紙幣の金価格（ドル紙幣を一定量の金と兌換できるようにすること）を変えることは，そうした問題を提起しなかったし，また，その効果は同じものとなろう。金の公定ドル価格の適切な調整は，その価値を主要商品の複合パッケージと結びつけることによって計算されるであろう。フィッシャーは257商品の卸売価格と結びつけられている米国労働局の指数を引き合いに出した。

ケインズは『貨幣改革論』で同じような案に賛成した（1923）。そのなかで，彼は安定的な通貨価値の確保こそ政府の政策の主目標であるべきだと主張した。貨幣供給と商業銀行の法定最低準備率の双方に対する管理が，一般大衆による貨幣利用の変化と銀行自身の取引高の変化の双方に備えるために必要であろう。国際貿易のパターンにおける季節的変動の効果を調節するために，外国為替の供給を規制することも必要だろう。こうした目標をめざして，ケインズは標準的な複合商品が基準として使われることを提案した。

　もし，ある標準的な複合商品の価格を示すようなある公的指数が算出され，当局がこの複合商品を価値基準として採用し，その商品の価格の変動を防ぐ万全の措置を講ずるならば，信頼を増進し，客観的な価値基準を与えることになろう（Keynes, 1923, p. 187）。

ケインズは，政策を「判断や自由選択によらず」，物価指数に基づいて導くことができると考えた。

物価スライド制は魅力的であるが，相対的な価格調整がインフレ下でも非インフレ下でも絶えず行われる，という事実から種々の困難が生じる。問題が起こるのは，どのようなときに価格上昇が需給条件の変化に対する必然的な調整であるか，を告げる場合である。言い換えれば，非貨幣的原因をもつ価格上昇によっては影響されないインフレ指数を作成する青写真がないのである。そこで，ある指数が通貨安定性の基準を与えるには，「地域的な物価よりも，むし

ろ国際的な物価」から作成されるべきであり，また最終財以外の価格をも対象とすべきである。というのも，最終財の価格は技術的進歩とともに低下する傾向を通して，インフレ・バイアスを生み出すからである（Hayek, 1960, p. 337）。だが，これらの困難が存在するのは，インフレーションと通貨価値の下落が同義である単一通貨の場合にのみである。諸通貨が競争している場合には，インフレーションという用語は余分となる。なぜなら，競争は通貨価値の一般的な下落を排除するからである。

　　銀行家にとっては，実質価値が通貨相場の一覧表を公表している新聞によって設定された許容基準を下回ったことを示す肉太活字のなかに，自分の通貨の相場を見い出だすこと以上に恐ろしいことは何もないであろう（Hayek, 1978a, p. 50）。

　諸通貨が競争している場合，「通貨安定化策」に関するハイエクの例証は，所与の商品バスケットの合計価額（任意の私的通貨で換算した）を決定するために商品価格と通貨為替相場が使われる，という状況を想像させる。指数がその為替平価を超えて上昇（平価以下に低下）するにつれ，発券銀行はその貸出し政策において，より出し惜しみする（しない）ようになる。もしそのような反応が持続的に維持されるならば，通貨価値の最小限の変動だけが生じるであろう。通貨投機は，各銀行そしてあらゆる銀行が自身の通貨価値を額面で維持するために，講ずる措置の有効性を高めるであろう。

5. 国家通貨間の競争

　生来の政治的保守主義と貨幣的統制を放棄したがらない国家の性質を所与とすれば，競争的通貨に向けての実行可能な最初の一歩は，国内の通貨供給に対して他国の貨幣当局が競争できるようにすることであるかもしれない。個人はどの通貨を使用するかを選択できるであろう。消費者主権は，自由競争下で供給される他のあらゆる財の品質と構成を決定するのと同じ仕方で，貨幣の供給を決定するであろう。このために，ハイエクは世界の国々が，「相互の通貨に

よる全地域での自由な取引,あるいは銀行業務における同様の自由な活動に,いかなる障害も設けないという公式の条約によって,相互に結合する」(Hayek, 1978a, p.19) ことを提案した。この取り決めによって,国家当局が他国の貨幣よりもいかなる点であれ劣る貨幣を発行することは不可能であろう。「健全な」貨幣を供給するという道からの離脱は,その不快な通貨を一般的な利用から排除することになろう。

6. 本 位

私的貨幣擁護論を再度展開するにあたって,ハイエク (1986) は多くの政府が私的通貨の流通に賛成しそうにないことを認めた。さまざまな紙幣や硬貨を流通させる代わりに,現代の交換手段——自動振替,口座引落とし,チェック・カード,クレジット・カード,デビット・カード等々——は健全な貨幣への代替ルートを用意する。ハイエクは普通商業銀行のように,(どんなタイプの紙幣であれ)預金を受け入れる企業——スタンダード・アカウント・リミティッド (SAL) ——を想定する。違うのは,預金がある標準的な計算単位,すなわち取引される商品の加重指数で,評価されるという点である。預金は要求があり次第,(どんなタイプの紙幣であれ)適切な数の計算単位の価値に換算できるであろう。SALにとって最重要問題は,預金の払い戻し請求に応ずるために通貨の形で十分な流動性を保持しながら,多通貨預金を投資する最良の方法,すなわち指数連動化した適切な額での報酬を保証する最良の方法を決定することであろう。

流動性の問題はSALに対する信用が高まるにつれて低下するであろう——なぜなら,取引がますます口座間の帳簿上の移転という形をとることになるだろうからである——が,まさにこの発展の結果として,SALはより危険度の高い投資によって,また,あるいはより慎重さを欠いたレベルにまで通貨準備を引き下げることによって,より大きな収益を求める気になるかもしれない。自由な金融ジャーナリストやその他のアナリストたちからの,公表された報告書の

定期的な専門家による監視は，定期預金を促進するSALによる高利回りの申し出と同様に，そのような発展を阻止する市場療法であろう。市場力はまた多くの競争的なSALタイプの企業を生み出すかもしれないので，競争は，そしてさまざまな預金ポートフォリオを保有する機会は，安全性をさらに高めるであろう。独自の通貨は預金獲得競争においていかなる役割も演じる必要がないけれども，個々別々のSALタイプの企業は，私的な通貨発行者の間の競争と同じ目的を果たすであろう。

ハイエクはこのような競争に利点を見て取ったが，普遍的な計算単位として本位が出てくるには，競争者たちが「本位指数の共通の構成に関して」(Hayek, 1991a, p.29) 合意に達することが必要であろう。ハイエクは明らかにしていないが，もしそのような合意が得られるならば，それは確かに，そのような指数において望ましいと一般的にみなされる特性に対する預金者の要求の集合点を反映するであろう。彼はまた，大衆の間に伝統的な通貨を利用する大きな惰性の力が働いていることを認めた。それは打ち勝つことが困難なものであるかもしれない。この惰性は何年も前に論じられていた。ケインズがある例によってその抵抗の性質を明らかにしていたのである。

　（もし）インフレーションの率が，貨幣価値を毎年半減させるような率，しかも，国民によって利用される現金を……年100回以上回転させるような率であるならば……これは各取引に2分の1パーセントの取引税をかけることと同じことになる。国民は物々交換の混乱や不便さよりも，むしろこのような税を喜んで支払うであろう（Keynes, 1923, p. 49）。

したがって，もっとも可能性のありそうなことだが，本位の導入は他のあらゆる金融債の発売と同様に重要なことであろう。その価値は物価指数あるいは何か他の独立の指標と連動される。その後，本位が計算単位として普遍的な地位を得ることよりも，むしろSALの預金がある管理された証券ポートフォリオにその居場所を見つけると予想されるかもしれないだろう。さらにごく当り前

のことだが，おそらく，個人はあらゆる状況において国家通貨の予想される価値低下に対抗して投機をする自由を守ろうとするであろう。そうすることによって，貨幣は市場力の規律に従わせられることになろう。これは市場の混乱の内生的原因のすべてを取り除くものではないが，最大のひとつの原因，すなわち政府による市場操作を排除するであろう。それによって，現実の市場経済の安定性は，その貨幣的手段が市場プロセスそれ自体の一部とされる過程を通じて，高められるであろう。

第11章　ハイエクの遺産

　社会的・経済的発展の方向を統制する可能性についてよりも，社会問題を管理するわれわれの能力に関する限界について，より多くのことを語る理論は，科学主義の時代には流行りそうにない（Barry, 1979, p. 202）。

1. 言葉と意味

　ハイエクは，自分のしようとした区別のいくつかが特別な語彙の使用を正当化するほどの重要性をもっている，と考えた。この語彙は一般に使われてこなかったので，ハイエクの遺産の顕著な特徴を繰り返すことは，彼が好んだ用語の簡単な辞典を提供する絶好の機会である。**プラクシオロジー**は人間行為学であり，そこでは，**先験的な**アプローチが採用されている。すなわち，もっとも確かな公理は内観を通して発見される公理である。この内観の利用は，社会科学が自然科学に対して優る重要な点であり，また，自然科学の方法と言語の卑屈な誤った模倣である**科学主義**と対象をなしている。経済的パラメーターを推計する統計的集計量の利用は特に疑わしいものである。

　カタラクシーは共通の目的をもたない市場秩序である。その本質的特徴は選択のもつ含みというよりも，むしろ自由な交換にある。市場プロセスは分散された知識が生成・調整される手段である。すなわち，それは無数の異なる計画や目標を調和させることのできる手段である。**経済**は（例えば，個人，家計，あるいは企業によってなされる決定に関して），既知の競争的な目的の間の「純粋な選択の論理」が適用できる社会的状況である。これは制約付き最適化に適切な領域である。そこでは，限界分析の諸原理が最適な経済成果を達成するために適用される。**カタラクシー**と**経済**は相互に相容れないカテゴリーではないのである。

　コスモスは自生的な社会秩序である。そのどの部分に対しても異議を唱える

ことができるが，その全体は合理的に再評価することはできない。もしその完全な放棄を考えることができるとすれば，原始的な本能的行動だけが残るであろう。しかしながら，**コスモス**の任意の個別的な特徴は，社会の他の特徴のいずれとも両立しないとか矛盾するとかということで，批判されるかもしれない。**コスモス**は，明確に定義された目標に向けて行為を集中する組織（例えば，個人，家計，あるいは企業）である**タクシス**とは区別される。一定の制度的構造のなかでは，こうしたタイプの秩序のそれぞれから利点を引き出すことが可能であるかもしれない。

ノモスは**コスモス**と結び付けられるタイプの法（私法，自然法，あるいはコモンロー）である。それは保守主義の哲学とは対置される自由主義の哲学に基づいている。なぜなら，それは調和的な共存を支える普遍的・抽象的な原理を守ろうとするからである。それは任意所与の慣行は守らないであろう。というのは，ただ単にその慣行が規範の地位を得たからである。その目的とするところは自由と個人の自主性を高めることである。また，その目的は，予測可能な法的制裁の存在によって創出される選択の機会を通して達成される。対照的に，**テシス**は**タクシス**と結び付けられるタイプの法（公法あるいは制定法）である。それは明確に定義された組織の目的を達成するためのものである。個人の自主性は，所与の意識的な計画の要件を満たすために抑圧される。

2. 道徳，自由，および知性

人間の知性には打ち勝つことのできない限界がある，ということはハイエクが知っていると主張した一つの「重要な事柄」である。彼の無視できない遺産のどんな細目もこの基本的な前提と矛盾しない。ここからもっとも直接的に引き出される主張はこうである。すなわち，文明は慣習と伝統（**プラクシス**）に依拠しており，しかも，知恵は，われわれの文化的遺産についてはっきりと語れることが，どれほどわずかなものであるかを知らせてくれる，ということである。伝統的な慣行は，それが人の心を動かす知的な力をもっているからでは

なく，知力を超えた人間関係の成長を可能にしてきたことから，尊重されるのである。成功する慣行は模倣による学習を通して生き残り，最高度に達すると，法に具現されるようになる。自然法あるいはコモンロー（**ノモス**）は，個人，法人，および，もっとも重要であるが，政府が，自生的に出現してきたルール，しかも万人に一様に適用される普遍的なルールによって，制限を受ける手段である。

人間の尊厳は個人の責任に依拠しているが，カオスの可能性は制限を要求する。小集団（**タクシス**）のなかでは，これは部族的関係によって達成される。道徳は最終目的に関する合意を通して決定される。この状況では，社会的（あるいは分配的）正義は，どんな行為の結果もほとんど予測できるので，意味がある。小集団では，行為をその結果に基づいて評価することは実用的である。これは現代経済の拡大された秩序（**コスモス**）にはあてはまらない。あらゆる行為はどんな個人の理解をもはるかに超えるさまざまな意図されない結果をもたらすからである。ここで，人間の知識の克服できない限界は次のことを意味する。すなわち，正義は行為の結果よりも，むしろ行為に関係しなければならない，ということである。なぜなら，行為の結果は予測することも完全に知ることもできないからである。拡大された秩序では，法の下の自由は文明的な**行動**の自然的正義に依存している。ここで，人間の知識の克服できない限界は，社会主義に対するハイエクの敵愾心の根拠であり，また，知識人を取り扱う際に彼が喚起した注意の根拠である。「知識人は社会主義者となる傾向がある」が，それはただ「知識人は知性を過大評価する傾向がある」（Hayek, 1989, p. 53）からである。社会主義者は分配的正義に対する願望によって駆り立てられるが，それは単に無駄であるだけでなく，また文明的な価値を損なうものである。

ファシズムと社会主義は自由に対する脅威という点では区別がつかない。自由は社会的進歩の手段である。自由が尊重されるのは，それによって個人が自分のなしうることを発見できるからである。しかも，発見によって，彼は「知性の贈り物」（Hayek, 1960, p.41）を享受することができる。市場プロセスは

個人の自由を維持するのに欠かせないものであるが，その場合，個人の所得は功績を反映することはできない。自由社会では，個人の所得と彼に向けられる尊敬の度合いとの間に対応関係はない。財産権と所得や富の分配は，利己的行動の意図されない結果として生まれるのである。法的に財産権があることを相互に認めなければ，自発的交換（**カタラクシー**）はありえないし，また社会的結合が自由な人間行為から生まれるという根拠もありえない。社会主義が分配的正義を達成するには，この自生的秩序に代えて，組織の秩序を人間生活のあらゆる面に拡大することが必要となろう。分配的正義は財産権の優位性と相容れないので，個人の自由とも相容れない。正義は正義にかなう行動，すなわち不偏のルールに照らして正当である行動，に関してのみ意味をもつ。ある行動はその結果に**関わりなく**，正義にかなう（あるいは正義にもとる）と判断される。自由は強制がないことである。だが，強制がないからといって，幸福は保証されない。釈放された囚人の多くは彼らの新しい自由にうまく対処できない。自由は自分自身の最良の利益の達成を約束しない。また，正義は市場の報酬とは何の関係もない。

3．経済学：不確実性と予測可能性

ハイエクの専門的な経済学は景気変動，および貨幣と価格の関連性に焦点が合わせられた。彼は物価の安定が経済の安定の鍵であるという流行の考えを一蹴した。一般物価水準は何の関連性もなかった。むしろ，経済活動に対する貨幣の影響はミクロ経済的であり，相対価格の誘発的変化という形で作用する。[1]
ハイエクは景気変動に対するオーストリア資本理論の関連性を明らかにした最初の人物であるが，これが呼び起こした初期の専門家たちの強い関心は，ケインズが完全雇用を保証したことで薄らいでしまった。しかしながら，慢性的失業に対処する永続的な呼び物としての「投資の社会化」(Keyens, 1936, p.378)も，持続可能な経済成長の経路を維持するための需要管理も，期待にそえなかった。連続的な循環的変動の大きさは歴史的にユニークな連続であり，それに

対する政府の有益な干渉の証拠は見られない。よりはっきりとしていることは，政府の方策（課税，補助金，および福祉給付）が，独立独歩の精神や，絶えず変化する需要パターンに応じる私的創意の働き，に対してもった影響力である。ハイエクはマクロ経済的アプローチの全体を，過度に単純化した，擬似科学的な，しかも拡大された経済秩序における誘因や連鎖網を傷つけるものとして，一貫して退けてきた。

　ハイエクは知識の分割，調整問題，および統一的な社会構造を生み出す際の人間行為と市場取引の役割を強調した。彼の経済学は不確実性，情報獲得費用，および環境の変化に対する人間の反応の含み，に基づいて構築されている。あらゆる行為は選択を含み，また，個人の選択の組合せはきわめて複雑な制度的構造を生み出すのである。こうした構造についてのわれわれの知識は完全なものでも，確実なものでもない。それらの複雑さへのある限られた洞察を得ようとする試みにおいて，経済学者たちによる統計的集計量の利用は理に合っていない。経済的成功が拠り所とする知識というのはほとんど定量化できないものである。しかも，統計学は重大な違いを記録されないままにしておく粗雑な混じり物である。だが，政策問題への現代のマクロ経済的アプローチは広範な種類の国民所得データに基づいて行われている。そこで，重視されているのは予算政策，すなわち，政府支出とそれらの支出を賄うための収入との間の収支バランスである。ハイエクの最大の知的後悔は，彼がケインズの『一般理論』に対する徹底的な批判を書かなかった，ということであった。

　ケインズの経済学は原因となる諸力を国民所得集計量という統計的虚構に帰した。だが，ケインズが彼の名前で採用された経済学方法論に対してどの程度責任があるとされるべきかについては，いまだ解決されていない重大な論争がある。結論がどのようなものであれ，次のことは論争の余地のないところである。すなわち，集計的な所得—支出モデルが 経済的予測の基礎として採用された，ということ，そしてマクロ経済的関係の構造を合理的な金融・財政管理の基礎として証明するために，さらにいっそう洗練された統計的手法が適用さ[2)]

れるにつれて，経済学者たちが進んで自分たちの新しい職能を受け入れた，ということである。

　人間の行為が意味をもつのは，その行為が将来の出来事を変化させると予想される場合にのみである。したがって，将来を予測するためには，人間の行為は以前のある状況によって描かれた経路に従う，と仮定することが必要である。この仮定がもっともらしいケースがあるかもしれないが，一般的に，経済発展が技術的・制度的変化を伴う場合，そうしたケースは稀であるだろう。ハイエクは出来事の一般的なパターンについては予測が可能かもしれないと考えた。だが，それには「反事実的な」理論的均衡モデルが必要である。人生は絶えず新しい発見（あるいは驚き）を生み出すので，実際の経験は決して均衡経験ではない。したがって，将来の予測の基礎として過去の経験的な関係を利用しようとする場合に，出来事をさっと見渡すことが実際上必要であることから，必然的に，経済学者は多くの重要な細目を見過ごしてしまうことになる。明らかに将来の驚きを予想することはできないが，それとあいまって，このことはあらゆる（時たまあるまぐれ当たりは別にして）**詳細な**経済的予測を空想の世界に追いやるに違いない。

　経済データの統計的集計はこうした一般的困難に何ら解を与えない。統計的方法はまったく同じような状況下で得られる種類のデータの分析に妥当するかもしれないが，このことは経済学の場合めったにあてはまらない。だが，人間の知識の克服できない限界が一般的に無視されているので，どのデータも出来事の成り行きにユニークな形で関連しているのに，経済的集計量間の統計的相関関係に大きなウエイトが与えられるのである。たとえ現行の経済的相互依存について正確にして包括的な知識を手に入れることが可能であるにしても，有効な政策を形成するには，その情報を分刻みで見直すことが必要であろう。その場合，ケインジアンであろうと他の誰であろうと，現在と将来の需要水準の管理が国家官僚によって達成されうる，という考えは実にばかげている。それは単に確実な将来がないということからではなく，むしろ現在についての包括

的な知識がないからである。

　電子計算の発達，新しい統計的方法論，およびより系統的なデータ収集が経済学者の思い上がりとともに促進されてきた。だが，統計的集計量間の関係のパラメーター推定値を求める際の洗練された計量経済学の応用は，**本質的な違い**をおおい隠してしまう。また，相関関係が関心を引く場合でさえ，その関係は決して強くない。だが，経済学者たちはこうした種類のばかげた計算に時間と労力をかけ続けている。³⁾それは経済学者たちがあまりにも長い間ケインズ的マクロ経済学を受け入れてきたからではなく，むしろ経済学者という職業がこの特定銘柄の社会主義的干渉を愛好する人々にとって魅力的であったからである。
⁴⁾

4．有効な計画化

　ハイエクが教えてくれたのは，市場プロセスが人間の知識の克服できない限界を補完するメカニズムだということである。それは連続的な変化の効果を伝達していく手段である。価格シグナルは局所的な計画に欠かせない重要な情報を伝達する。利潤が獲得されるのは，変化が生じるからであり，反応に時間がかかるからであり，また企業家が新しい状況に対してユニークな判断をもっているからである。絶えざる実験が改善を生み出し，競争が均衡への傾向を与え，経済を新しい成果の地平へと常に前進させるのである。

　有効な計画化のための根本原理は広く分散した知識を入手することである。さらに，経済的成功を生み出すような知識というのはめったに定量化できるものではない。専門家は，異なる時点の異なる場所における環境を支配しているルールに関する，未編成の知識の大部分を利用できない。相互作用的な変化の細かな部分は一知性の理解を超えている。また，分権化された個人的意思決定の利点は，この恐ろしい複雑さのなかから選択することにある。ハイエクが社会主義に反対した理由の多くはここに見られる。中央計画経済の失敗は，計画経済を指向する知的運動がもっとも強まった1930年代と1940年代に，ハイエク

によって予想されていた。また，悔やまれるのは，生涯を終えるにあたって，彼がソヴィエト帝国の崩壊の程度を理解できなかったことである。だが，1991年11月（彼の死の直前）に，自由主義に対して与えた彼のライフワークの影響力が認められて，ハイエクが米国の自由勲章を受賞したことは適切であった。

現代において，レーガン政権やサッチャー政権は，進取の精神や企業家精神を促進するような条件を作り出すことに，政府による干渉を限定しなければならない，という理想にもっとも近づいた。ハイエクが喜んだのは，国家独占や労働組合の特権に対してサッチャー政権によって開始された攻撃であった。[5] 彼は「彼女が私の基本構想に同意していることを知って」[6]いたし，さらに多くの年月にわたる重要な改革を楽しみにしていた。これはとりわけ設計主義的合理主義のごく最近の動きに抵抗するためであった。すなわち，政治的統合，単一通貨，画一的な中央銀行，社会憲章，地域的移転，および標準化された製品のための人為的な枠組みを設計しようとする，ヨーロッパの幻想家たちの動きがそれである。あくせくと動き回っている経済学者にとっては，これらの問題のそれぞれについて数多くの仕事がある。そこから，次のことが予想できる。すなわち，複雑な国民所得モデルや新しい予測技法に時間を投資して，本質的に知ることのできない将来の予測を販売することで快適な暮らしを立てているような経済学者たちは，フリードリッヒ・ハイエクの経済学を冷ややかに迎えるはずである，ということである。

> 政府による統制や干渉のような仕事を経済学者に対して生み出したものは何もない。またしたがって，経済学者は精神分裂的である。彼らの規律は彼らに市場を奨励させ，彼らの利己心は彼らに干渉を奨励させる（フリードマン，Rubner, 1979, p. 141からの引用）。

経済学の現状は恥ずかしいかぎりである。それに対して多くのジョークが投げかけられているさまは，まったくもって当然のことである。たぶん，もっとも手応えのあるものの一つはこうである。

第11章 ハイエクの遺産　*241*

　外科医，建築家，そして経済学者は彼らのそれぞれの職業の時代的な先駆者争いをしていた。外科医はイブを創造するために肋骨を取り除いたアダムを引き合いに出した。建築家はそれ以前にカオスからの宇宙の創造に関わっていたと主張した。「だけど，そのカオスに責任があったのは誰だと思いますか」と経済学者はいった（作者不明）。

　もし経済学者が尊敬を取り戻すとしたら，予知を求めるあらゆる主張を放棄しなければならない，というハイエクの教えの健全な遺産を出発点として研究を始めなければならない。経済学者は自生的秩序と組織の違いを認識しなければならない。彼らの役割が特定の目的をもった後者の(**経済**)に関する場合と，目的とは無関係な市場(**カタラクシー**)に関する場合とでは明らかに異なる，ということを彼らは理解しなければならない。特にその役割は，近年の設計主義的行き過ぎからの整然とした撤退を決めることにある。公的部門はあまりにも肥大化したし，改革は想像以上に達成が困難となってきた。一般的に，経済学者の地位は以前よりも突出してはならない。また，「経済学者が歯科医と同じ位置にいて，控えめで有能な人とみなされるようになることができるならば，なんと素晴らしいことであろうか！」(Keynes, 1972, p. 332)。

【注】

第1章　道案内

1）『隷従への道』1956年のアメリカのペーパーバック版の新しい序論から。
2）「法律の学生として正式に登録した3年間，私は経済学と心理学にほぼ均等に時間を振り分け，法律の勉強は単に付随的なものでしかなかった」（Hayek, 1992, p. 173）。
3）アメリカの貨幣政策に関する草稿で，ハイエクはミーゼスの作であるとみなした理論を利用した。これが公表された形では出ていなかったという事実が彼の注意を引いたとき，その基本的な考えは「1920年恐慌からの復活後のアメリカの貨幣政策」（McCloughry, 1984, pp. 5-32）という1925年に出た論文に合体された。貨幣的拡大は資本構造を歪めるので，それは実質貯蓄に一致しない，という考えやその含みはさらに発展・洗練させられた（第7章・8章参照）。
4）モルゲンシュテルンの到着によって，ハイエクはより多くの時間を貨幣理論に費やすことができた。イギリスの経験に関連して，事業収益が利子率を上回るとき，銀行券は過剰発行される傾向がある，ということをソーントンが力説しているのをハイエクが知ったことは，彼の景気循環理論の重要な一部となった（Hayek, 1991b, p.195，および第8章参照）。
5）1929年10月に株価が暴落するわずか9日前に，アーヴィング・フィッシャーは「株式市場は数か月内に今日よりはかなり高くなる」（Galbraith, 1961, p.116）だろうという大胆な予測をした。
6）ハイエクにとって，実質産出量の持続的成長の10年にわたる価格の安定性は，過剰な貨幣的拡大の証拠であった。
7）スイスのヴヴェイに近いモンペルランでの初会合以来，このソサイエティは，論争を通した思想の交換をその機能とする自己選択的な団体として継続してきた。それは行動を起こさず，いかなる声明も出さない。ソサイエティのメンバーは戦時統制の解除と第二次大戦後のヨーロッパの急速な経済復興の主導者たち，すなわち「ドイツのエアハルト，イタリアのルイージ・エイナウディ，フランスのジャック・リュエフ，およびオーストリアのラインハルト・カーミッツ」（Harberler, 1989, p. 222）であった。
8）ハイエクは「社会主義の不気味な発展を阻止するために」何をなしうるかについて，成功した企業家のアントニー・フィッシャー卿に，助言を求められた。ハイエクは政治や大衆扇動に反対し，制度が「思想の中古ディーラー」（Hayek, 1992, p.193）として機能する必要性を彼に説いたのである。IEAは1957年に創設された。これと同じようなもののなかには，ジョージ・メイソン大学の人文学科

研究所(ヴァージニア,フェアファックス),カトー研究所(ワシントン,DC),およびオーバーン大学のルートヴィッヒ・フォン・ミーゼス研究所(アラバマ)がある。

9) 左翼は繊細な感受性をもっている。『隷従への道』は「共産主義よりもファシズムに反対するものであった」が,ロシア人たちはそれを敵対的な冊子とみなして,ドイツへの輸入を禁じるよう占領している列強に強制した(Hayek, 1992, p. 190)。

10)「貨幣と経済変動の理論における先駆的な業績と,経済的・社会的・制度的現象の相互依存性の透徹した分析に対して」(Machlup, 1977a, p. xv),フリードリッヒ・ハイエクとギュンナー・ミュルダールに共同してその賞が与えられたのである。この引用文は誤解を招くものである。なぜなら,自由貿易と市場競争に関するそれぞれの見解において,二人の経済学者は正反対だからである。

11)「私はハイエク教授の熱烈なファンです。彼の書物のいくつかは……何人かの議員に好意をもって読まれるでしょう」(Margaret Thatcher, 5 February. 1981, ここでは,McCormick, 1992, p. 235からの引用)。二人はお互いに尊敬していた。1985年のイギリス経済に対するハイエクの最大の願いは,サッチャー夫人の保守党政権の次の20年であった(『ザ・タイムズ』1985年5月9日(木) p. 11 参照)。

12)「実際,集計量間にせよ平均量間にせよ,それらが互いに作用することはない……」(Hayek, 1935, p. 4)。

13) 1980年に,ハイエクは「誰もまだそれを理解していない」(Harris, 1992)といったが,ハイエクのある優秀な学生はごく最近になって「『感覚秩序』から何が生み出されるのかまったくわからない」(Caldwell, 1992, p. 12)と述べた。

14) ある論文(1973年)で,ハイエクは次のように書いている。すなわち,ミーゼスの『社会主義』の中心的な命題は,「時々誤解して主張されるように,社会主義は不可能である,というのではなく,社会主義は効率的な資源利用を達成できない」(Hayek, 1992, p.127),ということである。ハイエクはさらに(1978年に)次のように書いている。すなわち,ミーゼスの批判者たち(つまり,ランゲ,およびその他の人々)は,「社会主義下の経済計算の不可能性」に関するミーゼスの議論に不可欠な,例の「経済過程の理解」(Hayek, 1992, p.140)ができなかった,ということである。ミーゼスの書物の英語版が1936年に出たことは,同年のハイエクの講義の資料として適当であったかもしれない。この講義は1937年に彼の論文として発表された。

15) 強制貯蓄が生じるのは,投資支出の資金が貨幣的拡大によって調達されるときである。資源が資本財生産に再配分されるにつれて,消費者の手に入る商品はそれだけ少なくなるため,強制貯蓄が起こるのである。

16) 草稿の多くの章を読んだG. L. S. シャックルは次のように述べている。すなわち,「資本主義的生産」の理論を「その基礎から研究し直す」というハイエクの決定は,その理論のより以前の不十分な説明の結果であった,ということである(Shackle, 1981, p. 242 参照)。

第2章　自由と法

1) これは「その内容の間違った解釈」から生じる「進化論の誤用」のほんの一例である。ハイエクは,「進化論的仮説は自然法ではなく,多くの陸性動植物の祖先についてのある特定の歴史的言明である」という所説を述べたということで,「ポッパー教授でさえ」非難する。ハイエクにとって,この理論の有効性は「最初にそれが適用された特定の事例」をはるかに超えて広がるのである(Hayek, 1967, pp. 31-2参照)。

2) バーナード・マンデヴィル博士はこれを最初に考えた人物であるとされている。「無論,私はマンデヴィルがダーウィンに何か直接的な影響を及ぼしたなどといっているのではない(だけれども,デヴィッド・ヒュームはおそらく影響を及ぼしただろう)。だが,誰か他の人よりもマンデヴィルが開始した発展の頂点にダーウィンがいるように私には思える」(Hayek, 1991b, p.97)。「マンデヴィルは初めて,秩序ある社会構造,すなわち法や道徳,言語,市場,貨幣,さらには技術的知識,の自生的成長に関するあらゆる古典的パラダイムを発展させた」(Hayek, 1991b, p.83)。着想はマンデヴィルからヒュームを通じてダーウィンに伝えられたと仮定される。「もっとも直接的なルートはエラスムス・ダーウィンであったと思われる。彼は明らかにヒュームに影響を受け,しかも孫息子に対する彼の影響力は紛れもないことだからである」(Hayek, 1963, p. 116, fn)。したがって,ハイエクにとって「ダーウィンと彼の同時代人が彼らの理論についての示唆を,社会進化論から引き出したことはほとんど疑う余地のない」(Hayek, 1960, p.59)ものなのである。最後の著書で,彼はさらにいっそう力説した。「チャールズ・ダーウィンのノートを検討した最近の報告によれば...重要な年である1838年にアダム・スミスを読んだことが,ダーウィンにとって決定的な突破口となったようである」(Hayek, 1989, p. 146)。ダーウィンは1836年にビーグル号の航海からイギリスに戻ったが,彼の生物進化論は1858年になって初めて公表された。抽象的な言葉で,その理論は簡単に述べられた。「遺伝可能な変種に関する反復のメカニズム,そして生存の可能性のより高いことがわかる変種の競争的淘汰のメカニズムは,やがて環境や相互への持続的調整に適合した多様な構造を生み出すだろう」(Hayek, 1967, p.32)。ダーウィンの非凡な才能はその理論の適用にある。ダーウィンは,行動習慣が動物の構造の変化をひき起こすかもしれな

いこと，またその逆もあるかもしれないこと，そしていずれにしても，自然淘汰が遺伝子の構造に作用すること，を認めた。しかしながら，進化が新しい行動パターン（新しい選好や目的）から始まる場合，「話すこと，そして発言に関心をもつことを望むことによって，人は頭脳と知性の進化を望んだ，すなわち言語は，ひとたび創造されたならば，人間の頭脳と自意識が出現したところの淘汰圧をかけた」，といえるような「進化論的な意義」を，動物の主観的な目的は再付与されるのである（Popper and Eccles, 1977, p.13）。したがって，これらの議論から，生物的進化と社会的進化との間に結びつきが見られることになる。

3）ここでパレート最適という経済概念に関して，ある重要な推論が存在する。すなわち，満たされねばならない規準として，それは，他のあらゆる分配に対して特殊な地位をもたない初期の利益分配のために，社会的・経済的発展を束縛する。

4）1945年に，ハイエクは「中央集権化され，高度に統合されたドイツは常に平和にとって脅威であるだろう」が，「ドイツを分割し，再統合を禁じることは長期的にはおそらく失敗するであろう」と主張した。彼は連合国側の統制の段階的解除とドイツの個々の州への権限の委譲を推奨した。それによって，やがて，西側の州はオランダ，ベルギー，およびスカンジナヴィアと，またその他の州はチェコスロヴァキア，オーストリア，およびスイスと，政治同盟を結ぶかもしれない。最終的には，自由貿易の強調が「危険をもたらさずに再び繁栄を取り戻す機会」をドイツに与えるであろう。（Hayek, 1992, pp. 224-7 参照。）

第3章　自由と市場

1）「人間の場合，**分け合うことや贈り物をすることは絆を結ぶもっとも重要な手段であり，それら自体，所有権を前提としている**」（Radnitzky, 1990, p. 161）。

2）ロバート・フロストの詩「メンディング・ウォール」からの引用。

3）しかしながら，彼の保護された領域は公共サービスを共有する権利と「プライバシーや秘密保持の権利」（Hayek, 1960, pp.141-2）を含むだろう。

4）自我の基本的な目的についてのこの考えはハイエクに特有なものでは決してない。例として，それはマーシャルの『原理』に見られる。「したがって，経済学の主要な関心は，善かれ悪しかれ，変化と進歩を余儀なくされている人間に向けられる。……経済学の中心的な観念は，その基礎理論だけが論じられるときでさえ，生きている力と運動についての観念でなければならない」（Marshall, 1966, p. xiii）。それはポッパーによって支持された哲学のなかにある。「人生は，まさに自己主張のためではなく，人生におけるある種の価値を実現するために，何かと闘争することである。克服すべき障害があるということは人生にとって不可欠である，と私は考える」（Popper and Eccles, 1977, p. 558）。また，それは

人間の本性についてのベンサム的な考えを否定するケインズにとって重要である（Mini, 1991, p.104 ff参照）。
5）しかしながら，何ら牧歌的な状態は約束されない。例えば，景気変動は**自由放任市場制度**と競争的銀行制度の自然な特徴である。また，安定性を得ようとする試みは経済進歩を抑制する傾向があろう。これらの点は第6章，8章，および9章で論じられる。

第4章　経済科学と社会科学

1）これはハイエクがポッパーと共有する認識論である。「観察結果は常に以前の知識によって解釈される。すなわち，観察結果は，もしそうした結果によって修正できる以前の知識がなければ，それら自体存在さえしないであろう」し，また，このことは「無限の退歩」を意味するけれども，これは「生命それ自体のなぞ」と同じ種類の問題である（Popper and Eccles, 1977, p. 425 参照）。この困難を受け入れる以外選択肢はない。
2）複雑性についてのハイエクの定義と，現代の最優秀作品であるチャールズ・ダーウィンの進化論によって与えられた定義との類似性は顕著である（Dawkins, 1988, p. 2-13参照）。これは何の驚きも生まない。なぜなら，ハイエクはダーウィンの進化論を，「それは単にその詳細を埋めることは決してできない一般的なパターンを記述するものであるけれども，重要な価値をもつ複雑な現象の理論の最良の実例」（Hayek, 1967, p. 31）であるとして，引き合いに出しているからである。
3）物理的秩序，神経的秩序，および精神的秩序の間の関係に関するハイエクの記述については，第2章を参照せよ。
4）Hayek, 1952a, p. 43を参照せよ。
5）ハイエクは「科学者たちは彼らの多くがしたと語ったことを実際にしていなかった」，というポッパーの見解を後に受け入れたが，彼は「なぜなら，ひじょうに多くの社会科学者たちは自分たちが自然科学の方法であると間違って信じているものを，依然として模倣しようとしているからである」（Hayek, 1967, p. viii）という自分の主張を守った。
6）貨幣数量説（そしてマネタリズム）も科学主義的であるとして非難される。「この理論の実際の内容とぶつかる」（Hayek, 1935, p. 5）ことはないが，ハイエクは，貨幣が一般物価水準への影響を通してのみ個々の価格に影響を与える，という解釈を拒絶したのである。投資決定や取引パターンに対する貨幣的影響力についてのハイエクの詳細な分析は，第8章と9章で扱われている。
7）Hayek, 1952a, pp. 55-7を参照せよ。

8) シュンペーターは「理論物理学の成果に匹敵するだけの,一経済学者による研究」(Blaug, 1986, p. 264からの引用)をワルラスが成し遂げたと考えた。ハイエクの立場からすれば,これはその欠陥の核心である。
9) ここに,別の動態的相互作用がある。なぜなら,主観的期待に基づく行為は一般的に,客観的事態を変化させるからである。この問題とこれに関連する問題については,Caldwell, 1988, pp. 529-30を参照せよ。
10) レオンチェフのマトリックスはまた,資本の生産期間理論について——企業は「各企業がその生産物を次の生産物に移していきながら,線型的連鎖」(Shand and Shackle, 1981, p. 62)を形成するという説明に比べ——より現実的な説明を与えている(第7章参照)。とはいえ,「それには,その図式のデータにおいてハイエク的産出関数を見分ける,という言い表わしようのないほどに複雑な手のこんだ手続きが必要であろう」(Shckle, 1981, p. 251)。
11) 労働,農業,住宅,および教育のような社会政策分野からの専門家の助言を取り扱う場合,特別な用心が必要である。なぜなら,この種の専門家はその専門とする制度には躊躇なく賛成するからである(Hayek, 1960, pp. 290-1参照)。

第5章 社会主義計算論争

1) 以下で展開される議論を見越して,次のことが指摘されるかもしれない。すなわち,クルーソーのさまざまな計画を相互に矛盾のあるものとする特徴は見られない,なぜなら,単にそれらの計画は単一の知性で調整されるからだ,ということである。彼のは単純な(組織の)経済問題である。社会主義計算論争はこれには何の関連性もない。
2) 『自然価値論』(1889)と『社会経済論』(1914)で展開された「自然価値」の概念は,ウィーザーの費用法則の概念とは違って,時の経過を生き残れなかった。後者の概念によれば,ある商品の費用はそれを生産することによって差し控えられた代替物である。現代用語では,これは「機会費用」である。
3) 特にそれが『リーダーズ・ダイジェスト』(April 1945, pp.1-20)に要約されて掲載されたという事実は重要である。この本はイギリスで10万冊以上売れ,17ヶ国語に翻訳されたのである。

第6章 中立的貨幣と貨幣政策

1) 『利子と価格』1898年,においてである(Schumpeter, 1954, p.1088 参照)。
2) あらゆる分野で,経済学の実践的適用は取引費用の完全な認識を要求する。貨幣政策に関して「取引相手との変化する習慣的な(また確認された)取引方法の取引費用は,貨幣政策の有効性を大きく損なうだろう。こうした契約取引の存在

を捨象する，インフレ現象についての議論は必然的に不完全である」(Breeden and Toumanoff, 1984, p. 163)。
3) これは，例えば合理的期待仮説のなかでの政策の非有効性に関する論争，に関連する経済学の一般的問題である (Klamer, 1984, p. 109)。
4)「マネタリスト・ルール」——基礎にある生産性の成長に比例した増加——は，政治的理由でゼロ率を興味を引くように話すのはいっそう困難であるために，ハイパワード・マネーのゼロ成長というルールに取って代られるべきである (Friedman, 1987, p. 377 参照)，とミルトン・フリードマンは述べた。これに対して，「それは何か類似の，だがはっきりと異なるもの，すなわち，人々が自分たちの流動性選好の変化に残高を適合させるために支出額を増減させることのないように，貨幣数量（あるいは，むしろ大多数の流動資産のすべての集計量）が維持される，ということを要求する」(Hayek, 1978a, p. 77) とハイエクは主張した。しかしながら，市場のみが最適な貨幣量を発見できるであろう。第10章を参照せよ。

第7章 資 本

1) 真に永久的な要素が生産に貢献する場合，これらの要素は資本ではなく，**賃料財**（*rentenguts*）(Hayek, 1941, p. 329) である。すなわち，これらは純粋な経済的レントを手に入れる。
2) したがって，賃金の一般的上昇は，直接労働による商品生産の費用を上昇させるほどには，機械利用による商品生産の費用を上昇させないはずである。その場合，より迂回的でない方法からより迂回的な方法への代替が生じるであろう。補遺4から第8章まで参照せよ。
3) もし二人日が一単位の産出量を生産するのに必要であるならば，一単位あたりの生産期間は二日（一人あたり）か，一日（二人の間の分業による）である。もし特化が生産性の増加をもたらすならば，期間はさらに短縮されるであろう。（分業の程度**それ自体**は資本の必要条件に対して何の含みもない，と仮定されている。賃金基金の形での資本が二日間の生産期間にわたる一人を支えるために必要であるかもしれないという可能性は，二つの問題の無用な混同である。）
4) ジェヴォンズは，1859年にユニバーシティ・カレッジ・ロンドンでの学術的な研究に戻るために，オーストリア王立造幣局の実入りのよさそうな地位を断念したとき，将来収益のための現在の犠牲という概念を，まず「教える前に実践してみせた」のである (Collison Black, 1981参照)。
5)「純収入」という用語の使用が前のパラグラフで言及された二つの過程の重複の可能性を調整するかもしれない。しかしながら，以下で与えられるシミュレー

6）（7.11）式は，資本集約度が労働投入の流れの長さと量に反比例して変化する，ということを示しているように見えるかもしれないが，これはその式を導きだした仮定，すなわち，投入の複合価値の総計と純収入の割引価値が等しい，という仮定を見落としている。
7）（7.4）式と（7.11）式は，投入期間（n'）と産出期間（n''）が等しいケースでは，$(m+m'') = n' = n''$ を示す。
8）まさにこれらと同じ指摘が1936年にフランク・ナイトによってなされていた。それらはハイエクによって受け入れられ，彼のその後の研究に組み込まれたのである（McCormick, 1992, p. 105 ff 参照）。
9）その論争のもっとも信頼のおける要約（Harcourt, 1972）には，ナイトへもハイエクへもひとつも言及がない，というのが印象的である。
10）ひとたび生産が一連の投入の後に続く一連の産出として扱われるならば，生産要素の限界生産性という新古典派の考えは完全に失われるが，そのことは容易に認識されてこなかった。例えば，Hicks, 1967b, p. 211，およびHicks, 1983b, p. 123を参照せよ。ある定義によれば，「生産要素とは，全体として考えたときの生産過程への投入として役立つことのできるすべてのもの」（Hicks, 1983b, p. 121）であり，生産に貢献することができなければならない。だが，ヒックスはこれが「要素は限界生産物をもたなければならない」ということを意味すると考えるけれども，彼には偏導関数を与える変数を定義することはできない。同じく，表8.4の議論を参照せよ。
11）これは厳密には正しくない。なぜなら，ケインズは，新たな投資支出がまったく突然のことであって，新たな需要に応じる消費財が不十分となる，というケースを考えたからである。その場合，消費者による支出増加は「消費財価格を上昇させ，...消費の遅延をひき起こす」（Keynes, 1936, p. 123）。これはケインズによる「自殺行為」である（Steele, 1989, pp. 55-9参照）。
12）ケインズ的マクロ経済学に対するハイエクの見解の概要については，Hayek, 1972, を参照せよ。

第8章　景気循環

1）ごく小さな変更は別として，本章は最初，「景気循環理論に対するハイエクの貢献：現代的評価」『ヒストリー・オブ・ポリティカル・エコノミー』1992年夏号，として公表された。本章の新たな**補遺**は章の本文中に組み込まれたかもしれないが，混乱の可能性を少なくするために元の体裁が保たれている。
2）先の計算結果の図解例は本章の12. 補遺(3)で与えられている。

3）リカード効果はさらに本章の12．補遺(4)と(5)で説明されている。
4）この例は本章の12．補遺(2)で拡張されている。
5）Moss and Vaughn, 1986, p. 545 and fnl, を参照せよ。
6）ヒックスはラグという考えに納得できなかった。すなわち，「賃金の上昇とともに，消費財需要が上昇することはない」（Hicks, 1967b, p. 208）ということに納得できなかった。おそらく，より適当な表現はこうなるであろう。すなわち，支出は賃金の上昇後すぐに増加するが，最終財の価格はあるラグをもって上昇する，ということである。小売り価格が貨幣的拡大の後しばらくして上昇する，という経験的証拠は沢山見られる。代わりに，恒常所得仮説が引き合いに出されるかもしれない。
7）1970年代までハイエクが「政府は……経済のあらゆるところに貨幣を注入できるので，自分の理論はもはや洞察力を与えないであろうと考えていた」（McCormick, 1992, p. 246），ということが本当であろうとなかろうと，その考えそれ自体は支持できない。たとえヘリコプターの奇跡が実行されうるにしても，価格の歪みは排除されないであろう。なぜなら，通貨の拡大は金融資産ポートフォリオにおける流動性のバランスを破壊するだろうからである。全金融資産がヘリコプターの寓話に組み込まれる場合にのみ，「諸事象が...あたかも均衡経済学で考慮される「実物的」要因によってのみ影響されるかのように...生じる」（Hayek, 1935, p. 130）という意味で，「中立的」貨幣（あるいはむしろ「中立的金融資産」）が存在するかもしれない。『資本の純粋理論』に関するハイエクの研究の突然の終結がなかったならば，「中立的金融資産」のポートフォリオ分析がなされていたかもしれない（Hayek, 1983, p. 48, and Nentjes, 1988, p. 146参照）。ハイエクが過去の景気循環と比較して，現代の景気循環の間に見られると指摘した違いのひとつは，「過度の拡大がどこで起きた」かを指し示すことがいっそう困難だということである。以前，これは主として「資本財産業に限定」されていたが，今や追加的貨幣フローによって刺激される支出は「はるかに広い範囲にわたって分散されている」（Hayek, 1978b, p. 212）からである。
8）この例証はヒックスの記述に近い。「期間全体にわたる総生産を眺めてみると，早期の経路で生産の増加が，すなわち初期ストックの増加にも労働フローの増加にも帰せられない生産の増加が見られる」（Hicks, 1983b, p.125）。それは「迂回性」の増加，あるいはヒックスが好むように，ITSO（産出の異時的転換）によるのである。ヒックスによれば，ITSOは「限界生産物をもつ」が，偏導関数を与える変数を示唆するものはひとつもない。それは，ひとたび生産が一連の投入の後に続く一連の産出とみなされるならば，要素の限界生産性という新古典派の概念は失われる，ということを繰り返すことを意味している。

第9章　国際通貨か国民通貨か？

1) Hayek, 1943c 参照。
2) Hayek, 1991a, p. 88 参照。
3) 1936年にジュネーブの国際高等研究所で行われた5回の講義で。
4) 同様の考えから，ハイエクは賃金交渉における物価スライド制の利用の危険性を警告した。物価スライド制は，実質賃金が（市場環境の変化のために）低下すべきであるような人々からの，インフレーションに一致した貨幣賃金の増加に対する要求を強化するので，実質賃金相対性の構造の変化は最低名目賃金を除くすべての賃金の増加によってのみ得られる。これは連続的なインフレーションを不可避なものにする（Hayek, 1978a, p. 79 参照）。
5) これははっきりと認められる現象であり，循環的活動の一つの説明の特徴である（Hawtry, 1932）。ブーム時に，労働者階級の所得上昇は銀行制度の準備金から通貨を引き出す。次いで，これは信用を収縮することになる。
6) この問題はHayek, 1935で特別な注目を与えられた。第6章を参照せよ。

第10章　貨幣の市場規準

1) その後，それは大衆にまでしみ込むであろう。「普通の人が歴史観を身につけるのは，小説や新聞，映画や政治演説，そして究極的には学校や普段の会話を通してである」（Hayek, 1967, p. 204）。したがって，「政治的成功は多数派の考えを正しい方向に転換させた結果である」というような「ある種のエリート主義」（Barry, 1992, p. 22）の潜在的要素が，実質的にハイエクの哲学に見られる。
2) 分岐点はロンドン経済クラブでの会長講演の「経済学と知識」である。第1章を参照せよ。Hayek, 1939aの序文は1937年5月の日付であり，講義は同年の早い時期に行われたものと想定される。
3) これは第1章で言及されたが，ハイエクの経済思想の発展段階は論じられてこなかった。実際，これはさらなる研究の一分野である（Caldwell, 1992, p.1 参照）。
4) グレシャムの法則はそれが適用される条件と一緒になって初めて適切に述べられる。すなわち，「一つの目的に対して同じ価値をもち，他の目的に対しては異なる価値をもつ二種類の貨幣がなければならない」（Hayek, 1967, p. 318），というのがその条件である。
5) 銀行預金に対する抽象的な計算単位の利用は，18世紀初頭におけるフランスの通貨価値の下落に対して有効な保護を与えた（Hayek, 1991b, p. 160参照）。

第11章　ハイエクの遺産

1）これはケインズによって的確に認識された。「われわれは…通貨の拡大が相対価格に対して，宇宙における地球の移行がその表面にある物体の相対的位置に影響を与えるのと同様な仕方で，影響する，と論じてはならない。万華鏡を動かすことで生まれる内部の色ガラスの破片への影響ということの方が，おそらく価格水準に対する貨幣的変化の影響を説明するには優れた比喩であるだろう」（Keynes, 1971, p. 81）。

2）多くのさまざまな理由から，ケインズは計量経済学に共鳴しなかったし，「この銘柄の統計的錬金術が科学の一分野になる準備ができた」（Keynes, 1973, p. 320）とは確信していなかった。

3）無論，知的な誤りに気付く経済学者はいる。「私は，もしその回帰においていくつかの変数をこれから毎年付け加える機会を与えてくれるなら，魔女の存在を証明できるであろう」（ソロー，Klamer, 1984, p. 136 からの引用）。

4）人間の感情は個人の理論的関心と得られる結果の両方を決定する，という一般的な主張を擁護するしっかりとした議論が展開できる（Mini, 1991, p. xi 参照）。

5）労働組合の改革を始め，地方政府の支出を制限し，さらに貨幣的目標を導入しようとする，労働党政権によるそれ以前の試みによって示されているように，趨勢は正しかった，といわれなければならない。

6）『ザ・タイムズ』1985年5月9日(木)，p.11。同様に『ザ・タイムズ』1981年3月16日(月)，p.13も参照せよ。「私は彼女の根本方針に最大の称賛を捧げるとともに，そうした方針が私のものに似ているといわれたとき，誇りに感じたものである」。

References

ALONSO, M. (1990) *Organisation and Change in Complex Systems* (New York: Paragon House).
BARANZINI, M. (1982) (ed.) *Advances in Economic Theory* (Oxford: Basil Blackwell).
BARRY, N.P. (1979) *Hayek's Social and Economic Philosophy* (London and Basingstoke: The Macmillan Press).
BARRY, N.P. (1992) 'Hayek's Constitutionalism', *Economic Affairs*, vol. 12, no. 4, pp. 22–5.
BLAUG, M. (1986) *Great Economists before Keynes*. (Brighton: Wheatsheaf).
BREEDEN, C.H. and TOUMANOFF, P.G. (1984) 'Transactions Costs and Economic Institutions', in Leube, and Zlabinger (1984), pp. 161–77.
CALDWELL, B.J. (1988) 'Hayek's transformation', *History of Political Economy*, vol. 20, no. 4, pp. 514–41.
CALDWELL, B.J. (1992) 'Four Theses on Hayek', Centre for Applied Research/University of North Carolina at Greensboro, Working Paper Series No. ECO920802, August.
COLLISON BLACK, R.D. (1981) 'W.S. Jevons, 1835–82', in O'Brien and Presley (1984), pp. 1–35.
DAWKINS, R. (1988) *The Blind Watchmaker* (London and Harmondsworth: Penguin).
DESAI, M. (1982) 'The Task of Monetary Theory: The Hayek–Sraffa Debate in a Modern Perspective', in Baranzini (1982), pp. 149–70.
DIMAND, R. (1988) *The Origins of the Keynesian Revolution* (Aldershot: Edward Elgar).
DORN, J.A., and SCHWARTZ, A.J. (1987) (eds) *The Search for Stable Money* (London: The University of Chicago Press).
FISHER, I. (1911) *The Purchasing Power of Money* (New York: Macmillan).
FLETCHER, G.A. (1989) *The Keynesian Revolution and Its Critics*, 2nd edition (London: Macmillan).
FRANKEL, S.H. (1980) *Money and Liberty* Series in Economic Policy (Washington DC: American Enterprise Institute).
FRIEDMAN, M. (1987) 'Monetary Policy: Tactics verses Strategy', in Dorn and Schwartz (1987).
GALBRAITH, J.K. (1961) *The Great Crash 1929* (Harmondsworth: Penguin).
GRAY, J. (1984) *Hayek on Liberty* (Oxford: Basil Blackwell).
GROSSMAN, S.J. and STIGLITZ, J.E. (1980) 'On the impossibility of informationally efficient markets', *American Economic Review*, vol. 70, no. 3, pp. 393–408.
HAHN, F.H. (1973) *On the Notion of Equilibrium Economics*, An Inaugural Lecture (Cambridge: The University Press).
HARBERLER, G. (1989) 'Reflections on Hayek's Business Cycle Theory', *Wirtschafts Politische Blätter*, vol. 36, pp. 220–30.

HARCOURT, G.C. (1972) *Some Cambridge controversies in the theory of capital* (Cambridge: The University Press).
HARRIS, of High Cross (1992) 'Obituary: Hayek's Life and Times', *Economic Affairs*, vol. 12, no. 4, pp. 20–1, reprinted from the *Daily Telegraph*, 25 March 1992.
HAWTRY, R.G. (1932) *The Art of Central Banking* (London: Longmans).
HAYEK, F.A. (1928) 'Intertemporal price equilibrium and movements in the value of money'; cited; from McCloughry (1984), pp. 71–117.
HAYEK, F.A. (1931) 'Reflections on the Pure Theory of Mr J.M. Keynes, Part I', *Economica*, vol. 11, pp. 270–95.
HAYEK, F.A. (1932a) 'Reflections on the Pure Theory of Mr J.M. Keynes, Part II', *Economica*, 11, 398–403.
HAYEK, F.A. (1932b) 'A Note on the Development of the Doctrine of "Forced Saving"', *The Quarterly Journal of Economics*, vol. XLVII, cited from Hayek 1939b, pp. 183–97.
HAYEK, F.A. (1932c) 'Money and Capital: a reply to Mr. Sraffa', *Economic Journal*, vol. 42, pp. 237–49.
HAYEK, F.A. (1933a) *Monetary Theory and the Trade Cycle* (London: Jonathan Cape).
HAYEK, F.A. (1933b) 'The Trend of Economic Thinking', *Economica*, vol. 13, pp. 127–37 reprinted in Hayek 1991b, pp. 17–34.
HAYEK, F.A. (1934) 'Capital and Industrial Fluctuations. A Reply to Criticisms', *Econometrica*, vol. II, no. 2, cited from Hayek 1935, pp. 132–62.
HAYEK, F.A. (1935) *Prices and Production,* 2nd edition, revised and enlarged (London: Routledge and Kegan Paul).
HAYEK, F.A. (1937) 'Economics and knowledge', *Economica*, NS, 3, pp. 33–54, cited from Hayek 1949, pp. 33–56.
HAYEK, F.A. (1939a) *Monetary Nationalism and International Stability*, Institut Universitaire de Hautes Etudes Internationales, Genève, Suisse; no. 18, 2nd edition (London: Longmans, Green and Co).
HAYEK, F.A. (1939b) 'Profits, Interest and Investment', in *Profits, Interest and Investment and other Essays on the Theory of Industrial Fluctuations* (London: Routledge), pp. 3–72.
HAYEK, F.A. (1941) *The Pure Theory of Capital* (London and Henley: Routledge and Kegan Paul).
HAYEK, F.A. (1942) 'The Ricardo Effect', *Economica* vol. IX (new series), no. 34, pp. 127–52, cited from Hayek 1949, pp. 220–54.
HAYEK, F.A. (1943a) 'A Commodity Reserve Currency', *Economic Journal*, vol. 53, pp. 176–84, reprinted in Hayek 1949, pp. 209–19.
HAYEK, F.A. (1943b) 'The Facts of the Social Sciences', *Ethics*, vol. LIV no. 1, pp. 1–13, cited from Hayek 1949, pp. 57–76.
HAYEK, F.A. (1944) *The Road to Serfdom* (London: George Routledge and Sons).
HAYEK, F.A. (1945) 'The Use of Knowledge in Society', *American Economic Review* vol. XXXV, no. 4, pp. 519–30, cited from Hayek 1949, pp. 77–91.
HAYEK, F.A. (1946) 'The Meaning of Competition', Stafford Little Lecture, Princeton University, May, cited from Hayek 1949, pp. 92–106.
HAYEK, F.A. (1947) 'Free Enterprise and Competitive Order', Mont Pélerin conference, cited from Hayek 1949, pp. 107–18.

HAYEK, F. A. (1949) *Individualism and Economic Order* (London and Henley: Routledge).
HAYEK, F. A. (1952a) *The Counter-Revolution of Science. Studies on the Abuse of Reason* (Glencoe, Illinois, The Free Press).
HAYEK, F. A. (1952b) *The Sensory Order* (London: Routledge and Kegan Paul).
HAYEK, F. A. (1954) 'History and Politics', cited from Hayek 1967, pp. 201–15; reprinted in Hayek 1992, pp. 56–72.
HAYEK, F. A. (1960) *The Constitution of Liberty* (London and Henley: Routledge and Kegan Paul).
HAYEK, F. A. (1963) 'The Legal and Political Philosophy of David Hume (1711–1776)', *Il Politico*, vol. 28, no. 4, cited from Hayek 1991b, pp. 101–118.
HAYEK, F. A. (1966) 'Dr Bernard Mandeville (1670–1733)', *Proceedings of the British Academy* (London: Oxford University Press), vol. 52, pp. 125–41, reprinted in Hayek 1978b, pp. 249–66, cited from Hayek 1991b, pp. 79–100.
HAYEK, F. A. (1967) *Studies in Philosophy, Politics, and Economics* (London and Henley: Routledge and Kegan Paul).
HAYEK, F. A. (1972) *A Tiger by the Tail* (London: Institute of Economic Affairs), reprinted in Hayek 1991a, pp. 1–123.
HAYEK, F. A. (1973a) 'The Place of Menger's *Grundsätze* in the History of Economic Thought', in Hicks and Weber 1973, pp. 1–14, reprinted in Hayek 1978b, pp. 270–82.
HAYEK, F. A. (1973b) *Law, Legislation and Liberty: A new statement of the liberal principles of justice and political economy* vol 1: *Rules and Order* (London and Henley: Routledge and Keagan Paul).
HAYEK, F. A. (1975a) *A Discussion with Friedrich von Hayek* (Washington, DC: American Enterprise Institute for Public Policy Research).
HAYEK, F. A. (1975b) *Full Employment at Any Price?* (London: Institute of Economic Affairs).
HAYEK, F. A. (1976a) *Law, Legislation and Liberty: A new statement of the liberal principles of justice and political economy*, vol. 2, *The Mirage of Social Justice* (London and Henley: Routledge and Keagan Paul).
HAYEK, F. A. (1976b) *Choice in Currency* Occasional Paper 48 (London: Institute of Economic Affairs) reprinted in Hayek 1991a, pp. 245–66.
HAYEK, F. A. (1978a) *Denationalisation of Money*, 2nd edition, Hobart Special paper 70 (London: Institute of Economic Affairs) reprinted in Hayek 1991a, pp. 125–235.
HAYEK, F. A. (1978b) *New Studies in Philosophy, Politics, Economics and the History of Ideas* (London and Henley: Routledge and Keagan Paul).
HAYEK, F. A. (1979) *Law, Legislation and Liberty: A new statement of the liberal principles of justice and political economy*, vol. 3, *The Political Order of a Free People* (London and Henley: Routledge and Kegan Paul).
HAYEK, F. A. (1983) 'The Austrian critique', *The Economist*, 11 June, pp. 45–8
HAYEK, F. A. (1986) 'Market Standards for Money', *Economic Affairs*, vol. 6, no. 4, pp. 8–10, reprinted in Hayek 1991a, pp. 237–43.
HAYEK, F. A. (1989) *The Fatal Conceit. The Errors of Socialism. The Collected Works of Friedrich August Hayek*, vol. I, edited by W. W. Bartley III (London: Routledge).

HAYEK, F. A. (1991a) *Economic Freedom* (London: Basil Blackwell).
HAYEK, F. A. (1991b) *The Trend of Economic Thinking. The Collected Works of Friedrich August Hayek*, vol. III, edited by W. W. Bartley III and S. Kresge (London: Routledge).
HAYEK, F. A. (1992) *The Fortunes of Liberalism. The Collected Works of Friedrich August Hayek*, vol. IV, edited by P. G. Klein (London: Routledge).
HICKS, J. R. (1967a) *Critical Essays in Monetary Theory*, (Oxford University Press).
HICKS, J. R. (1967b) 'The Hayek Story', in Hicks 1967a, pp. 201–15.
HICKS, J. R. (1983a) *Classics and Moderns. Collected Essays on Economic Theory*, vol. 3 (Oxford: Basil Blackwell).
HICKS, J. R. (1983b) 'Is Interest the Price of a Factor of Production', in Hicks 1983a, pp. 113–28, first published in Rizzo 1979.
HICKS, J. R. (1983c) 'The Austrian Theory of Capital and its Re-birth in Modern Economics', in Hicks 1983a, pp. 96–112, first published in Hicks and Weber (1973).
HICKS, J. R. and WEBER, W. (1973) (eds) *Carl Menger and the Austrian School of Economics* (Oxford: Clarendon Press).
HILLARD, J. (1988) (ed.) *J. M. Keynes in Retrospect* (Aldershot: Edward Elgar).
HUDSON, M. (1988) 'Keynes, Hayek and the monetary economy', in Hillard 1988, pp. 172–4.
HUTCHINSON, T. W. (1980) *The Limitations of General Theories in Macroeconomics* (Washington DC.: American Enterprise Institute).
HUTCHINSON, T. W. (1984) *The Politics and Philosophy of Economics Marxians, Keynesians and Austrians* (New York and London: New York University Press).
KAHN, R. (1984) *The Making of Keynes' General Theory*. Raffaete Mattioli Lectures (Cambridge: Cambridge University Press).
KALDOR, N. (1942) 'Professor Hayek and the concertina effect', *Economica*, November, pp. 359–82, cited from Kaldor 1960, pp. 148–76.
KALDOR, N. (1960) *Essays on Economic Stability and Growth* (London: Gerald Duckworth).
KEYNES, J. M. (1923) *A Tract on Monetary Reform* (London: Macmillan).
KEYNES, J. M. (1931) 'The Pure Theory of Money. A Reply to Dr. Hayek', *Economica*, Vol 11, No 34, pp. 389–403.
KEYNES, J. M. (1936) *The General Theory of Employment Money and Interest* (London: Macmillan).
KEYNES, J. M. (1971) (ed.) D. E. Moggridge, *A Treatise on Money. I. The Pure Theory of Money*, vol. V, *Collected Writings* (London: Macmillan).
KEYNES, J. M. (1972) (ed.) D. E. Moggridge, *Essays in Persuasion*, vol. IX, *Collected Writings* (London: Macmillan).
KEYNES, J. M. (1973) (ed.) D. E. Moggridge, *The General Theory and After. Part II: Defence and Development* vol. XIV, Collected Writings (London: Macmillan).
KIRZNER, M. I. (ed.) (1982) *Method, Process and Austrian Economics* (Lexington, Mass: Lexington Books).
KLAMER, A. (1984) *Conversations with Economists* (New Jersey: Rowman and Allanheld).

KUKATHAS, C. (1989) *Hayek and Modern Liberalism* (Oxford: Clarendon Press).
LANGE, O. R. (1936) 'On the Economic Theory of Socialism', *Review of Economic Studies*, vol. IV, nos 1 and 2, cited from Lippincott 1964, pp. 55–143.
LAVOIE, D. (1985a) *Rivalry and central planning. The socialist calculation debate reconsidered* (Cambridge University Press).
LAVOIE, D. (1985b) *National Economic Planning: What is Left?* (Cambridge, Mass: Ballinger).
LERNER, A. P. (1944) *The Economics of Control* (New York: Macmillan).
LEUBE, K. R. and ZLABINGER, A. H. (1984) (eds) *The Political Economy of Freedom: Essays in Honor of F. A. Hayek* (München/Wien: Philosophia Verlag).
LIPPINCOTT, B. E. (1964) *On the Economic Theory of Socialism* (New York: McGraw-Hill).
LITTLECHILD, S. C. (1982) 'Equilibrium and the Market Process', in Kirzner 1982, pp. 85–100.
LOASBY, B. J. (1989) *The Mind and Method of the Economist* (Aldershot: Edward Elgar).
MACHLUP, F. (1977a) (ed.) *Essays on Hayek* (London and Henley: Routledge and Kegan Paul).
MACHLUP, F. (1977b), 'Hayek's Contribution to Economics', in Machlup 1977a, pp. 13–59.
MARSHALL, A. (1966) *Principles of Economics*, 8th edition (London: Macmillan).
McCLOUGHRY, R. (1984) (ed.) *Money, capital and fluctuations: early essays of F. A. Hayek* (London, Melbourne and Henley: Routledge and Kegan Paul).
McCORMICK, B. J. (1992) *Hayek and the Keynesian Avalanche* (Hemel Hempstead: Harvester Wheatsheaf).
MINI, P. V. (1991) *Keynes, Bloomsbury and The General Theory* (London: Macmillan).
MOSS, L. S., and VAUGHN, K. I. (1986) 'Hayek's Ricardo Effect: A Second Look', *History of Political Economy*, vol. 18, no. 4, pp. 545–65.
NENTJES, A. (1988) 'Hayek and Keynes: A Comparative Analysis of Their Monetary Views', *Journal of Economic Studies*, vol. 15, no. 3/4, pp. 136–51.
O'BRIEN, D. P. and PRESLEY, J. R. (1984) (eds) *Pioneers of Modern Economics in Britain* (London: The Macmillan Press).
PHELPS-BROWN, E. H. (1957) 'The Fitted Cobb-Douglas Production Function', *The Quarterly Journal of Economics*, vol. LXXI, no. 4 pp. 546–60.
POPPER, K. R. and ECCLES, J. C. (1977) *The Self and Its Brain* (London: Springer International).
RADNITZKY, G. (1990) 'The Evolution of the Extended Order: Reflections on Hayek's Theory and its Political Implications', in Alonso 1990, pp. 157–95.
RIZZO, M. (1979) (ed.) *Time, Uncertainty and Disequilibrium* (Lexington, Mass: Lexington Books).
ROBBINS, L. C. (1971) *Autobiography of an Economist* (London: Macmillan).

ROYAL SWEDISH ACADEMY OF SCIENCES, official announcement (1974) in *Swedish Journal of Economics*, vol. 76, pp. 469 ff.

RUBNER, A. (1979) *The Price of a Free Lunch* (London: Wildwood House).

RUEFF, J. (1964) *The Age of Inflation* (Chicago: Gateway Editions, Henry Regnery Company).

SCHUMPETER, J. A. (1954) *History of Economic Analysis* (London: Allen and Unwin).

SHACKLE, G.L.S. (1981) 'F. A. Hayek, 1899 – ', in O'Brien and Presley 1984, pp. 234–61.

SHAND, A. H. and SHACKLE, G.L.S. (1981) *Subjectivist Economics. The New Austrian School* (Oxford: Oxford Publishing Services; The Pica Press).

SHAND, A. H. and SHACKLE, G.L.S. (1984) *The Capitalist Alternative. An Introduction to Neo-Austrian Economics* (Brighton: Wheatsheaf).

SHENFIELD, A. (1977) 'Scientism and the Study of Society', in Machlup 1977a, pp. 61–72.

SRAFFA, P. (1932a) 'Dr Hayek on Money and Capital', *Economic Journal*, vol. 42, pp. 42–53.

SRAFFA, P. (1932b) 'A Rejoinder', *Economic Journal*, vol. 42, pp. 249–51.

STEELE, G. R. (1988) 'Hayek's Ricardo effect', *History of Political Economy*, vol 20, no 4, pp. 669–72.

STEELE, G. R. (1989) *Monetarism and the Demise of Keynesian Economics* (London: Macmillan).

STEELE, G. R. (1992) 'Hayek's Contribution Business Cycle Theory: A Modern Assessment', *History of Political Economy*, vol. 24, no. 2, pp. 477–91.

THOMSEN, E. F. (1992) *Prices and Knowledge: A market-process perspective* (London: Routledge).

TOMLINSON, J. (1990) *Hayek and the Market* (London: Pluto Press).

TSIANG, S. C. (1947) *Variations of Real Wages and Profit Margins in Relation to the Trade Cycle* (London: Pitman).

WHITE, L. H. (1982) 'Mises, Hayek, Hahn and the Market Process: Comment on Littlechild' in Kirzner 1982, pp. 103–10.

WILSON, T. (1940) 'Capital Theory and the Trade Cycle', *Review of Economic Studies*, June, pp. 169–79.

訳者あとがき

　本書はG.R.Steele, *The Economics of Friedrich Hayek*, London: Macmillan, 1996 の全訳である。蛇足と思われるかもしれないが，原書には誤植や疑問に思われる箇所がいくつか見られたので，若干の訂正を加えて訳出した。

　原著者の G. R. スティールはシェフィールド大学で奨学金を受けて研究生活を送った後，ニュー・ユニバーシティ・オブ・ウルスターで経済学講師を勤め，現在，ランカスター大学で経済学を講じている気鋭の学者である。本書の他に代表的な著作として，*Monetarism and the Demise of Keynesian Economics*, London: Macmillan, 1989 がある。

　原著に対して，とりわけハイエクに馴染みの深い人々から，「……ハイエクの研究の最も包括的にして徹底的な考察……」（ミルトン・フリードマン：フーバー研究所），「……称賛すべき業績……」（ブルース J. コールドウェル　*Advances in Austrian Economics*）「もしハイエクについて一冊だけ読むべきであるとするなら，本書がそうであろう」（カレン I. ヴォーン　*Journal of Economic Literature*）といった言葉が寄せられており，これだけでも原著に対する評価や関心がいかに高いかがわかるだろう。

★

　本書の内容についてここで改めて事細かな説明を加えることは，単に屋上屋を架することになるだけでなく，かえって誤った印象を読者に与えることになるかもしれないので，詳細については本書に語らせることにして，ここではハイエクと本書に対する訳者なりの理解を簡単に述べておきたいと思う。

　ハイエクが単にオーストリアやドイツだけでなく，とりわけイギリスやアメリカでの研究・教育を通じて主要な経済学者に多大な影響力を与えてきたこと，オーストリア学派の中興の祖であり，いまなおその最重要人物とみなされていること，社会主義経済計算論争で中心的な役割を演じたこと，ケインズのかつ

てのライバルであり、さらにはノーベル経済学賞受賞者であること、等々を考えるとき、果たした貢献とそれにふさわしい評価という意味では、彼の功績ほど需給の一致しない、まさに不均衡の状態にあった学者はきわめて希少であるといわざるをえない。また、その点でも反ケインジアン・反新古典派の真骨頂を自ら証明した学者である。そのうえ彼は死の直前まで限りある知性を最大限に発揮しつづけ、多方面にわたる数多くの学者と論争し、多岐にわたる著作活動を展開した、まさしく限界生産力逓増を実践してきた人物である。

　このようにさまざまな意味で多大な貢献と影響力を与えてきたハイエクが、それにふさわしい扱いを受けてこなかったのはなぜなのか。彼の名は知られていても、彼の主張を理解する人は、ましてや彼の哲学の全体像を十分に理解できる人は、専門の学者の間でさえ依然として少数派である。「ドラマの主役が……ハイエク教授となる……最も信頼のおける経済分析の歴史が書かれるようになるとき」(Hicks, 1967b, p. 203) は、一体いつ来るのだろうか。

　しかしながら、逆説的にいえば、実はそれこそが彼の主張の神髄なのである。彼の理論は新古典派のように単純にして優美なものでも、ケインズのように積極的な政策提言をするものでも、またマルクスのように大胆な予言をするものでもない。彼の議論は素人受けするような通俗的で単純にして派手なものではなく、地道にしてきわめて複雑なものである。しかも、彼の守備範囲はきわめて広く、それが彼の理論をより包括的にして、より複雑にしているのである。

　彼は自然科学と社会科学の方法論を区別し、自然科学の方法論の誤った模倣である科学主義を排除して、社会科学への自然科学的アプローチを批判する。この科学主義の適用にすぎない新古典派ミクロ経済学が資源制約の下での最適解の探求に終始し、もっぱら所与の手段を既知の競合する目的の間に配分するという完全に静態的な問題に関係したことは当然のことである。これに対して、ハイエクは手段も目的も所与あるいは既知でない動態的な経済を想定し、不確実性の下での知識、企業家精神、市場プロセスの役割と自生的秩序の意義を明らかにしたのである。こうした問題はオーストリア学派の中心概念を発展させ

たものであり，新古典派のフレームワークでは捉えることの困難なものである。ハイエク流に「経済」を，制約条件付き最適解を求める「組織」と定義するならば，新古典派経済学は「組織」の経済学である。こうした特定の目的をもった組織や個人からなる「社会」ではあるが，それ自体としては何ら特定の目的をもたない社会あるいは「市場秩序」である「カタラクシー」を研究対象とするハイエクとの間に，方法論や中心概念に大きな違いが生まれることは必然であるかもしれない。だが，新古典派の方法論では自由市場経済のもつ本質的にしてダイナミックな力を分析することは困難であろう。動学分析がなされる場合でも，そこにおける時間概念は現実の時間ではなく，「ニュートン的時間」にすぎないからである。

新古典派ミクロ経済学のマクロ版ともいえるケインズ理論でとられる方法論的アプローチも，依然として静態的経済のフレームワークのなかでの分析にすぎない「比較静学」である。つまり，例えばある総支出水準で不完全雇用下にある経済が別の政府支出水準で完全雇用が達成される，という発想である。それら二点間を結ぶ経路の時間的変化や再調整プロセスがもたらす問題などは無視される。これこそが動態的経済の本質的な特徴であるにもかかわらずである。

また，短期の理論である点を割り引いても，ケインズ経済学は新古典派経済学と同様に，基本的に「組織」の経済学に変わりはなく，しかも人間社会は効率的に設計・管理・運営されるという設計主義的合理主義哲学に基づいていることから，完全雇用政策を中心とする積極的な財政・金融政策によって総需要を管理できると考える。いうまでもなく，ハイエクが問題にしたのは，不完全にして限られた知識しか持ち合わせない無数の主体からなる不確実にして動態的な経済社会である。しかも，それは何ら共通の目的によって組織された社会ではないので，現在や将来の総需要が管理されるなどということはとうてい考えられる社会ではない，というのがハイエクの発想である。

これは本質的に彼の社会主義批判にもつながるものである。個々人の自由な創意・工夫を基盤とした絶えず変化する経済社会にあっては，経済を設計・管

理するなどということはどんな電子計算機でも，いかに洗練された計量経済学でも困難であろう。それは経済学者の思い上りというものであろう。行き過ぎた設計主義的合理主義，そしてその結果としての官僚機構の肥大化と硬直化は，ケインズ以降の西側社会の顕著な特徴であることはいうまでもない。ハイエクの考えは基本的に社会進化論のそれであり，一般的・普遍的なルールの枠内での個々人の自由な活動が市場プロセスを通じて，社会的結合の基盤としての自生的秩序を生み出すというものである。したがって，そこで問題になるのは社会を管理するということではなく，自生的に生み出される社会秩序の内在的な諸力とその作用を解明することなのである。

　社会進化論や自生的秩序論に基づくかぎり，将来を予想・予言するというのは期待や空想の域を出ないであろうし，自己矛盾であるかもしれない。自生的秩序は個人や組織の行為の意識的な産物ではなく，無数の人間行為の意図されない結果だからである。共通の目的をもたない自由な無数の個人からなる社会の将来の発展を，特定の視点から予言するなどということは，「どうなるかわからない」という予言を除いて，ハイエクの社会・経済哲学からは考えようもないし，またとうてい不可能であろう。

★

　本書は『ハイエクの経済学』ということで，原著者のスティールは，ハイエクの専門的な経済研究（主流派経済学のカテゴリーからすれば）である景気変動，資本，貨幣と価格などの問題にかなりのページを割いているが，それでも，そうした問題に関するハイエクの理解の底辺に流れている彼の社会・経済哲学を重視して，その分析にそれと同等以上の力を注いでいる点は注目されなければならない。なぜなら，ハイエクのライフワークは人間行為と自由社会，あるいはプラクシオロジーと自生的秩序の統一的な理論を打ち立てることにあり，60年以上にわたって，経済学から，認識論，法学，政治学，心理学など多岐にわたる書物を書き残し，しかもその全分野に共通の理解が見られるからである。すなわち，人間社会の伝統，慣習，制度といったものは人間の合理的・意識的

な設計の産物ではなく，無数の個人・集団の行為の意図せざる結果として，自生的に形成されてきたものである，というのがそれである。本質的に競争的なプロセスに基づくかぎり，人間の事象は自然な秩序を生み出すのである。このような自生的秩序観，そしてそれを生み出す個人的自由，一般的ルール，市場プロセスなどがハイエク経済学の基盤にあり，すべての研究はそこから出発しているため，まずそれらの問題に取り組むことがハイエク経済学の理解の第一歩となるのである。

すでに述べたように，近年，自由社会といわれる多くの国において，行き過ぎた干渉主義，行政の肥大化，財政の硬直化などが見られるが，それは安易な科学主義や設計主義的合理主義の跋扈の結果であり，もしそれが経済全体の行き詰まりや閉塞感を生み出している大きな要因であるとしたなら，われわれがハイエクから学ぶべきことはきわめて多いといわざるをえない。本書はハイエク経済学をハイエクの社会哲学体系全体から捉えた，きわめて包括的にして重要なハイエク経済学研究書であるとともに，またその政策的含意をも伝える貴重な書物である。

★

訳者は1998年4月～9月までロンドンのウエストミンスター大学で客員研究員生活をおくっていたが，そのときにロンドン市内の書店で見つけた書物の一冊が本書であった。帰国後，購入した書物を整理して何冊かに目を通したところ，そのうちの2冊が私の関心を引いた。読み進むにつれこの2冊をなんとか翻訳してみたいと思い，学文社社長の田中千津子氏に相談したところ快く引き受けてくれた。

そのうちの一冊が既刊のカレンI. ヴォーン『オーストリア経済学』学文社，2000年であり，もう一冊が本書である。いずれにせよ，そのきわめて多大な影響力や貢献の割には不当な扱いしか受けてこなかったこと，そして，21世紀経済社会の歩むべき道にひじょうに大きなインプリケーションを与えてくれると予想されうることは，オーストリア学派やその重鎮であるハイエクにより大き

な光があてられるべきことを示している。本邦訳がその一助となってくれることを願うものである。

　正直なところ，翻訳はかなり難解であった。先に述べたように，ハイエクの研究領域が多岐にわたっており，それらが複雑に絡み合っていることから，ハイエクを研究するにはどうしても経済学以外に多くの分野にわたる知識が要求されるからである。そのたびに何度か挫折しかかったが，多くの人々の助けに支えられてなんとか完成にこぎつけることができた。そのすべての人の名前を挙げることは困難である。とはいえ，翻訳にあたって，難解と思われたいくつかの英文について適切なアドバイスを与えてくれた大東文化大学経済学部の岩澤勝彦教授，第7章と第8章の数式部分に目を通して貴重なご意見をお寄せいただいた同学部の木村哲三教授，並びにリカードについてお教えいただいた同学部の竹永進教授には深甚の謝意を表しなければならない。また，翻訳原稿全体に目を通して思わぬ見落としがないかどうかを調べるとともに，索引の訳書のページを作成するという厄介な仕事をしてくれたのは，大東文化大学大学院経済学研究科博士過程後期に在学する丸山航也君である。この場を借りて改めて感謝したい。とはいえ，依然として思わぬ誤解や見落としがあるかもしれない。読者諸兄の忌憚のないご叱正を願うものである。

　本邦訳の上梓にあたり，とりわけ校正においてその能力をいかんなく発揮し，その高い知的生産性を示してくれた落合絵理氏をはじめとする学文社編集部の皆さんに深謝しなければならない。最後になりましたが，とりわけこのような地道な研究書の邦訳にとって，きわめて厳しい出版事情のなか，大英断をもって出版を引き受け，しかも，絶えず忌憚のないご意見と暖かな励ましの言葉を送り続けてくれた学文社社長田中千津子氏に改めて厚くお礼申し上げる。

　2001年6月27日

渡部　茂

索引

あ 行

アレキサンダー・ハミルトン研究所　(3)
アロンソ, M.(Alonso, M.)　(253)
「意味をぼかすための言葉」　(7)
EU　(23, 201)
インフレーション　(77, 209, 212, 225, 228-9, 251)
ウィクセル, K.(Wicksell, K.)　(19, 134, 140, 146, 157, 161)
ウィーザー, F. von (Wieser, F. von)　(9, 106, 247)
ウィルソン, T.(Wilson, T.)　(258)
ウィーン, ——大学　(3, 4, 9)
ウェーバー, W.(Weber, W.)　(256)
ヴォルテール, F. A.(Voltaire, F. A.)　(6)
ヴォーン, K.(Vaughn, K.)　(180, 198, 257, 259, 263)
迂回的方法→生産を見よ
エアハルト, L.(Erhard, L.)　(242)
エイナウディ, L.(Einaudi, L.)　(242)
エクルズ, J. C.(Eccles, J. C.)　(245-6, 257)
『エコノミカ』　(135)
『エコノミック・ジャーナル』　(135, 143)
エンゲルス, F.(Engels, F.)　(65)
オーストリア　(245)
オーストリア景気循環研究所　(4)
オーストリア経済学派　(6, 8, 9, 11, 12, 13, 14, 20, 26, 26-7, 92-3, 104-5, 108-11, 118-21, 125, 147, 160, 163, 165-6, 180)　→資本理論も見よ
オブライエン, D. P.(O'Brien, D. P.)　(257)
オランダ　(245)

か 行

改革, 制度的——　(76-7)
外部性→近隣効果を見よ
価格（物価）　(104, 107, 236)
　——差　(100)
　市場——　(113-5, 117)
　——指数　(141, 207, 227-8)→貨幣, 物価スライド制を見よ
　——システム　(18, 102, 143, 173)
　生産費との一致　(97, 100)
　相対——　(12, 22, 95, 93-102, 113, 134-7)
相対価格効果　(170, 174, 177-80)
　——統制　(77)
　不均衡——　(100)
　→インフレーションも見よ
科学　(37)
　自然——　(11, 18, 79-81, 83, 85, 92, 233, 246)
　社会——　(10, 79-85, 246)；——の複雑性　(79-80)；——のデータ　(80, 84, 86)；——の方法論　(4, 18, 79, 83, 86-7, 234)
　生物学　(85)
　政治——　(40)→政治も見よ
科学主義　(85-6)
貸し付け可能な資金　(140)
カーズナー, M. I.(Kirzner, M. I.)　(256)
課税（租税）　(53, 63, 189, 237)
　改革のための提言　(66-7)
　間接——　(67)
　逆進——　(65)
　比例——　(52, 66, 66)
　——理論　(65)
　累進——　(64-7)
カタラクシー　(13, 233, 236, 241)
価値
　自然——　(106, 247)
　主観——論　(4, 11)
　労働——説　(12, 105-6, 109, 149, 160, 199)
カッセル, G.(Cassel, G.)　(146)
カトー研究所　(243)
貨幣　(11, 31, 8, 184, 201-18, 236, 244, 248)
　——経済　(19-21, 112, 133-4, 203)
　国際秩序　(22, 23)
　——史　(202-3)
　私的——　(226-7)
　——需要　(139)
　——数量説　(133-4, 136, 246)
　代用品　(138-9)
　（非）中立的——　(18-9, 22, 133-4, 136-40, 185, 187, 189, 250)

――とマクロ経済的管理　（225-5）
――の国家独占　（219-22, 224）
物価スライド制　（227-9）
本位　（205, 230-2）
――流通，――速度　（138-9, 189）
名目貨幣　（215-7, 219-20）
→通貨も見よ
貨幣（的，の）
　　――改革　（215-8, 219-32）
　　――国家主義　（203-4, 212-4, 220）
　　――混乱　（18, 206, 217）
　　――自治　（22, 24, 221）
　　――制度　（133, 203-4, 200, 210-1, 224）
　　――政策　（19, 22, 131, 133-4, 136, 140-1, 185, 201, 204, 211, 223, 218-19, 238, 242, 247）――の目標　（137-40）
　　――デフレーション　（137-8, 143-4, 208, 212）
　　――理論　（3, 7, 22, 112, 134, 201, 242-3）
　　――拡大　（77, 133, 140-4, 167, 171, 173, 175, 179-80, 183, 187-8, 195, 198, 223, 242-3, 250）
カーミッツ, R.(Kamitz, R.)　（242）
カルドア, N.(Kaldor, N.)　（169-70, 183, 256）
ガルブレイス, J. K.(Galbraith, J.K.)　（242, 253）
為替
　　――管理　（213, 225）
　　――相場→通貨を見よ
カーン, R.(Kahn, R.)　（135, 169, 256）
感覚
　知覚　（79-85, 88）
　　――秩序→秩序を見よ
慣習　（2, 43, 45）
関税　（77）
カント, I.(Kant, I.)　（24, 25, 62-3）
記憶　（29）
機会
　　――の平等　（67）
　　――費用　（247）
議会　（47）
企業家精神　（12, 19, 42, 59, 75, 95, 98-102, 107-8, 110-3, 116, 118-23, 125, 133, 137, 152, 161, 171, 173-5, 187-9, 195, 210, 223, 239-40）
　　競争的ライバル関係　（101, 111, 113-4, 121）

儀式的　（42）
技術進歩　（152-3）
期待，合理的――　（248）
キュカサス, C.(Kukathas, C.)　（24, 38, 49, 63, 78, 257）
教育　（67）
共産主義　（243）
強制　（3, 33, 35, 44, 62, 65, 68, 70-3, 77, 128）
競争　（5, 27, 68, 74-7, 80, 92, 98, 119, 129）
　完全――　（93, 101, 115-6）
　　――の意味　（101-3）
　　――の配分的優位　（101, 108, 122）
ギリシャ, 古代――　（47）
金・外国為替準備　（203, 209, 211, 215, 217, 220）
金（核）為替本位　（203, 205-6, 208-9）
均衡→経済（学）を見よ
銀行学派　（138）
銀行業（務）　（201, 210, 225, 230, 240）
　　――改革　（23, 217）
　中央銀行　（203, 208, 210, 215-8, 221, 240）
銀行信用→信用を見よ
金本位　（203, 215, 220-1）
近隣効果　（57）
クラマー, A.(Klamer, A.)　（248, 252, 256）
クルーソー, ロビンソン（Crusoe, Robinson）
　→経済を見よ
グレイ, J.(Gray, J.)　（16, 253）
グレシャムの法則　（227, 251）
グロスマン, S. J.(Grossman, S. J.)　（100, 253）
君主制，専制――　（47）
計画化→経済（学）を見よ
景気（企業）
　　――後退　（21, 168, 182, 185, 187, 189）
　　――循環理論　（3, 7, 19-22, 141, 168-200, 207, 242）
　　――組織→組織のところを見よ
　　――倒産　（7, 9, 118）
　　――変動　（21-2, 94, 168, 201, 236, 246）
景気研究所　（4）
景気循環→景気変動を見よ
経済　（233）
　産業化された――　（60）
　市場――　（17, 27, 64, 67, 77, 105, 121, 125, 132）；――における不完全性　（108）；

——のための法的枠組み　（123）；——への政府干渉　（76, 123）
物々交換——　（19, 133, 136, 185-6, 202, 219）
ロビンソンクルーソーの——　（105, 112）
→貨幣も見よ
経済（学）　（14, 86-7, 90）
——均衡　（17, 92-6, 134, 137, 238-9, 250）；動態的——　（95-7）；一般——（ワルラス的）——　（21, 93-5, 115, 124, 136）
——計画　（94-8）
——計画化　（98, 101-2, 239）；中央集権的——　（17, 69, 71-3, 98-9, 103, 106, 112, 115-123, 125-32, 239）
——効率　（8, 89, 110, 225）
古典派——　（105-6）
——資源　（87, 150-1）；——の配分　（73-4, 88-9, 96, 100, 124）
新古典派——　（2, 11, 12, 13, 26, 89-90, 92, 95-7, 102, 110-1, 115-7, 119-21, 124, 147, 149, 159-60, 162-4）
——進歩　（22）
——政策　（14）
——と統計的方法　（92, 222-3, 239）
——福祉　（60）
——分析：経験的——内容　（89-91, 93, 97）；同義反復的命題　（89-91, 93, 97-8, 101）
——方法論　（7, 14, 89-90）
——予測　（3, 237-8, 240）
——理論　（87-8, 91, 97-8, 136）；消費者行動の——　（13）；所得分配の——　（160）；地代の——　（91）；企業の——　（13）
経済問題研究所　（5, 242）
芸術　（60-1）
刑罰の改革　（61）
契約
——執行　（45）
——の自由　（57, 76）
計量経済学　（92, 239, 252）
ケインジアン（ケインズ的、ケインズの）
——革命　（166）
——加速度モデル　（186, 222）
——時代　（184, 222）

——需要管理　（27, 221, 236）
乗数　（15, 21, 143, 165, 182, 222）
——非自発的失業　（182）
ケインズ, J. M.（Keynes, J. M.）　（viii, 1, 14, 21-2, 86, 131, 140, 143, 185, 203-4, 221, 223, 231, 236, 241, 246, 249, 252, 256）
『貨幣改革論』　（228, 256）
『貨幣論』　（4, 8, 135, 143, 256）
『雇用、利子および貨幣の一般理論』　（8, 9, 12, 15, 18, 22, 138, 143, 165-6, 167-8, 185, 201, 203, 220, 223, 237, 256）
ケインズ主義　（2, 183, 198）
限界
——生産性　（160, 162, 171-3, 249-50）
——費用価格設定　（116）
——分析　（12, 26, 233）
限界主義　（10, 160）
限界主義革命　（109）
健康サービス　（69）
言語（speech）　（31）
言語（language）　（5, 30, 31, 78, 84, 244-5）
ケンブリッジ　（4）
——大学　（134-5, 169）
憲法　（25, 50, 53）
——の改革　（39, 54）
行為　（5, 10-2, 17, 18, 37, 41, 44, 74, 78, 83, 86-7, 90, 93-7, 111-4, 124-6, 131, 222, 233, 235-8）
——の意図されない結果　（6, 27, 30, 32, 55, 58, 72, 82, 84）
公共（公的、公）
——益（good）　（6）
——益（interest）　（27）
公務員　（59）
——財　（64）
——サービス　（66）
——支出　（64, 67, 189, 223）
——部門　（63-4）
世論　（61, 224）
効用　（73, 109）
限界——　（65）
最大化　（115）
合理主義　（24-5, 73）
設計主義的——　（6, 39, 40, 47, 49, 107, 128, 220, 223, 240）
進化的——　（40）

功利主義　(6, 62, 73-4)
合理性　(17, 29-30, 37, 38, 39-40)
国際高等研究所　(251)
国際通貨基金　(222)
国民所得　(14, 237)
コスモス　(233-4)
雇用者　(59)
雇用，完全——　(12, 187, 236)
コリソン・ブラック，R. D.(Collison Black, R. D.)　(248, 253)
コールドウェル，B. J.(Caldwell, B. J.)　(17, 220, 243, 247, 251, 253)
コロンビア，——大学　(3)

さ 行

財産
　　——権　(55-6, 57, 63, 73, 93, 122, 124, 236)
　　私有(private)——　(35, 55, 57, 76, 222-3)
　　私有(several)——　(45, 60, 225)
裁判官，——の役割　(43, 48, 49)
サッチャー・マーガレット(Thatcher, Margaret)　(5, 240, 243)
サミュエルソン，P.(Samuelson, P.)　(185)
ザルツブルク，——大学　(5)
サンジェルマン，——平和条約　(3)
シェイクスピア，W.(Shakespeare, W.)　(7)
ジェヴォンズ，W. S.(Jevons, W. S.)　(14, 109, 153, 161, 248)
ジェノバ，——会議　(203)
シェンフィールド，A.(Shenfield, A.)　(xii, 251, 258)
シカゴ，——大学　(5, 217)
資源，——配分　(73-4, 89, 96, 100-1, 243)
試行錯誤　(116)
資産調査　(71)
市場
　　——の失敗　(76)
　　——プロセス　(7, 12, 18-9, 20, 22, 25, 93, 102, 201, 232, 235, 239)；——と運　(76)
失業　(8, 9, 77, 86, 143, 165, 167, 170, 175, 177, 184, 187-8, 196, 223, 346)
　　——給付（金）　(70, 71)
　　——非自発的→ケインジアンを見よ
　　——保険　(70)

シーニアー，N.(Senior, N.)　(146)
資本　(11, 19-20, 60, 146-67, 222, 248)
　　運転——　(147-9, 153, 156, 178, 181)
　　——価値　(26)
　　——構造→生産，生産構造を見よ
　　——浅化　(172, 180, 182)
　　——集約度　(156-9, 199)
　　——償却　(147, 189, 190)
　　——深化　(172)
　　——投資　(7, 19, 66, 117, 131, 140-1, 143, 145, 160-2, 165-6, 170-1, 173-5, 178-84, 186-7, 190-3, 206, 208, 213, 220, 222-3, 243, 246)；——評価，——法　(19, 21-2, 167, 169)；対外——　(205)；公共——　(12, 21)；——収益　(150-6, 162, 171-3, 175, 179, 181)
　　——とマクロ経済学　(165-7)
　　——の拡張　(180)
　　——の限界効率　(195-7)
　　——の国際移動　(204-7, 210, 213)
　　——の多様化　(144, 151-2)
　　——理論　(7, 94, 149-50, 162, 165, 168, 236, 247)；——論争　(26, 159-60)
資本主義　(26, 27, 50, 55, 86, 106-7, 113-8, 160)
　　——と社会秩序　(62, 63, 67)
資本主義的生産方法→生産を見よ
市民同権　(52)
社会　(33, 37, 40)
　　多元的——　(75)
社会（的)
　　——意識　(6)
　　——改革　(61, 65)
　　——階級　(26, 67)
　　——科学→科学を見よ
　　——慣習　(33)
　　——憲章　(240)
　　——現象　(84-7, 90)
　　——構造　(83-4, 237, 244)
　　——サービス　(59)
　　——市場経済　(7)
　　——進化　(39, 49, 73, 128)
　　——正義　(6, 7, 27, 32, 58, 62, 63, 67, 71-2, 122, 127, 235)
　　——政策　(128, 247)
　　——制度　(25, 40, 121-5)

索 引 **269**

——相互作用 (30)
——秩序 (6, 15, 24, 30, 31, 33, 37-8, 39, 42, 48, 50, 56, 67, 73, 85)
——調和 (45)
——哲学 (16, 33, 40)
——統合 (3, 6, 15, 30, 37, 55, 75, 86)
社会学 (40)
社会主義 (2, 3, 6, 62, 69, 73, 104, 107-8, 118, 121-2, 123-4, 125, 239, 242-3)
  市場 (105, 121-4)
  ファシズムと対比された—— (128-9, 235)
社会主義(的, の) (103, 235, 239)
——計算論争 (8, 17, 18, 104-32, 247)
計画化→経済計画化を見よ
社会的ダーウィン主義 (33)
シャックル, G. L. S.(Shackle, G. L. S.) (146, 162, 166, 244, 247, 258)
シャンド, A. H.(Shand, A. H.) (247, 258)
宗教 (27, 31, 75)
宗教的遵奉 (44)
シュモラー, G.(Schmoller, G.) (10)
シュンペーター, J.(Schumpeter, J.) (3, 247, 258)
シュヴァルツ, A. J.(Schwartz, A. J.) (253)
消費 (60)
  恒常所得仮説 (250)
所得分配 (62, 64-6, 69, 236)
——の理論 (160)
進化 (5, 31, 40-1, 43-4, 244)
神経的秩序→秩序を見よ
新古典派経済学→経済学を見よ
進歩 (74-5)
信用 (141)
  銀行信用 (22, 141, 143-4, 174, 176-7, 180, 188-90, 199, 201, 204, 208, 213, 215-8, 220-1, 223)
心理学 (3, 5, 15, 16, 29, 32, 81, 84, 242)
重商主義 (105, 214, 220, 223)
住宅 (58, 63)
重農主義 (105)
自由(freedom) (3, 6, 25, 37-8, 45, 60, 62-3, 67, 73, 75, 104, 125, 232, 235)
自由(liberty) (11-2, 19, 27, 34, 36-7, 37-8, 44, 56, 58, 60, 74, 76, 225, 233, 236)
  権力との混同 (34)

——のための立憲的取り決め (32)
——の本質的特徴 (35)
自由放任 (50, 76, 105, 131, 246)
自由主義 (25, 45, 50, 64, 68, 127-8, 131)
自由主義の
——教え (77)
——秩序 (25)
——哲学 (11, 234)
人文科学研究所 (242-3)
スイス (242, 245)
スウェーデン王立科学アカデミー (168)
スカンジナヴィア (245)
スタンダード・アカウント・リミティッド (230-1)
スティグリッツ, J. E.(Stiglitz, J. E.) (100, 253)
スティール, G. R.(Steele, G. R.) (21, 182, 258)
スペンサー, H.(Spencer, H.) (33)
スミス, A.(Smith, A.) (45, 78, 244)
『諸国民の富』 (24, 105)
スラッファ, P.(Sraffa, P.) (131-2, 141-3, 258)
スラム街の住居 (57, 58)
ズラビンガー, A. H.(Zlabinger, A. H.) (viii, 257)
正義 (11-2, 24, 25, 30, 37-8, 47, 48, 75, 78, 236)
  自然的—— (19, 37)
  分配的——→社会的を見よ
——の社会的理論 (38)
生産 (60)
——関数 (26, 92, 147, 159)
——構造 (21, 113-25, 135, 139, 141, 152, 168, 177, 179, 183-4, 190, 209, 242)
  資本主義的(迂回的)——方法 (20, 112, 142, 146-8, 151, 153-6, 168, 170-1, 182, 184-9, 198-200)
  平均——期間 (156, 160-1)
——要素, 最小費用の組み合わせ (74, 115-6, 117)
精神の秩序→秩序を見よ
精神病者, ——の扱い (61)
政治 (5, 24, 25, 32, 68-9, 76, 127-8)
政府(行政) (42, 46)
——権力 (130, 222)

──支出→公共支出を見よ
　　全体主義的──　　(5, 32, 50, 104, 127-31)
　　地方──　　(52)
　　──と市場失敗　　(71, 76)
　　──と法制定　　(47)
　　──の機能　　(63)
　　──の権限委譲　　(52)
　　──の領域　　(67)
国債　　(223)
　　民主主義──　　(7, 32, 50-3, 66, 72, 127, 128-30)
　　→立法府も見よ
責任，個人の──　　(35, 36, 58, 235)
選挙　　(72)
選好　　(74, 222)
戦争
　　第一次大戦　　(8, 126, 168)
　　第二次大戦　　(126, 242)
選択　　(10-1, 14, 60, 120, 125, 128)
　　純粋な──論理　　(233)
羨望　　(62)
全体主義→政府（行政）を見よ
総需要（管理）　　(12, 86, 165)
組織　　(32, 41, 42, 47, 59, 62, 106-9, 114, 236, 241)
　　行政　　(63)
　　業務──　　(108)；　独占──　　(66, 69, 77, 103, 125-9)
ソロー，R.(Solow, R.)　　(252)
ソーントン，ヘンリー(Thornton, Henry)　　(242)
ソヴィエト連邦　　(240)

た　行

タクシス　　(234-5)
大恐慌　　(137, 144)
ダーウィン，E.(Darwin, E.)　　(244)
ダーウィン，C.(Darwin, C.)　　(33, 244-6)
チェコスロヴァキア　　(245)
知識　　(11, 16, 29, 34-8, 78)
　　科学的──　　(98)
　　完全な──　　(93, 102)
　　関連ある──　　(82, 93, 97, 120)
　　客観的──　　(80-3, 96-7)
　　主観的──　　(80, 96-7)
　　専門家　　(98, 109, 125-6, 223, 239, 247)

　　──の獲得　　(90)
　　──の調整　　(97, 101, 233)
　　──の伝達　　(25, 26-7, 90, 98)
　　──の分割　　(17, 90, 96-104, 108, 237)
　　不完全な──　　(11, 84, 234, 237-9)
　　明確に表現できない──　　(16, 30, 90,)
知性(intelligence)　　(74-5)
知性（知的）(intellect)　　(40)
　　──発展　　(78)
知性(mind (s))　　(16, 29, 30, 33, 36, 78-9, 81-4, 87)
秩序
　　感覚的──　　(81-2)
　　合理的──　　(32)
　　神経的──　　(29, 246)
　　自生的──　　(13, 25, 31-33, 41-2, 47, 49, 62, 233, 236, 241)
　　精神的──　　(29, 246)
　　物理的──　　(29, 36, 81, 246)
　　→社会秩序も見よ
チャング，S. C.(Tsiang, S. C.)　　(258)
貯蓄　　(66, 86, 113, 140-1, 168, 170-1, 173-4, 176, 185-6, 189, 222, 225, 242)
　　強制──　　(19, 134, 141-3, 174, 178-9, 182, 187-9, 198, 201)
賃金　　(77, 104, 117, 147, 198, 211, 248, 251)
通貨　　(207-8, 240, 251)
　　──価値の下落　　(23, 211-3, 217, 226, 251)
　　──為替相場　　(23, 205, 210-1, 221, 229)
　　──管理　　(131)
　　──競争　　(225-9)
　　金貨　　(24)
　　国際──　　(206)
　　投機　　(229, 232)
　　→貨幣も見よ
ディマンド，R.(Dimand, R.)　　(135, 253)
デカルト，R.(Descartes, R.)　　(6)
デサイ，M.(Desai, M.)　　(133, 253)
テシス　　(234)
データ　　(16, 79-80)
哲学　　(3, 5, 16, 32)
　　功利主義──　　(74)
　　自由主義──　　(11)
伝統　　(2, 25, 38-9, 222, 234)
伝道のために働く人　　(75)

索　引　**271**

ドイツ　(8, 126-9, 168, 200, 242, 245)
投機　(114)
統計(的)
　　——集計量　(15, 92, 99, 222-3, 233, 237-9, 243)
　　——分析　(18, 26)
　　——方法→経済(学)を見よ
　　——予測　(86)
投資→資本を見よ
道徳　(24-5, 27, 31, 38-9, 48-9, 127, 234-6)
道徳的
　　——圧力　(75)
　　——意識　(33)
　　モラル・ハザード　(68)
トゥマーノフ, P. G.(Toumanoff, P. G.)　(248, 253)
ドーキンス, R.(Dawkins, R.)　(246, 253)
独占→組織を見よ
都市生活　(57, 58)
特許　(77)
富　(104, 114)
　　——の再分配　(34, 121, 128)
トムセン, E. F.(Thomsen, E. F.)　(100, 258)
トムリンソン, J.(Tomlinson, J.)　(258)
取引
　　国際——　(204)
　　——による相互利益　(204)
取引費用→費用を見よ
奴隷制, ——の廃止　(61)
ドーン, J. A.(Dorn, J. A.)　(253)

な　行

内観　(7, 11, 82, 83, 86, 233)
ナイト, F.(Knight, F.)　(249)
認識論　(5)
ネンチェス, A.(Nentjes, A.)　(250, 257)
ノーベル賞　(1, 5)
ノモス　(234-5)

は　行

ハイエク, F. A.　(Hayek, F. A.)
　『価格と生産』　(133, 135-6, 141-2, 254)
　『貨幣非国有化論』　(225, 255)
　『貨幣の国家主義と国際的安定』　(23, 254)
　『貨幣理論と景気循環』　(133, 169-70, 254)

　『感覚秩序』　(16, 255)
　「経済学と知識」　(16, 251, 254)
　『資本の純粋理論』　(20, 150, 162, 166, 170, 250, 254)
　『法と立法と自由』　(32, 255)
　『利潤, 利子, および投資』　(170, 254)
　『隷従への道』　(5, 125, 242-3, 254)
ハーコート, G. C.(Harcourt, G. C)　(26, 160, 254)
ハチンソン, T. W.(Hutchinson, T. W.)　(17, 24, 256)
ハドソン, M.(Hudson, M)　(256)
ハーバラー, G.(Harberler, G.)　(242, 253)
ハリス, ハイ・クロスの——　(243, 254)
ハーン, F. H.(Hahn, F. H.)　(253)
バッケル主義　(2)
バランジニ, M.(Baranzini, M.)　(253)
バリー, N. P.(Barry, N. P.)　(49, 233, 253)
バローネ, E.(Barone, E.)　(146)
パレート効率性　(119, 245)
被雇用者　(59-61)
ヒックス, J. R.(Hicks, J. R.)　(1, 146, 149, 249-50, 256)
人(人間)
　　——関係　(81)
　　——権　(24, 222)
ヒューム, D.(Hume, D.)　(24, 25, 45, 62-3, 78, 244)
費用
　　機会——　(110)
　　主観的——　(11)
　　取引——　(108, 247)
ヒラード, J.(Hillard, J.)　(256)
貧困　(58, 60, 73)
ビーグル号, ——の航海　(244)
平等
　　犠牲の——　(65)
　　法の前の——　(64, 66)
平等主義　(45, 51, 73, 128)
ピグー, A. C.(Pigou, A. C.)　(135)
ファシズム　(128-9, 235-6, 243)
フィッシャー, I(Fisher, I.)　(227, 242, 253)
フィッシャー, A(Fisher, A.)　(242)
フェルプス-ブラウン, E. H.(Phelps-Brown, E. H.)　(26, 257)
不確実性　(17, 26, 42, 56, 75, 236)

福祉　(74, 105)
　──給付（金）　(58, 63, 64, 67-71, 237)
フライブルク, ──大学　(5)
フランケル, S. H.(Frankel, S. H.)　(253)
フリードマン, M(Friedman, M.)　(219, 240, 248, 253)
フレッチャー, G. A.(Fletcher, G. A.)　(162, 253)
フロスト, R.(Frost, R.)　(245)
部族, ──の道徳　(31, 235)
物々交換→経済を見よ
物理科学→科学を見よ
物理的秩序→秩序を見よ
ブリーデン, C. H.(Breeden, C. H.)　(248, 253)
ブレトン・ウッズ　(204)
ブローグ, M.(Blaug, M.)　(247, 253)
文化　(12, 30-33, 40, 48, 55, 224)
文化的
　──エリート　(61)
　──進化　(37, 61, 222)
　──条件づけ　(78, 83)
文学　(60)
文明　(4, 6, 15, 25, 27-8, 31, 32, 37, 39, 56, 57, 61, 73, 234)
プラクシオロジー　(5, 233)
プラクシス　(234)
プレスリー, J. R.(Presley, J. R.)　(257)
ベーム・バヴェルク, E.(Böhm-Bawerk, E.)　(9, 19, 146, 149, 156, 161)
ベルギー　(245)
ベンサム, J.(Bentham, J.)　(73, 246)
法　(11-2, 31, 32, 41, 44-5, 63, 64, 234, 244)
　会社──　(77)
　経験科学としての──　(46)
　コモンロー　(5, 42, 47, 49, 50, 77, 83-4)
　──施行　(63)
　自然──　(48)
　実定──　(48)
　制定法とは区別されたものとしての──　(44, 51)
　──的保護　(55, 56)
　──の支配（ルール）　(51, 62, 73, 130-1)
　──の進化　(37-8, 43, 45, 49)
法制定　(43-4)
報酬　(59, 75)

報酬のために働く人　(75)
方法論→経済学と科学を見よ
法律　(40, 48)
保険　(69)
保守主義　(25)
ポッパー, K.(Popper, K.)　(18, 244, 245-6, 263)
ホートリー, R(Hawtry, R.)　(135, 251, 254)
ホワイト, L. H.(White, L. H.)　(258)

ま　行

マコーミック, B. J.(McCormick, B. J)　(16, 243, 249-50, 257)
マーシャル, A.(Marshall, A.)　(94, 135, 146, 245, 257)
　──学会　(169)
マックローリー. R.(McCloughry, R.)　(242, 257)
マネタリスト・ルール　(248)
マネタリズム　(9, 136, 219, 246)
マハループ, F.(Machlup, F.)　(1, 7, 243, 257)
マクロ経済学　(2, 9, 13, 20, 166, 237, 239, 249)
マルクス, K.(Marx, K.)　(9, 65, 104-8, 112-3)
　資本主義批判　(106-9)
　『資本論』　(107)
マルクス主義　(26, 87, 159-60)
マンデヴィル, B.(Mandeville, B.)　(244)
ミクロ経済学　(2, 11, 20)
ミーゼス, L. von(Mises, L. von)　(3, 5, 9, 17, 19, 90, 104, 112-3, 242-3)
　──研究所　(243)
　「社会主義社会における経済計算」　(109)
ミニ, P.(Mini, P.)　(246, 252, 257)
ミュルダール, G.(Myrdal, G.)　(243)
ミル, J. S.(Mill, J. S.)　(9)
民主主義→政府（行政）を見よ
無知　(37, 38, 59, 74-5, 90)
名誉勲爵士　(5)
メンガー, C.(Menger, C.)　(9, 11, 14, 19, 109-10)
　『経済学原理』（『原理』）　(10, 149)
　『社会科学と特に経済学の方法に関する研究』　(10)
モス, L.(Moss, L.)　(180, 250, 257)

索引　*273*

モルゲンシュテルン，O（Morganstern, O.）　(4, 242)
モンペルラン・ソサイエティ　(5, 242)

や 行

家賃（地代）　(106, 151, 248)
　準――　(106)
　――の上限　(58)
　→リカードも見よ
有閑階級　(61)
ユニバーシティ・カレッジ・ロンドン　(248)
輸入　(209, 222)
予算政策　(14, 237)
予測　(79, 88, 92, 98)

ら 行

ラヴォワ，D.（Lavoie, D.）　(17, 100, 104, 111, 117, 257)
ラドニツキー，G.（Radnitzky, G.）　(55, 245, 257)
ラーナー，A. P.（Lerner, A. P.）　(257)
ランゲ，O. R.（Lange, O. R.）　(17, 104, 117-20, 243, 257)
　『社会主義の経済理論』　(115)
リカード，D.（Ricardo, D.）　(9, 91, 105, 150)
　『原理』　(180)
　――効果　(26, 157, 180-3, 185, 197-200, 250)
　地代，――論　(91)
利子　(106)
　――率　(19, 21-2, 113, 131, 134, 156, 158-9, 163-5, 171-5, 178-80, 182-4, 186-7, 204, 207-8, 214, 223, 242)
　――率効果　(170, 176-7, 179, 195)
利潤　(101-3, 111-2, 114-5, 121, 166, 174, 181, 184, 239)
理性　(6, 30, 31, 37-41, 88-90)
利他主義　(75)
『リーダーズ・ダイジェスト』　(247)
リッツォ，M.（Rizzo, M.）　(257)

立法（制定法）　(43, 49, 63, 77, 234)
立法府，行政からの分離　(52, 53)
リトルチャイルド，S. C.（Littlechild, S. C.）　(257)
リピンコット，B. E.（Lippincott, B. E.）　(257)
リュエフ，J.（Rueff, J.）　(222, 242, 258)
理論　(79-80, 83-8, 93, 100)
倫理　(5, 40, 88, 114, 125-7)
ルネッサンス　(127)
ルーブナー，A.（Rubner, A.）　(240, 258)
ルール　(34, 35, 38-9, 62, 63, 74-6, 235)
　抽象的――　(30, 31, 38, 41, 43-5, 124, 235)
レオンチェフ（投入・産出）マトリックス　(95, 149, 247)
レーガン，R.（Reagan, R.）　(240)
歴史学派　(10)
歴史主義　(87)
ロイベ，K. R.（Leube, K. R.）　(viii, 257)
労働，分業　(6, 33, 55, 78, 100, 109, 129, 133, 152, 205, 214, 248)
　――価値説　価値を見よ
労働組合　(70, 77, 240, 252)
労働組合主義　(107)
労働者階級　(50)
労働力，産業化された――　(58)
ローズビー，B. J.（Loasby, B. J.）　(11, 42, 108, 111, 119, 125, 257)
ロバートソン，D. H.（Robertson, D. H.）　(135)
ロビンス，L.（Robbins, L.）　(134, 169, 257)
ロビンソン，J.（Robinson, J.）　(159)
ロンドン・スクール・オブ・エコノミックス　(4, 5, 18, 133-5, 138, 149-50, 169)

わ 行

ワルラス，L.（Walras, L.）　(14, 93, 109, 247)
ワルラス的
　――競売　(116, 121)
　――均衡→経済均衡を見よ

【訳者略歴】

渡部　茂（わたべ　しげる）
　1947年　東京都文京区に生まれる
　1976年　早稲田大学大学院経済学研究科博士課程単位取得満期退学
　現　在　大東文化大学経済学部教授
　専　攻　理論経済学・経済思想
　主要著訳書『現代社会の経済学』（共著・1990年・同文舘），『近代経済学』（共著・1993年・八千代出版），『経済理論入門』（1997年・税務経理協会），『日本経済の経済学』（共著・1999年・学文社），F.A.ハイエク『自由人の政治的秩序』(1998年・春秋社), P.ルミュー『無政府国家への道』(1990年・春秋社), カレン I. ヴォーン『オーストリア経済学』(共訳・2000年・学文社)

ハイエクの経済学	2001年9月20日　第一版第一刷発行
	2004年8月10日　第一版第二刷発行

　　　著　者　G．R．スティール
　　　訳　者　渡　部　　　茂
　　　発行所　㈱学　文　社
　　　発行者　田　中　千津子
　　　　東京都目黒区下目黒3-6-1　〒153-0064
　　　　電話 03(3715)1501　振替 00130-9-98842
　　　　http://www.gakubunsha.com

　　　落丁・乱丁本は，本社にてお取替えいたします。
　　　定価は売上カード，カバーに表示してあります。

　　　印刷／㈱シナノ

　　　ISBN4-7620-1066-9　　・検印省略